U0633479

:: 中華文化促進會主持編纂

:: 國家"十一五"~"十四五"重點圖書出版規劃項目

:: 中國社會科學院哲學社會科學創新工程學術出版資助項目

出品人 王石 段先念

今注本二十四史

遼史

元 脱脱等 撰

李錫厚 劉鳳翥 主持校注

二 紀【二】

中國社會科學出版社

遼史　卷七

本紀第七

穆宗下

　　十四年春正月戊寅朔，奉安神纛。[1]戊戌，漢以宋將來襲，[2]馳告。

　　[1]神纛：契丹儀仗名。遼有國仗，即所謂天子旗鼓。據《新唐書·契丹傳》載，貞觀二年（628），契丹首領摩會入朝，唐朝賜其鼓纛，此即契丹國仗。
　　[2]宋將來襲：《長編》卷五宋太祖乾德二年（964）正月載："是月昭義節度使李繼勳、兵馬鈐轄康延沼、馬步軍都軍頭尹勳等帥步騎萬餘攻遼州。北漢馬軍都指揮使郝貴超領兵來援，戰於城下，貴超大敗"，"北漢尋誘契丹步騎六萬入侵，繼勳復與彰德節度使羅彥瓌、西山巡檢使郭進、內客省使曹彬等領六萬衆赴之，大破契丹及北漢軍於遼州城下"。

　　二月壬子，詔西南面招討使撻烈進兵援漢。癸亥，如潢河。[1]戊辰，支解鹿人沒菩、海里等七人于野，封土識其地。己巳，如老林東灤。壬申，漢以敗宋兵石州來告。[2]

[1]潢河：今内蒙古自治區境内的西拉木倫河，即西遼河上游。
[2]石州：治所在今山西省離石縣。

夏四月丁巳，漢以擊退宋軍，遣使來謝。是月，黄龍府甘露降。[1]

[1]黄龍府：治所在今吉林省農安縣。

五月，射舐䶢鹿于白鷹山，至於浹旬。
六月丙午朔，獵於玉山，竟月忘返。
秋七月壬辰，以酒脯祀黑山。[1]

[1]黑山：據本書卷三二《營衛志中》，“黑山在慶州北十三里，上有池，池中有金蓮”。黑山近慶陵，故“道宗每歲先幸黑山，拜聖宗、興宗陵，賞金蓮，乃幸子河避暑”。另據卷三七《地理志一·慶州》，“在州西二十里。有黑山、赤山、太保山、老翁嶺、饅頭山、興國湖、轄失灤、黑河”。慶州在今内蒙古自治區巴林右旗索博日嘎鎮。

八月乙巳，如磑子嶺，呼鹿射之，獲鹿四，賜虞人女瓖等物有差。[1]丁未，還宮。戊申，以生日值天赦，[2]不受賀，曲赦京師囚。[3]乙卯，録囚。

　　[1]虞人：古代掌山澤苑囿之官。《周禮·夏官·大司馬》：“虞人萊所田之野爲表。”賈公彥疏：“虞人者，若田在澤，澤虞；若田在山，山虞。”《左傳·昭公二十年》：“十二月，齊侯田於沛，招虞人以弓，不進。”杜預注：“虞人，掌山澤之官。”

　　[2]天赦：中國古代曆象推定一年四季中某些特定日爲“天赦日”，不可以斷極刑。《宋史》卷四六一《苗訓傳》載，淳化二年（991）司天監苗守信上言：“春戊寅、夏甲午、秋戊申、冬甲子爲天赦日，及上慶誕日，皆不可以斷極刑。”明人萬民英《三命通會》卷三亦云：“有天赦日，春戊寅、夏甲午、秋戊申、冬甲子。”

　　[3]曲赦：猶特赦。《通鑑》卷八三《晉紀五》惠帝永康元年（300）五月己卯“曲赦洛陽”，胡三省注曰：“不普赦天下而獨赦洛陽，故曰曲赦。”

　　九月，黃室韋叛。[1]

　　[1]黃室韋：部族名。實即突呂不室韋的一部分。據本書卷三三《營衛志下》：“突呂不室韋，本名大、小二黃室韋戶。太祖爲撻馬狘沙里時，以計降之，乃爲二部、隸北府，節度使屬東北路統軍司。戍泰州（今吉林省白城市）東北。”

　　冬十月丙午，近侍烏古者進石錯，[1]賜白金二百五十兩。丙辰，以掌鹿矧思代斡里爲閘撒狘，[2]賜金帶、金盞，銀二百兩。所隸死罪以下得專之。[3]

　　[1]近侍：皇帝身邊的奴僕。

　　[2]閘撒狘：契丹部族官。據本書卷一一六《國語解》，係“抹里司官，亦掌宮衛之禁者”。

　　[3]死罪以下：指較死罪爲輕的罪刑，即笞、杖、徒、流之罪。

　　十一月壬午，日南至，宴飲達旦。自是晝寢夜飲。殺近侍小六於禁中。

　　十二月丙午，以黑兔祭神。烏古叛，[1] 掠民財畜。詳穩僧隱與戰，[2] 敗績，僧隱及乙實等死之。

　　[1]烏古：部族名。又稱嫗厥律、于厥律，居契丹西北。據《新五代史》卷七四《四夷附録第二》引胡嶠《陷虜記》：“嫗厥律，其人長大，髠頭，酋長全其髮，盛以紫囊。地苦寒，水出大魚，契丹仰食。又多黑、白、黄貂鼠皮，北方諸國皆仰足。其人最勇，隣國不敢侵。”

　　[2]詳穩：契丹軍官名。即漢語“將軍”的轉譯。【劉注】“詳穩”即漢語“將軍”轉譯的説法似有值得商榷之處。在契丹小字中，“詳穩”作 𘱑𘬤，“將軍”作 𘬞𘲯𘭨𘭀，或 𘬛𘱼 𘭨𘭀、𘬛𘱼 𘭨𘭀。“詳穩”不是漢語“將軍”的轉譯，而是音譯的契丹語，“將軍”是漢語借詞。

　　十五年春正月己卯，以樞密使雅里斯爲行軍都統、虎軍詳穩楚思爲行軍都監，益以突呂不部軍三百合諸部兵討之。[1] 烏古夷离堇子勃勒底獨不叛，[2] 詔褒之。是月，老人星見。[3]

　　[1]突呂不部：契丹部族名。據本書卷三三《營衛志下》，該部爲太祖二十部之一，創建於阻午可汗之時，隷北府，節度使屬西北路招討司，司徒居長春州（治所在今吉林省前郭爾羅斯蒙古族自治縣西北塔虎村）西。

　　[2]夷离堇：原爲突厥語官名。亦譯作“俟斤”（Irkin）。突厥諸部最高元首稱“可汗”（Qaghan），其他諸部君長則稱爲俟斤、

亦都護。初，契丹“其君大賀氏，有勝兵四萬，析八部，臣於突厥，以爲俟斤”（《新唐書》卷二一九《契丹傳》）。後，契丹首領自立爲可汗，所屬各部長則稱爲“俟斤”，亦即“夷离堇”。契丹立國後，大部族之夷离堇稱王，小部族夷离堇稱爲節度使。舉凡一部軍政、民政皆由其統掌（參見韓儒林《穹盧集》第314—316頁）。

　　[3]老人星：又稱“南極老人星”“壽星”。《宋史》卷一〇三《禮儀志》：景德三年，詔定壽星之祀。太常禮院言：“按《月令》：‘八月，命有司享壽星於南郊。’《注》云：‘秋分日，祭壽星於南郊。壽星，南極老人星也。’《爾雅》云：‘壽星，角、亢也。’《注》云：‘數起角、亢，列宿之長，故云壽星。’唐開元中，特置壽星壇，常以千秋節日祭老人星及角、亢七宿。請用祀靈星小祠禮，其壇亦如靈星壇制，築於南郊，以秋分日祭之。”

　　二月壬寅朔，日有食之。上東幸。甲寅，以獲鴨，除鷹坊刺面、腰斬之刑，復其徭役。是月，烏古殺其長窣离底，餘衆降，復叛。三月癸酉，近侍東兒進匕箸不時，手刃刺之。丁丑，大黃室韋酋長寅尼吉叛。癸未，五坊人四十户叛入烏古。[1]癸巳，虞人沙剌迭偵鵝失期，[2]加炮烙、鐵梳之刑而死。[3]

　　[1]五坊：契丹北面官機構名。具體職掌不詳。據本書卷四六《百官志二》，五坊屬“北面坊場局冶牧廄等官”，大概與“農工之事”有關。
　　[2]偵鵝失期：【劉校】鵝，據中華點校本校勘記，《大典》卷二四〇七作“天鵝”。
　　[3]炮烙、鐵梳之刑：炮烙指用燒紅的鐵烙人的刑罰。鐵梳的用途見於《太平御覽》卷六〇五，“作筆當以鐵梳梳兔豪毛及羊青

毛"。以鐵梳施刑罰，僅見於遼。

夏四月乙巳，小黃室韋叛。雅里斯、楚思等擊之，爲室韋所敗。[1]遣使詰之。乙卯，以禿里代雅里斯爲都統，以女古爲監軍，率輕騎進討，仍令撻馬尋吉里持詔招諭。

[1]室韋：部族名。北魏始見於記載，分佈於黑龍江、嫩江流域，唐時分爲許多部。多爲契丹役屬。

五月壬申，尋吉里奏，諭之不從。雅里斯以撻凜、蘇二群牧兵追至柴河，[1]與戰不利。甲申，庫古只奏室韋長寅尼吉亡入敵烈。[2]

[1]群牧：此指畜群。契丹有專門機構管理畜群，這類機構亦稱"群牧"。諸路設群牧使司，下設某群太保、某群侍中、某群敵史；朝廷設總典群牧使司，有總典群牧部籍使、群牧都林牙。以"群"爲單位設某群牧司，設群牧使、群牧副使。此外，還有祇管理馬群及牛群的機構。遼亡之後，金稱契丹群牧爲"烏魯古"。

[2]敵烈：遼金時北邊族名。又譯迪烈、敵烈德、迭烈德、達里底。遼時以遊牧、捕獵爲業，分佈於臚朐河（今克魯倫河）流域。有八部，稱爲八部敵烈或八石烈敵烈。與烏古部並稱爲北邊大部。遼聖宗以敵烈部降人置迭魯敵烈部和北敵烈部。開泰四年（1015）築河董城於臚朐河北，安置敵烈、烏古降人。壽昌二年（1096）徙敵烈、烏古於烏納水西。金末元初，敵烈人逐漸同化於女真人、蒙古人等。

六月辛亥，俞魯古獻良馬，賜銀二千兩。以近侍忽刺比馬至先以聞，賜銀千兩。是月，敵烈來降。

秋七月甲戌，雅里斯奏烏古至河德灤，遣夷离堇畫里、夷离畢常思擊之。[1]丁丑，烏古掠上京北榆林峪居民，[2]遣林牙蕭幹討之。[3]庚辰，雅里斯等與烏古戰，不利。

[1]夷离畢：契丹官名。爲執政官，相當於副宰相參知政事。後來官分南、北，北面官有夷离畢院，主要掌刑政。

[2]上京：遼前期都城。稱臨潢府，今內蒙古自治區巴林左旗林東鎮波羅城。

[3]林牙：契丹官名。掌文翰，相當於翰林學士。

冬十月丁未，[1]常思與烏古戰，敗之。

[1]冬十月：【劉校】原本、北監本、南監本和殿本均缺“冬”字，據中華點校本補。

十二月甲辰，以近侍喜哥私歸，殺其妻。丁未，殺近侍隨魯。駐蹕黑山平淀。

十六年春正月丁卯朔，被酒，不受賀。甲申，微行市中，賜酒家銀絹。乙酉，殺近侍白海及家僕衫福、押剌葛、樞密使門吏老古、撻馬失魯。

三月己巳，東幸。庚午獲鴨，甲申獲鵝，皆飲達旦。

五月甲申，以歲旱，泛舟于池禱雨。不雨，舍舟立水中而禱，俄頃乃雨。

六月丙申，以白海死非其罪，賜其家銀絹。

秋七月壬午，諭有司：凡行幸之所，必高立標識，令民勿犯，違以死論。

八月丁酉，漢遣使貢金器、鎧甲。

閏月乙丑，觀野鹿入馴鹿群，立馬飲至晡。[1]

[1]晡：申時，即午後三時至五時。

九月庚子，以重九宴飲，夜以繼日，至壬子乃罷。己未，殺狼人裏里。

冬十月庚辰，[1]漢主有母喪，遣使賻弔。

[1]冬十月：【劉校】原本、北監本、南監本和殿本均缺“冬”字，據中華點校本補。

十二月甲子，幸酒人拔剌哥家，復幸殿前都點檢耶律夷臘葛第，[1]宴飲連日。賜金盂、細錦及孕馬百疋，左右授官者甚衆。戊辰，漢遣使來貢。是冬，駐蹕黑山平淀。

[1]殿前都點檢：官名。五代後周世宗設置殿前司，以都點檢、副都點檢爲正副長官，位在都指揮使之上，爲禁軍統帥。宋初廢。遼設殿前都點檢，爲南面軍官，當係模倣周制。

十七年春正月庚寅朔，林牙蕭幹、郎君耶律賢適討烏古還，[1]帝執其手，[2]賜厄酒，授賢適右皮室詳穩。[3]
雅里斯、楚思、霞里三人賜醯酒以辱之。乙卯，夷離畢
骨欲獻烏古俘。

[1]蕭幹：【劉校】原作"蕭斡"，本書卷八四有傳。據中華點
校本校勘記，"傳文作幹，卷首目録作斡。檢上文十五年七月，下
文乾亨二年十一月，及卷八三《休哥傳》並作蕭幹"。據改。　耶
律賢適（927—980）：字阿古真。出身顯貴。穆宗時，朝臣多以言
獲譴，景宗在藩邸，常與韓匡嗣、女里等遊，賢適勸以宜早疏絕，
由是穆宗終不見疑。景宗立，陰以賢適爲腹心。保寧二年（970）
秋，拜北院樞密使兼侍中。大丞相高勳、契丹行宮都部署女里席寵
放恣，及帝姨母、保母仗勢受賄，賢適患之，言於帝，不報。本書
卷七九有傳。

[2]帝執其手：【劉注】是對立功者的一種禮遇。本書卷一一
六《國語解》："執手禮，將帥有克敵功，上親執手慰勞；若將在
軍，則遣人代行執手禮。優遇之意。"

[3]右皮室：【劉注】軍種。本書卷一一六《國語解》："皮室，
軍制，有南、北、左、右皮室及黃皮室，皆掌精兵。"　詳穩：契
丹小字 的音譯。軍官名。

　　二月甲子，高勳奏宋將城益津關，[1]請以偏師擾
之，[2]上從之。

[1]高勳（？—978）：字鼎衛，初仕後晉爲閤門使。會同九年
（開運二年，946）隨杜重威降遼，後北遷。世宗即位，爲樞密使，
總漢軍。穆宗應曆間，封趙王，任上京留守、南京留守。景宗即
位，以定策功，封秦王。後謀殺蕭思溫事發，伏誅。本書卷八五有

傳。　益津關：在今河北省霸州市。

[2]偏師：非主力之師。《左傳》桓公八年："季梁曰：'楚人上，左君必左。無與王遇，且攻其右。右無良焉，必敗。偏敗，衆乃攜矣。'"

夏四月戊辰，殺鷹人敵魯。丙子，射柳祈雨，[1]復以水沃群臣。

[1]射柳祈雨：亦稱祈雨射柳。爲契丹的一種禮儀，包括祈雨和射柳兩部分，始於遙輦蘇可汗。祈雨稱爲瑟瑟儀。本書卷四九《禮志一》載："瑟瑟儀：若旱，擇吉日行瑟瑟儀以祈雨。"瑟瑟儀祈雨如果奏效，主持此儀式的官員敵烈麻都就會受到賞賜，否則就要受到戲弄。這是因爲他作爲禮官，不僅是這一禮儀的主持者，同時還被看作契丹人與祖先溝通的中間人。射柳也可以單獨舉行。《長編》卷一一〇宋仁宗天聖九年（1031）六月丁丑載：契丹"每謁木葉山即射柳枝，諢子唱番歌，前導彈胡琴和之，已事而罷"。此外，祈雨也射柳。金初接待宋使，亦以射柳作爲一種遊樂項目，元朝和明朝也有此類活動。

五月辛卯，殺鹿人劄葛。壬辰，北府宰相蕭海璃薨，[1]輟朝，[2]罷重五宴。

[1]宰相：契丹部族官名。契丹可汗之下有北、南二府，各部族則分屬二府，分設宰相，故北宰相亦稱北府宰相，南宰相亦稱南府宰相。

[2]輟（chuò）朝：中止臨朝聽政。

六月己未，支解雉人壽哥、念古，殺鹿人四十四人。是夏，駐蹕裊潭。

秋八月辛酉，生日，以政事令阿不底病亟，[1]不受賀。

[1]政事令：遼朝南面宰相。掌中外事悉令參決。遼世宗以後多爲加官之職。

九月自丙戌朔，獵於黑山、赤山，至於月終。

冬十月乙丑，殺酒人粹你。

十一月辛卯，殺近侍廷壽。壬辰，殺豕人阿不劄、曷魯、尤里者、涅里括。庚子，司天臺奏月當食不虧，上以爲祥，歡飲達旦。壬寅，殺鹿人唐果、直哥、撒剌。

十二月辛未，手殺饔人海里，復臠之。

是冬，駐蹕黑河平淀。

十八年春正月乙酉朔，宴於宮中，不受賀。己亥，觀燈於市。以銀百兩市酒，命群臣亦市酒，縱飲三夕。

二月乙卯，幸五坊使霞實里家，宴飲達旦。

三月甲申朔，如潢河。乙酉，獲駕鵝，祭天地。造大酒器，刻爲鹿文，名曰“鹿瓶”，貯酒以祭天。[1]庚戌，殺鶻人胡特魯、近侍化葛及監囚海里，仍剉海里之屍。

[1]祭天：古代的重大祭祀。《儀禮·喪服》以爲天是“天子及其始祖之所自出”。契丹傳統是以青牛白馬祭天地。貯酒以祭天，

與契丹傳統祭天地的儀式不合，當是用漢禮。

夏四月癸丑朔，[1]殺巘人抄里只。己巳，詔左右從班有材器幹局者不次擢用，老耄者增俸以休於家。

[1]癸丑朔：【劉校】原本闕“朔”字，中華點校本據本書卷四四《曆象志下·朔考》補。今從。

五月丁亥，重五，以被酒不受賀。壬辰，獲鵝於述古水，野飲終夜。丁酉，與政事令蕭排押、南京留守高勳、太師昭古、劉承訓等酣飲連日夜。[1]己亥，殺鹿人頗德、騰哥、陶瑰、劄不哥、蘇古涅、雛保、彌古特、敵苔等。

[1]昭古：【劉校】據中華點校本校勘記，本書卷六八《遊幸表》作“女古”。

六月丙辰，殺巘人屯奴。己未，爲殿前都點檢夷臘葛置神帳，[1]曲赦京畿囚。甲戌，撻烈於鶻窠中得牝犬來進。是夏，清暑褭潭。

[1]神帳：即載有天子旗鼓的車帳。

秋七月辛丑，漢主承鈞殂，[1]子繼元立，[2]來告，遣使弔祭。

[1]漢主承鈞殂：指劉承均死。劉承均爲北漢第二位皇帝，即位後稱劉鈞，臣服契丹，稱遼穆宗爲父。公元 954 年至 968 年在位。在位期間，與遼關係緊張，死前不久，遼穆宗曾對其嚴屬指責，據《宋史》卷四八二《北漢劉氏世家》："爾不稟我命，其罪三：擅改年號，一也；助李筠有所覬覦，二也；殺段常，三也。"鈞皇恐曰："父爲子隱，願赦罪。"自是北漢使契丹者被留不遺。

[2]子繼元立：繼元，應是"繼恩"。《新五代史》卷七〇《東漢世家》："承鈞立十三年病卒，其養子繼恩立。""承鈞卒，繼恩告哀於契丹而後立……九月，繼恩置酒會諸大臣宗子，飲罷，卧閣中。供奉官侯霸榮率十餘人挺刃入閣，閉户而殺之。郭無爲遣人以梯登屋入，殺霸榮並其黨。"無爲立繼元。

　　九月戊子，殺詳穩八剌、拽剌痕篤等四人。[1]己丑，登小山祭天地。戊戌，知宋欲襲河東，諭西南面都統、南院大王撻烈豫爲之備。[2]己亥，獵熊，以唤鹿人鋪姑并掖庭户賜夷臘葛。甲辰，以夷臘葛兼政事令，仍以黑山東抹真之地數十里賜之，以女瑰爲近侍，女直詳穩憂陌爲本部夷離董。

[1]拽剌：契丹語"走卒"謂之"拽剌"，後爲軍官名。有掌旗鼓者，稱"旗鼓拽剌"，還有專司偵候、探報等職者。

[2]南院大王：契丹部族官。遼朝析迭剌部爲五院部和六院部。五院部有知五院事，在朝曰北大王院；六院部有知六院事，在朝曰南大王院。北院大王和南院大王即是五院部和六院部的首領，握有兵權。

　　是秋，獵於西京諸山。[1]

〔1〕西京諸山：【劉校】據中華點校本校勘記，“按《紀》重熙十三年十一月始改雲州爲西京，此‘西京’應是京西倒誤或追稱”。

冬十月辛亥朔，宋圍太原，[1]詔撻烈爲兵馬總管，發諸道兵救之。

〔1〕宋圍太原：宋開寶元年（968）九月，繼恩死，《長編》卷九開寶元年九月辛卯記載：“繼元始立，王師已入其境，乃急遣使上表契丹，且請兵爲援。又遣侍衛都虞候劉繼業、馮進珂領軍扼團柏谷。以將作監馬峰爲樞密使，監其軍。”

十一月癸卯，冬至，被酒，不受賀。

十二月丁丑，殺酒人撻烈葛。

是冬，駐蹕黑山東川。

十九年春正月己卯朔，宴宮中，不受賀。己丑，立春，被酒，命殿前都點檢夷臘葛代行擊土牛禮。[1]甲午，與群臣爲葉格戲。[2]戊戌，醉中驟加左右官。乙巳，詔太尉化哥曰：“朕醉中處事有乖，無得曲從。酒解，可覆奏。”自立春飲至月終，不聽政。

〔1〕擊土牛：又稱鞭土牛、鞭春。此非契丹故俗。此非契丹故俗。這種習俗甚爲久遠。《大唐開元禮》卷三載：“凡立春前，兩京及諸州縣門外並造土牛。”宋元時鞭牛習俗盛行。孟元老《東京夢華錄·立春》：“立春前一日，開封府進春牛入禁中，鞭春。開封、祥符兩縣置春牛於府前，至日絕早，府僚打春如方州儀。”元代馬端臨《文獻通考·郊社考》：“立春前五日，於州大門外之東

造青土牛兩頭、耕夫、犁具。立春有司迎春於東郊,豎青幡於青牛之旁。"以上記載可證,迎春造土牛乃各地官府之事,並無皇帝"鞭土牛"事。鞭打土牛亦是小兒遊戲。《宋詩抄》卷四〇七有楊萬里《觀小兒戲打春牛》詩。

[2]葉格戲:即葉子格戲,博戲之一種。《歐陽文忠公集·歸田錄》卷二:"唐世士人宴聚風行葉子格,五代國初猶然,後漸廢不傳。"《分門古今事類》卷二:"唐一行禪師制葉子格進之,當時士大夫宴集皆用焉。葉子格者,其字乃二十世李也,唐果傳二十帝。"

　　二月甲寅,[1]漢劉繼元嗣立,[2]遣使乞封册。辛酉,遣韓知範册爲皇帝。[3]癸亥,殺前導末及益剌,剉其屍棄之。甲子,漢遣使進白麃。己巳,如懷州,獵獲熊,歡飲方醉,馳還行宮。[4]是夜,近侍小哥、盥人花哥、庖人辛古等六人反,帝遇弒,年三十九。廟號穆宗。後附葬懷陵。[5]重熙二十一年謚曰孝安敬正皇帝。

　　[1]二月甲寅:【劉校】二月,原誤"三月"。據中華點校本校勘記,"按三月戊寅朔,無甲寅、己巳;二月戊申朔,七日甲寅,二十二日己巳。下卷《景宗紀》敘'穆宗遇弒'亦在二月"。據改。

　　[2]劉繼元:北漢皇帝劉承鈞養子,天會十二年(遼應曆十八年,968)九月即位,次年,遼册立其爲大漢皇帝。廣運二年(遼保寧七年,975)遼加繼元爲大漢英武皇帝。廣運六年(宋太平興國四年,979)年降於宋,北漢亡。

　　[3]韓知範:【劉校】據中華點校本校勘記,"《新五代史》卷七〇《東漢世家》及《長編》並作韓知璠"。

　　[4]行宮:亦稱行帳,即皇帝轉徙隨時的車帳。

　　[5]懷陵：遼太宗、穆宗之陵。其址位於懷州境内。大同元年（947）遼置懷州奉陵軍，治所在今内蒙古自治區巴林右旗幸福之路蘇木之崗根嘎查古城址。州隸永興宫。

　　贊曰：穆宗在位十八年，知女巫妖妄見誅，諭臣下濫刑切諫，非不明也，而荒耽於酒、畋獵無厭。偵鵝失期，加炮烙鐵梳之刑；獲鴨甚歡，[1]除鷹坊刺面之令。賞罰無章，朝政不視而嗜殺不已。變起肘腋，[2]宜哉！

　　[1]獲鴨甚歡：【劉校】“鴨”，原本、明抄本作“鳴”。大典本、南監本、北監本和殿本均作“鴨”。中華點校本、修訂本徑改。今從改。
　　[2]變起肘腋：指穆宗被近侍小哥等六人殺害的事件。遼朝以罪犯家屬、“著帳户”在宫中服役，甚至擔任禁衛，他們整天和皇帝生活在一起，最切近，故被喻爲“肘腋”。《三國志·蜀志·法正傳》：“主公之在公安也，北畏曹公之强，東憚孫權之逼，近則懼孫夫人生變於肘腋之下。”

（李錫厚注　劉鳳翥校）

遼史　卷八

本紀第八

景宗上

　　景宗孝成康靖皇帝諱賢，字賢寧，小字明扆。[1]世宗皇帝第二子，母曰懷節皇后蕭氏。[2]察割之亂，[3]帝甫四歲。穆宗即位，養永興宮。[4]既長，穆宗酗酒怠政。帝一日與韓匡嗣語及時事，[5]耶律賢適止之。[6]帝悟，不復言。

　　[1]諱賢，字賢寧，小字明扆（yǐ）：【劉校】據中華點校本校勘記，"《契丹國志》卷六、《長編》及《東都事略》並作'諱明記，更名賢'"。
　　[2]懷節皇后蕭氏（？—951）：淳欽皇后弟阿古只之女。生景宗。天禄末立爲皇后。察割作亂，遇害。
　　[3]察割：即耶律察割（？—951）。遼皇族。其父明王安端爲阿保機同母弟。世宗即位，察割封泰寧王。天禄五年（951）九月南伐途中行弑逆，隨即爲壽安王誘殺。
　　[4]永興宮：太宗德光宮分。

　　[5]韓匡嗣（917—983）：遼初著名漢臣韓知古之子。隸屬宮籍。初以善醫直長樂宮。《韓匡嗣墓誌》透露出他最初是受到太宗德光（即嗣聖皇帝）賞識，這可能與靖安皇后有關。因爲匡嗣是景宗耶律賢藩邸故人，所以景宗即位以後，他很快受到重用。保寧二年（970）景宗睿智皇后之父蕭思溫遭謀殺，十年（978）景宗發現並處決了殺害蕭思溫的兇手高勳和女里，此後，韓匡嗣更成了景宗和睿智皇后僅存的心腹人物，加開府儀同三司、政事令，授南面行營都統、燕京留守，封燕王。晚年任西南面招討使，與景宗死於同一年。本書卷七四有傳。

　　[6]耶律賢適（927—980）：字阿古真。出身顯貴。穆宗時，朝臣多以言獲譴，景宗在藩邸，常與韓匡嗣、女里等遊，賢適勸以宜早疏絶，由是得以免除穆宗懷疑。景宗立，陰以賢適爲腹心。保寧二年秋，拜北院樞密使兼侍中。當時大丞相高勳、契丹行宮都部署女里席寵放恣，景宗姨母、保母也仗勢受賄，賢適患之，言於帝，不報。本書卷七九有傳。

　　應曆十九年二月戊辰，[1]入見。穆宗曰：“吾兒已成人，可付以政。”己巳，穆宗遇弒，帝率飛龍使女里、侍中蕭思溫、南院樞密使高勳率甲騎千人馳赴。[2]黎明，至行在，[3]哭之慟。群臣勸進，遂即皇帝位於柩前。百官上尊號曰天贊皇帝，大赦，改元保寧。以殿前都點檢耶律夷臘、[4]右皮室詳穩蕭烏里只宿衛不嚴，[5]斬之。

　　[1]應曆：遼穆宗年號（951—969）。
　　[2]女里（？—978）：積慶宮分人。字涅烈袞。景宗在藩邸，以女里出自其父世宗宮分，故待遇殊厚，女里亦傾心結納。及穆宗遇弒，女里翼戴景宗即位，以功加政事令、契丹行宮都部署。保寧末坐私藏甲冑及謀殺樞密使蕭思溫，賜死。本書卷七九有傳。　蕭

思溫（？—970）：宰相蕭敵魯族弟忽没里之子。小字寅古。通書史。穆宗時爲南京留守，但非將帥才。應曆八年（958），後周占束城，遼軍退渡滹沱河而屯，思溫飾他説請濟師。已而，後周圍瀛州，陷益津、瓦橋、淤口三關，迫近固安，思溫不知計所出。十九年（969）穆宗遇弑。思溫與南院樞密使高勳、飛龍使女里等立景宗。保寧初爲北院樞密使，兼北府宰相，仍命世預其選。思溫女册爲皇后（即睿智皇后），加尚書令，封魏王。保寧二年（970）爲賊所害。卷七八有傳。　高勳（？—978）：字鼎衞，初仕後晉爲閤門使。會同九年（開運二年，946）隨杜重威降遼，後北遷。世宗即位，爲樞密使，總漢軍。穆宗應曆間，封趙王，任上京留守、南京留守。景宗即位，以定策功，封秦王。後謀殺蕭思溫，事發，伏誅。本書卷八五有傳。

[3]行在：皇帝出行時所在之地，遼爲行國，皇帝一年四季居無定所，皆在遷徙中渡過。其行在又稱"行宮"，契丹語爲"捺鉢"。

[4]殿前都點檢：官名。五代後周世宗設置殿前司，以都點檢、副都點檢爲正副長官，位在都指揮使之上，爲禁軍統帥。宋初廢。遼設殿前都點檢，爲南面軍官，當係模倣周制。　耶律夷臘：【劉校】據中華點校本校勘記，"按即上卷應曆十六年十二月之殿前都點檢耶律夷臘葛，《百官志》四作耶律夷刺葛。卷七八有傳"。

[5]右皮室：【劉注】軍種。本書卷一一六《國語解》："皮室，軍制，有南、北、左、右皮室及黄皮室，皆掌精兵。"　詳穩：契丹小字 的音譯。軍官名。

三月丙戌，入上京，以蕭思溫爲北院樞密使。[1]太平王罨撒葛亡入沙沱。[2]己丑，夷离畢粘木衮以陰附罨撒葛伏誅。[3]癸巳，罨撒葛入朝。甲午，以北院樞密使蕭思溫兼北府宰相。[4]己亥，南院樞密使高勳封秦王。

[1]北院樞密使：即契丹樞密院之樞密使，爲北面官之最高官職，掌軍事、部族。詳本書卷四五《百官志一》。

[2]罨撒葛（934—972）：即阿鉢撒葛里。德光第二子。靖安皇后蕭氏生，會同二年（939）封太平王。穆宗在位時，因謀亂貶戍西北邊。景宗即位後釋罪，召還，以病卒。

[3]夷离畢：遼官名。爲執政官，相當於副宰相參知政事。後來官分南、北，北面官有夷离畢院，主要掌刑政。

[4]宰相：契丹部族官名。契丹可汗之下有北、南二府，各部族則分屬二府，分設宰相，故北宰相亦稱北府宰相，南宰相亦稱南府宰相。

　　夏四月戊申朔，進封太平王罨撒葛爲齊王，改封趙王喜隱爲宋王，[1]封隆先爲平王，[2]稍爲吳王，[3]道隱爲蜀王，[4]必攝爲越王，[5]敵烈爲冀王，[6]宛爲衛王。[7]

[1]喜隱（？—981）：阿保機幼子李胡之子。字完德，初封趙王。穆宗時曾兩次謀反下獄。景宗保寧初宥之，妻以皇后之姊，封宋王，授西南面招討使。稍見進用，復誘群小謀叛，囚於祖州。乾亨三年（981）宋降卒二百餘人欲劫立喜隱，以城堅不得入，立其子留禮壽，上京留守除室擒之。留禮壽伏誅，賜喜隱死。本書卷七二有傳。

[2]隆先：東丹王耶律倍之子，母大氏。景宗即位始封平王。未幾兼政事令，留守東京。本書卷七二有傳。

[3]稍：即耶律稍。東丹王耶律倍第三子。聖宗時曾任上京留守。無傳，本書卷六四《皇子表》亦不載。

[4]道隱（？—983）：即耶律道隱。東丹王耶律倍第五子。字留隱，母高氏。生於後唐，倍遇害時年尚幼，洛陽僧匿而養之，因名道隱。太宗滅後唐，還。景宗即位，封蜀王，爲上京留守。乾亨

元年（979）遷南京留守。本書卷七二有傳。

　　[5]必攝：太宗第五子。

　　[6]敵烈（933—979）：本書卷六四《皇子表》所載敵烈即皇子提里古，宮人蕭氏生，保寧初封冀王。乾亨初北宋進攻北漢，敵烈往援，戰死於白馬嶺。

　　[7]宛：即耶律宛。李胡之子。

　　五月戊寅，立貴妃蕭氏爲皇后。[1]丙申朔，[2]射柳祈雨。[3]有司請以帝生日爲天清節，從之。壬寅，漢遣李匡弼、劉繼文、李元素等來賀。[4]

　　[1]貴妃蕭氏（？—1009）：諱綽，小字燕燕，北府宰相思溫女。景宗即位選爲貴妃。尋冊爲皇后，生聖宗。景宗崩，尊爲皇太后，攝國政。統和元年（983）上尊號曰承天皇太后。本書卷七一有傳。

　　[2]丙申朔：【劉校】依中華點校本校勘記，按本書卷四四《曆象志下·朔考》，“五月丁丑朔。上文戊寅已是初二日，丙申爲二十日，朔字衍。《宏簡錄》作壬午”。

　　[3]射柳祈雨：亦稱祈雨射柳。爲契丹的一種禮儀，包括祈雨和射柳兩部分，始於遙輦蘇可汗。祈雨稱爲瑟瑟儀。本書卷四九《禮志一》載：“瑟瑟儀：若旱，擇吉日行瑟瑟儀以祈雨。”瑟瑟儀祈雨如果奏效，主持此儀式的官員敵烈麻都就會受到賞賜，否則就要受到戲弄。這是因爲他作爲禮官，不僅是這一禮儀的主持者，同時還被看作契丹人與祖先溝通的中間人。射柳也可以單獨舉行。《長編》卷一一〇宋仁宗天聖九年（1031）六月丁丑載：契丹“每謁木葉山即射柳枝，諢子唱番歌，前導彈胡琴和之，已事而罷”。此外，祈雨也射柳。金初接待宋使，亦以射柳作爲一種遊樂項目，元朝、明朝也有此類活動。

[4]漢遣李匡弼、劉繼文、李元素等來賀：【劉校】據中華點校本校勘記，"《十國春秋·北漢紀》記此次遣使僅匡弼、元素，無繼文"。

冬十月，東幸裏潭。

十一月甲辰朔，行柴册禮，[1]祠木葉山，[2]駐蹕鶴谷。乙巳，蕭思温封魏王，北院大王屋質加于越。[3]

[1]柴册禮：此禮源於中國傳統的"燔柴告天"，是古代天子祭天之禮。《爾雅·釋天》："祭天曰燔柴。"行禮時，積薪於壇，取玉及牲置於柴上焚燒。此禮與契丹的再生禮合併舉行，是爲契丹部落聯盟選汗和遼建國後新皇帝即位舉行的禮儀。相傳遙輦氏阻午可汗始製此儀，遼朝建國後有所增飾。

[2]木葉山：山名。契丹語稱"大"爲"木葉"。"木葉山"可以泛指任何"大山"，也可專指某一大山爲"木葉山"。此處指永州境内一座山，契丹人視此山爲神山，其地在今内蒙古自治區翁牛特旗新蘇莫蘇木的西拉木倫河與老哈河匯合處一帶。"上建契丹始祖廟，奇首可汗在南廟，可敦（可汗之妻）在北廟，繪塑二聖并八子神像。"詳見本書卷三七《地理志一》永州條。

[3]北院大王：契丹部族官。遼朝析迭剌部爲五院部和六院部。五院部有知五院事，在朝曰北大王院；六院部有知六院事，在朝曰南大王院。北院大王和南院大王即是五院部和六院部的首領，握有兵權。 屋質：即耶律屋質（916—973）。遼宗室、功臣。會同間爲惕隱，太宗死後，世宗初立，屋質積極調解太后與世宗的矛盾以避免内訌。天禄二年（948）助世宗挫敗天德、蕭翰等謀反。三年又表列泰寧王察割陰謀事，世宗不聽。後平定察割之亂及立穆宗。本書卷七七有傳。 于越：契丹語官名的音譯。意思是官人、智者。貴官，非有大功德不授。位在北、南大王之上。無具體執掌。

二年春正月丁未，如潢河。[1]

[1]潢河：今内蒙古自治區境内的西拉木倫河，即西遼河上游。

夏四月，幸東京，致奠于讓國皇帝及世宗廟。[1]

[1]讓國皇帝（898—936）：遼太祖耶律阿保機長子。漢名倍，
契丹名圖欲（突欲）。生母爲淳欽皇后述律氏。天顯元年（926），
遼滅渤海建東丹國，被册爲人皇王，主東丹國政。阿保機死後，其
母述律氏立德光，圖欲被迫浮海投奔後唐。後唐明宗賜其姓名李贊
華。清泰三年（遼天顯十一年，936）石敬瑭率軍攻入洛陽，後唐
末帝李從珂約圖欲與之同死，圖欲不從，遇害。其子世宗兀欲即位
後，天禄元年（947）追諡爲“讓國皇帝”。本書卷七二有傳。

五月癸丑，西幸。乙卯，次盤道嶺。盜殺北院樞密
使蕭思温。
六月，還上京。
秋七月，以右皮室詳穩賢適爲北院樞密使。
九月辛丑，得國舅蕭海只及海里殺蕭思温狀，皆伏
誅，流其弟神睹于黄龍府。[1]
冬十二月庚午，漢遣使來貢。

[1]黄龍府：治所在今吉林省農安縣。

三年春正月甲寅，右夷離畢奚底遣人獻敵烈俘，[1]
詔賜有功將士。庚申，置登聞鼓院。[2]辛酉，南京統軍

使魏國公韓匡美封鄴王。[3]

[1]敵烈：遼金時北邊族名。又譯迪烈、敵烈德、迭烈德、達里底。遼時以遊牧、捕獵爲業，分佈於臚朐河（今克魯倫河）流域。有八部，稱爲八部敵烈或八石烈敵烈。與烏古部並稱爲北邊大部。遼聖宗以敵烈部降人置迭魯敵烈部和北敵烈部。開泰四年（1015），築河董城於臚朐河北，安置敵烈、烏古降人。壽昌二年（1096），徙敵烈、烏古於烏納水西。金末元初，敵烈人逐漸同化於女真人、蒙古人等。

[2]登聞鼓院：本書卷四七《百官志三·南面》有登聞鼓院，主官是登聞鼓使。但《遼史》中並無任何人任職這一機構的記載。《文獻通考》卷六〇《職官考》登聞鼓院條記載，宋朝原有“鼓司”，以内臣掌之，“景德四年詔改爲登聞鼓院，掌諸上封而進之，以達萬人之情。隸司諫正言，凡文武臣僚、閤門無例通進文字，並先經登聞鼓院進狀。未經鼓院者，檢院不得收接”。宋人吳曾《能改齋漫録》卷二《登聞鼓院之始》條根據高承《事物紀原》記載登聞鼓院之始云：“《國朝會要》曰鼓院舊曰鼓司，景德四年五月九日詔改爲登聞鼓院。”此外，《玉海》和《山堂群書考索》也都記載景德四年（遼統和二十九年，1007）宋改鼓司爲登聞鼓院。

[3]韓匡美：韓匡嗣之弟。據匡美之子韓瑜墓誌記載：“烈考（匡美）燕京統軍使、天雄軍節度管内處置等使、開府儀同三司、檢校太師兼政事令、鄴王。”（《滿洲金石志》卷一）保寧三年（971）正月封鄴王。

二月癸酉，東幸。壬午，遣鐸遏使阿薩蘭回鶻。[1]己丑，以青牛白馬祭天地。[2]

[1]阿薩蘭回鶻：即高昌回鶻。是回鶻西遷、匯合後主要的一

支。直到元代，它仍自認爲是回鶻的嫡系。其疆域東至今哈密烏納格什湖，西通天山西部，南接酒泉，北達天山北麓。首府設在喀拉和卓（今新疆維吾爾自治區吐魯番市東高昌古城遺址），陪都設在天山北麓別失八里（即北庭，今新疆維吾爾自治區吉木薩爾縣破城子）。其王早期稱阿薩蘭汗（意爲獅子王），較晚則稱亦都護。

[2]以青牛白馬祭天地：契丹祭祀天地用青牛白馬，表示不忘祖先。本書卷三七《地理志一·上京道》："相傳有神人乘白馬，自馬盂山浮土河而東，有天女駕青牛車由平地松林泛潢河而下。至木葉山，二水合流，相遇爲配偶，生八子。其后族屬漸盛，分爲八部。每行軍及春秋時祭，必用白馬青牛，示不忘本云。"

三月丁未，以飛龍使女里爲契丹行宮都部署。[1]

[1]契丹行宮都部署：爲北面官中的高級職務，有權參加北、南臣僚會議。詳見本書卷四五《百官志一》。

夏四月丁卯，世宗妃啜里及蒲哥厭魅，[1]賜死。己卯，祠木葉山，行再生禮。[2]丙戌，至自東幸。戊子，蕭神覩伏誅。

[1]厭魅：亦作"厭媚"。用迷信方法祈禱鬼神以迷惑或傷害別人。本書卷一〇七《耶律奴妻蕭氏傳》："嘗與娣姒會，爭言厭魅以取夫寵。"

[2]再生禮：契丹傳統禮儀之一。本書卷一一六《國語解》載："國俗，每隔十二年一次，行始生之禮，名曰再生。惟帝與太后、太子及夷离菫得行之。又名覆誕。"這是與選汗儀式同時舉行的禮儀，禮儀十分煩瑣。

六月丙子，漢遣使問起居。自是繼月而至。丁丑，回鶻遣使來貢。[1]

[1]回鶻：亦作回紇。中國北方與西北古代民族名。原爲鐵勒，8世紀40年代，骨咄禄毗伽可汗曾建立了回鶻汗國。公元840年左右，回鶻汗國崩潰。除一部分人南下依附唐朝外，其餘分三支向西北遷徙，和西域原住的同族人匯合，而先後建立高昌回鶻、河西回鶻（甘州回鶻）和喀喇汗王朝（黑汗王朝）三個政權。回鶻西遷後，和中原諸王朝仍然保持着密切關係。甘州回鶻對五代、北宋朝貢不絶；高昌回鶻曾同時爲遼朝及北宋的屬國。

秋七月辛丑，以北院樞密使賢適爲西北路招討使。

八月甲戌，如秋山。[1]辛卯，祭皇兄吼墓，[2]追册爲皇太子，謚莊聖。

[1秋山：即秋捺鉢，主要活動是狩獵。聖宗以後，其主要地點是在慶州（今内蒙古自治區巴林右旗西北索博日嘎鎮）西部諸山。

[2]皇兄吼：即本書卷六四《皇子表》中的世宗嫡長子吼阿不，早薨。墓號太子院。

九月乙巳，賜傅父侍中達里迭、太保楚補、太保婆兒、保母回室、押雅等户口、牛羊有差。[1]又以潛邸給使者爲撻馬部，[2]置官主之。[3]壬子，幸歸化州。[4]甲寅，如南京。

[1]傅父：古代保育、輔導貴族子女的老年男子。《孔子家

語·曲禮子夏問》："古者男子外有傅父，内有慈母，君命所使教子者也。"

[2]撻馬部：最高統治者的扈從、親軍。

[3]置官主之：【劉校】"主"原本誤作"堂"，今據南監本、北監本和殿本改。另，中華點校本據張元濟《百衲本〈遼史〉校勘記》改爲"掌"；中華修訂本據《大典》卷五二四八引《遼史·景宗紀》亦改爲"掌"。

[4]歸化州：即武州（治所在今河北省張家口市宣化區）。

　　冬十月己巳，以黑白羊祀神。癸未，漢遣使來貢。丙戌，鼻骨德、吐谷渾來貢。[1]

[1]鼻骨德：遼時黑龍江流域部族名。又作鼈古德。聖宗時分置伯斯鼻古德部與撻馬鼻古德部，均屬東北路統軍司。所在地相當於今黑龍江省富錦市至俄羅斯境内哈巴羅夫斯克（伯力）沿江一帶。　吐谷渾：古代部族名。亦作吐渾。據《新五代史》卷七四《四夷附錄第三》："吐渾，本號吐谷渾"。"自後魏以來，名見中國，居於青海之上。當唐至德中，爲吐蕃所攻，部族分散，其内附者，唐處之河西。其大姓有慕容、拓拔、赫連等族。懿宗時，首領赫連鐸爲陰山府都督，與討龐勛，以功拜大同軍節度使。爲晉王所破，其部族益微，散處蔚州界中。""晉高祖立，割鴈門以北入於契丹，於是吐渾爲契丹役屬。"

　　十一月庚子，臚朐河于越延尼里等率户四百五十來附，乞隸宫籍。[1]詔留其户，分隸敦睦、積慶、永興三宫，[2]優賜遣之。

[1]宮籍：宮分人之籍。有宮籍的宮分人，多是統治者的私奴，但宮分人中也有契丹權貴。宮籍是世襲的，未經統治者宣佈廢除，子孫則世代爲宮分人。

[2]敦睦宮：孝文皇太弟宮分。　積慶宮：世宗宮分。

十二月癸酉，以青牛白馬祭天地。己丑，皇子隆緒生。[1]是冬，駐蹕金川。

[1]隆緒：後即位，廟號聖宗。

四年春二月癸亥，漢以皇子生，遣使來賀。

閏月戊申，齊王罨撒葛薨。

三月庚申朔，追册爲皇太叔。

夏四月庚寅朔，追封蕭思温爲楚國王。

是夏，駐蹕冰井。

秋七月，如雲州。[1]丁丑，鼻骨德來貢。

[1]雲州：治所在今山西省大同市。

冬十月丁亥朔，如南京。

十二月甲午，詔内外官上封事。[1]

[1]上封事：上奏密封的奏章。古時臣下上書奏事，防有洩漏，用皂囊封緘，故稱。

五年春正月甲子，惕隱休哥伐党項，[1]破之，以俘獲之數來上。漢遣使來貢。庚午，御五鳳樓觀燈。

[1]党項：中國古代族名。又稱党項羌，唐以後主要活動於靈、
慶、銀、夏等州，即今甘肅、寧夏、陝西和内蒙古等省區交界地
區。　耶律休哥（？—998）：字遜寧。出身皇族，應曆末爲惕隱。
乾亨元年（979）與耶律斜軫分左右翼，擊敗宋軍於高梁河。是年
冬，休哥率本部兵從韓匡嗣等戰於滿城。匡嗣敗績。休哥整兵進
擊，敵乃卻。詔總南面戍兵，爲北院大王。聖宗即位，太后稱制，
令休哥總南面軍務，多有戰功。統和四年（986）封宋國王。本書
卷八三有傳。

二月丁亥，近侍實魯里誤觸神纛，[1]法論死，杖釋
之。壬辰，越王必攝獻党項俘獲之數。戊申，以青牛白
馬祭天地。辛亥，幸新城。

[1]近侍：皇帝身邊的奴僕。　神纛：契丹儀仗名。遼有國仗，
即所謂天子旗鼓。據《新唐書·契丹傳》，貞觀二年（628），契丹
首領摩會入朝，唐朝賜其鼓纛，此即契丹國仗。

三月乙卯朔，復幸新城。追封皇后祖胡母里爲韓
王，贈伯胡魯古兼政事令，[1]尼古只兼侍中。

[1]政事令：遼朝南面宰相。

夏四月丙申，白氣晝見。
五月癸亥，于越屋質薨，輟朝三日。[1]辛未，女直
侵邊，[2]殺都監達里迭、拽剌斡里魯，[3]驅掠邊民牛馬。

己卯，阿薩蘭回鶻來貢。

[1]輟（chuò）朝：中止臨朝聽政。

[2]女直：本作女真，因避遼興宗耶律宗真名諱，改稱女直。遼時居東北東部。在南者入遼籍，稱熟女真，或合蘇館女真；在北者不入遼籍，稱生女真。

[3]拽剌：契丹語"走卒"謂之"拽剌"，後爲軍官名。有掌旗鼓者，稱"旗鼓拽剌"，還有專司偵候、探報等職者。

六月庚寅，女直宰相及夷离堇來朝。[1]丙申，漢遣人以宋事來告。

[1]夷离堇：原爲突厥語官名。亦譯作"俟斤"（Irkin）。突厥諸部最高元首稱"可汗"（Qaghan），其他諸部君長則稱爲俟斤、亦都護。初，契丹"其君大賀氏，有勝兵四萬，析八部，臣於突厥，以爲俟斤"（《新唐書》卷二一九《契丹傳》）。後，契丹首領自立爲可汗，所屬各部長則稱爲"俟斤"，亦即"夷离堇"。契丹立國後，大部族之夷离堇稱王，小部族夷离堇稱爲節度使。舉凡一部軍政、民政皆由其統掌（參見韓儒林《穹盧集》第314—316頁）。

秋七月庚辰，以保大軍節度使耶律斜里底爲中臺省左相。[1]是月，駐蹕燕子城。

[1]中臺省：東丹國宰輔機構。設左、右大相及左、右次相。

九月壬子，鼻骨德部長曷魯撻覽來貢。
冬十月丁酉，如南京。

十一月辛亥朔，始獲應曆逆黨近侍小哥、花哥、辛古等，誅之。

十二月戊戌，漢將改元，[1] 遣使稟命。是月，如歸化州。

[1]漢將改元：漢以改元廣運，遣使稟命於遼。

六年春正月癸未，幸南京。

三月，宋遣使請和，以涿州刺史耶律曷朮加侍中與宋議和。[1]

[1]涿州：治所在今河北省涿州市。　耶律曷朮：【劉注】曷朮，原作“昌朮”，據《羅校》改。中華修訂本亦作“曷昌朮”。本書卷八六本傳作耶律合住，字粘袞。據其《神道碑》知其漢名琮，字伯玉，爲遼太祖弟迭剌之孫，耶律允之子。其神道碑原立於內蒙古自治區喀喇沁旗西橋鄉鐵家營子村，《東北考古與歷史》第一輯（文物出版社 1982 年版）所載李逸友《遼耶律琮墓石刻及神道碑銘》一文著錄了碑文。

夏四月，宋王喜隱坐謀反廢。

秋七月丁未朔，閣門使酌古加檢校太尉兼御史大夫，[1] 男海里以告喜隱事，遙授隴州防禦使。[2] 庚申，獵於平地松林。[3]

[1]閣門使：官名。即古儐相之職。唐末、五代凡取稟旨命、供奉乘輿、朝會遊宴及贊導三公、群臣、蕃國朝見、辭謝、糾彈失儀之事，由閣門使、副掌管。閣門使多以處武臣。參見《文獻通

考·職官十二》。

　　[2]防禦使：原爲唐官名。在遼爲防禦州的長官，官階低於團
練使而高於刺史。

　　[3]平地松林：西遼河上游中古時期生態良好，有茂密的松林，
稱“平地松林”。《新五代史》卷七三《四夷附録第二》引胡嶠
《陷虜記》說：“自上京東去四十里至真珠寨，始食菜。明日東行，
地勢漸高，西望平地松林，鬱然數十里，遂入平川，多草木。”

　　冬十月乙亥朔，還上京。

　　十二月戊子，以沙門昭敏爲三京諸道僧尼都總管，
加兼侍中。

　　七年春正月甲戌朔，宋遣使來賀。壬寅，望祠木
葉山。

　　二月癸亥，漢鴈門節度使劉繼文來朝，[1]貢方物。
丙寅，以青牛白馬祭天地。

　　[1]鴈門：一般指古鴈門關。在關西鴈門山上，又稱西徑關。
元廢。今鴈門關在代縣西北，係明代所置。此處爲唐、五代方鎮
名。一度改成代北節度。治所在代州（今山西省代縣）。　劉繼文：
北漢劉繼元之弟。穆宗應曆十三年（963）使遼，被扣留。景宗即
位後遣回。乾亨元年（979）北漢將亡時奔遼，受封爲彭城郡王。
《長編》卷一一開寶三年（970）正月載：“北漢主遣使持禮幣賀契
丹主，樞密使高勳言於契丹主曰：‘我與晉陽，父子之國也，歲嘗
遣使來覲，非其大臣，即其子弟。先君以一怒而盡拘其使，甚無謂
也。今嗣主新立，左右皆非舊人，國有憂患，寧不我怨？宜以此時
盡歸其使。’契丹主曰：‘善。’乃悉索北漢使者，前後凡十六人，
厚其禮而歸之。即命李弼爲樞密使，劉繼文爲保義節度使，詔北漢

主委任之。繼文等久駐契丹，復受其命，歸秉國政，左右皆譖毀之。未幾，繼文爲代州刺史，弼爲憲州刺史。契丹主聞之，下詔責北漢主曰：'朕以爾國連喪二主，僻處一隅，期於再安，必資共治。繼文爾之令弟，李弼爾之舊臣，一則有同氣之親，一則有耆年之故，遂行並命，俾效純誠，庶幾輯寧，保成歡好。而席未遑暖，身已棄捐，將順之心，于我何有！'北漢主得書恐懼，且疑繼文報契丹，乃密遣使按責繼文，繼文以憂懼死。"

三月壬午，耶律速撒等獻党項俘，分賜群臣。

夏四月，遣郎君矧思使宋。[1]己酉，祠木葉山。辛亥，射柳祈雨。如頻蹕淀清暑。

[1]矧思使宋：【劉校】矧思，據中華點校本校勘記，"《長編》、《宋史》二並作慎思。又均繫此事於三月"。

五月丙戌，祭神姑。

秋七月，黃龍府衛將燕頗殺都監張琚以叛，[1]遣敞史耶律曷里必討之。[2]

[1]燕頗：渤海人。燕頗殺守臣以叛，耶律吼之子曷里必（何魯不）討之，破於鴨淥江。"坐不親追擊，以至失賊，受杖罰"（本書卷七七《何魯不傳》）。其後燕頗投奔兀惹，又率軍侵鐵驪，並戰勝遼聖宗派來的援軍。

[2]耶律曷里必：【劉校】據中華點校本校勘記，"'曷里必'按本書卷七七本傳作何魯不，討燕頗時，已官北院大王"。

九月，敗燕頗於治河，遣其弟安摶追之。燕頗走保

兀惹城，[1]安摶乃還，以餘黨千餘户城通州。是秋，至
自頻躇淀。

[1]兀惹城：在今黑龙江省通河縣縣城附近。

冬十月，鉤魚土河。[1]

[1]鉤魚：鑿冰捕魚。　土河：即老哈河，源出今河北省平泉
縣的永安山，流經今内蒙古自治區東部赤峰地區，與西拉木倫河
匯合。

八年春正月癸酉，宋遣使來聘。

二月壬寅，諭史館學士，書皇后言亦稱“朕”暨
“予”，著爲定式。

三月辛未，遣五使廉問四方鰥寡孤獨及貧乏失職
者，振之。

夏六月，以西南面招討使耶律斜軫爲北院大王。[1]

[1]以西南面招討使耶律斜軫爲北院大王：【劉校】據中華點
校本校勘記，本書卷八三《耶律斜軫傳》作“命節制西南諸軍，
仍援河東，改南院大王”。本紀記載無誤，應是爲北院大王在先，
本傳失載；改南院大王在後，本傳繫此事於保寧初不確。　耶律斜
軫（？—999）：字韓隱，于越曷魯之孫。保寧初，受命節制西南面
諸軍，仍援河東。改南院大王。乾亨元年（979）秋，宋軍攻下河
東，乘勝襲燕，高梁河一戰，他與耶律休哥分左右翼夾擊，大敗宋
軍。統和初，承天皇太后蕭綽稱制，益見委任，爲北院樞密使。四
年（986）宋軍三路來攻，斜軫指揮擊退西路來攻的宋軍，以功加

守太保。本書卷八三有傳。

秋七月丙寅朔，寧王只没妻安只伏誅，只没、高勳等除名。辛未，宋遣使來賀天清節。

八月癸卯，漢遣使言天清節設無遮會，[1]飯僧祝釐。[2]丁未，如秋山。己酉，漢以宋事來告。是月，女直侵貴德州東境。

[1]無遮會：【靳注】佛教以佈施爲主要内容的法會，五年一次，又稱無遮大會。

[2]飯僧：向僧人施飯，奉佛藉以祈福。《舊唐書》卷一一八《王縉傳》："初，代宗喜祠祀，未甚重佛，而元載、杜鴻漸與［王］縉喜飯僧徒。代宗嘗問以福業報應事，載等因而啟奏，代宗由是奉之過當，嘗令僧百餘人於宮中陳設佛像，經行念誦，謂之内道場。其飲膳之厚，窮極珍異，出入乘廄馬，度支具廩給。每西蕃入寇，必令群僧講誦《仁王經》，以攘虜寇。苟幸其退，則横加錫賜。"

九月己巳，謁懷陵。[1]辛未，東京統軍使察鄰、詳穩涸奏女直襲歸州五寨，剽掠而去。乙亥，鼻骨德來貢。壬午，漢爲宋人所侵，遣使求援，命南府宰相耶律沙、冀王敵烈赴之。[2]戊子，漢以宋師壓境，[3]遣駙馬都尉盧俊來告。[4]

[1]懷陵：遼太宗、穆宗之陵。位於懷州境内。大同元年（947）遼置懷州奉陵軍，治所在今内蒙古自治區巴林右旗幸福之路蘇木崗根嘎查古城址。州隸永興宫。

[2]耶律沙（？—988）：字安隱。景宗即位，總領南面邊防

務。保寧間宋攻河東，沙將兵救之，有功，加守太保。乾亨初沙將兵再援北漢，敗於白馬嶺。復與宋戰於高梁河，並從韓匡嗣攻宋。卷八四有傳。

[3] 宋師壓境：《長編》卷一七開寶九年（976）九月壬申載：黨進帥兵抵北漢城下，列寨於汾河之南，敗其軍數千人於太原之北，獲馬千餘匹及兵仗六百餘副。

[4] 盧俊：北漢駙馬都尉。保寧八年（976）宋師壓境，俊詣遼乞師，有功。乾亨元年（979）白馬嶺之役，遼相耶律沙敗於宋軍。後耶律斜軫來援，始擊退宋軍。將趨太原，會俊以國亡出奔，言太原已陷。遼軍遂勒兵還。俊至遼，署同政事門下平章事，尚景宗公主，復拜駙馬都尉。《十國春秋》卷一〇七有傳。

冬十月辛丑，漢以遼師退宋軍來謝。[1]

[1] 遼師退宋軍：宋軍雖暫退走，但西北少數民族越過黃河，襲擊北漢。《長編》卷一七開寶九年（976）十月甲午載："定難節度使李光叡率所部兵次於天朝、定朝兩關，遣使言伺黃河凍合即入北漢界。丁酉，安守忠言與洛羅寨兵馬監押馬繼恩領兵出遼州路，焚北漢四十餘寨，獲牛羊人口數千。"

十一月丙子，宋主匡胤殂，[1] 其弟炅自立，遣使來告。[2] 辛卯，遣郎君王六、撻馬涅木古等使宋弔慰。

[1] 宋主匡胤殂：據《長編》與《宋史》記載，宋太祖趙匡胤死於開寶九年（976）十月癸丑。

[2] 宋遣使來告：《長編》卷一七開寶九年十一月壬午載："遣著作郎馮正、著作佐郎張玘使契丹，告終、稱嗣也。"

十二月壬寅，遣蕭只古、馬哲賀宋即位。丁未，漢以宋軍復至、掠其軍儲來告，[1]且乞賜糧爲助。戊午，詔南京復禮部貢院。是月，轄戛斯國遣使來貢。

[1]漢以宋軍復至、掠其軍儲來告：《長編》卷一七開寶九年（976）十月壬戌載："李光叡言率兵入北漢界，破吳保寨，斬首七百級，擒寨主侯遇，獲牛羊、鎧甲數千計。"

（李錫厚注　劉鳳翥校）

遼史　卷九

本紀第九

景宗下

九年春正月丙寅，女直遣使來貢。[1]

　　[1]女直：本作女真，因避遼興宗耶律宗真名諱，改稱女直。
遼時居東北東部。在南者入遼籍，稱熟女真，或合蘇館女真；在北
者不入遼籍，稱生女真。

　　二月庚子，宋遣使致其先帝遺物。甲寅，以青牛白
馬祭天地。[1]

　　[1]以青牛白馬祭天地：契丹祭祀天地用青牛白馬，表示不忘
祖先。本書卷三七《地理志一·上京道》：“相傳有神人乘白馬，自
馬盂山浮土河而東，有天女駕青牛車由平地松林泛潢河而下。至木
葉山，二水合流，相遇爲配偶，生八子。其后族屬漸盛，分爲八
部。每行軍及春秋時祭，必用白馬青牛，示不忘本云。”

三月癸亥，耶律沙、敵烈獻援漢之役所獲宋俘。[1]戊辰，詔以粟二十萬斛助漢。

[1]耶律沙（？—988）：字安隱。景宗即位，總領南邊防務。保寧間宋攻河東，沙將兵救之，有功，加守太保。乾亨初沙將兵再援北漢，敗於白馬嶺。復與宋戰於高梁河，並從韓匡嗣攻宋。本書卷八四有傳。　敵烈（933—979）：即皇子提里古，太宗第四子。字巴速董。保寧初封冀王，乾亨初北宋進攻北漢，敵烈往援，戰死於白馬嶺。

夏五月庚午，[1]漢遣使來謝，且以宋事來告。己丑，女直二十一人來請宰相、夷离堇之職，[2]以次授之。

[1]夏五月：【劉校】原本、南監本、北監本和殿本均無“夏”，據中華點校本補。
[2]宰相：契丹部族官名。契丹可汗之下有北、南二府，各部族則分屬二府，分設宰相，故北宰相亦稱北府宰相，南宰相亦稱南府宰相。　夷离堇：契丹部族官名。源於突厥語官名“俟斤”（Ir-kin）。突厥各部的最高元首稱“可汗”（Qaghan），其他各部酋長則稱為俟斤。初，契丹“其君大賀氏，有勝兵四萬，臣於突厥，以為俟斤”（《新唐書》卷二一九《契丹傳》）。後，契丹首領自立為可汗，其下所屬各部酋長則稱為“俟斤”，亦即夷离堇。契丹立國後，大部族之夷离堇稱王，小部族之夷离堇則稱為節度使。舉凡一部之軍政、民政皆由其統掌。參見韓儒林《穹廬集》（上海人民出版社1982年版，第314—316頁）。

六月丙辰，以宋王喜隱為西南面招討使。[1]

[1]喜隱（？—981）：阿保機幼子李胡之子。字完德，初封趙王。穆宗時曾兩次謀反，下獄。景宗保寧初宥之，妻以皇后之姊，封宋王，授西南面招討使。稍見進用，復誘群小謀叛，囚於祖州。乾亨三年（981）宋降卒二百餘人欲劫立喜隱，以城堅不得入，立其子留禮壽，上京留守除室擒之。留禮壽伏誅，賜喜隱死。本書卷七二有傳。

　　秋七月庚申朔，回鶻遣使來貢。甲子，宋遣使來聘。[1]壬申，漢以宋侵來告。丙子，遣使助漢戰馬。

　　[1]宋遣使來聘：《長編》卷一八宋太宗太平興國二年（977）五月庚午載：命起居舍人辛仲甫使於契丹，右贊善大夫穆被副之。仲甫至境上，聞朝廷議興師伐北漢，［北漢］實倚契丹爲援，遲留未敢進，飛奏竢報。有詔遣行，既至，契丹主問曰：“聞中朝有黨進者真驍將，如進之比凡幾人？”仲甫對曰：“名將甚多，如進鷹犬之材，何可勝數。”契丹主頗欲留之，仲甫曰：“信以成義，義不可留，有死而已。”契丹主知其秉節不可奪，厚禮遣還。

　　八月，漢遣使進葡萄酒。
　　冬十月甲子，耶律沙以党項降酋可丑、買友來見，[1]賜詔撫諭。丁卯，以可丑爲司徒，買友爲太保，各賜物遣之。壬申，女直遣使來貢。乙酉，漢復遣使以宋事來告。

　　[1]党項：中國古代族名。又稱党項羌，唐以後主要活動於靈、慶、銀、夏等州，即今甘肅、寧夏、陝西和內蒙古等省區交界地區。

　　十一月丁亥朔，司天奏日當食不虧。戊戌，吐谷渾叛入太原者四百餘户，[1]索而還之。癸卯，祠木葉山。[2]乙巳，遣太保迭烈割等使宋。乙卯，漢復遣使以宋事來告。

　　[1]吐谷渾：即吐渾，古代部族名。據《新五代史》卷七四《四夷附録第三》，吐渾"自後魏以來，名見中國，居於青海之上。當唐至德中，爲吐蕃所攻，部族分散，其内附者，唐處之河西。其大姓有慕容、拓拔、赫連等族。懿宗時，首領赫連鐸爲陰山府都督，與討龐勛，以功拜大同軍節度使。爲晉王所破，其部族益微，散處蔚州界中……晉高祖立，割鴈門以北入於契丹，於是吐渾爲契丹役屬，而苦其苛暴"。另據《五代會要》卷二八《吐渾》："至開運中，捍虜（契丹）於潬州……其族子白可久，名在承福之亞，因牧馬率本帳北通，契丹授以官爵，復遣潛誘承福。承福亦思叛去，事未果，漢高祖知之，乃以兵環其部族，擒承福與其族白鐵櫃、赫連海龍等五家，凡四百有餘人，伏誅。籍其牛馬，命別部長王義宗統其餘屬。"

　　[2]木葉山：山名。契丹語稱"大"爲"木葉"。"木葉山"可以泛指任何"大山"，也可專指某一大山爲"木葉山"。此處指永州境内一座山，契丹人視此山爲神山，其地在今内蒙古自治區翁牛特旗新蘇莫蘇木的西拉木倫河與老哈河匯合處一帶。"上建契丹始祖廟，奇首可汗在南廟，可敦（可汗之妻）在北廟，繪塑二聖并八子神像。"詳見本書卷三七《地理志一》永州條。

　　十二月戊辰，獵於近郊，以所獲祭天。[1]

　　[1]祭天：古代的重大祭祀。《儀禮・喪服》以爲天是"天子及其始祖之所自出"。契丹傳統是以青牛白馬祭天地。此處祇祭天，

當是用漢禮。

十年春正月癸丑，如長濼。[1]

[1]長濼：遼時湖泊名又作長泊，亦稱魚兒濼，是遼春捺鉢的
地點，在長春州（今吉林省前郭爾羅斯蒙古族自治縣塔虎城）境
內。宋大中祥符六年（遼開泰二年，1013），晁迥使遼，回來後向
宋廷報告此行至長泊所見遼帝四時捺鉢活動的情況。

二月庚午，阿薩蘭回鶻來貢。[1]

[1]阿薩蘭回鶻：即高昌回鶻。回鶻西遷、匯合後主要的一支。
直到元代，它仍自認爲是回鶻的嫡系。其疆域東至今哈密烏納格什
湖，西通天山西部，南接酒泉，北達天山北麓。首府設在喀拉和卓
（今新疆維吾爾自治區吐魯番市東高昌古城），陪都設在天山北麓別
失八里（即北庭，今新疆維吾爾自治區吉木薩爾縣北破城子）。其
王早期稱阿薩蘭汗（意爲獅子王），較晚則稱亦都護。

三月庚寅，祭顯陵。[1]

[1]顯陵：東丹王耶律倍及世宗陵寢。在顯州（今遼寧省北鎮
市）。大同元年（947）世宗以其父東丹王耶律倍生前愛醫巫閭山
水奇秀，因葬於此。應曆元年（951）穆宗葬世宗於顯陵西山。

夏四月丁卯，西幸。己巳，女直遣使來貢。
五月癸卯，賜女里死，遣人誅高勳等。[1]

[1]女里（？—978）：積慶宮分人。字涅烈袞。景宗在藩邸，以女里出自其父世宗宮分，故待遇殊厚，女里亦傾心結納。及穆宗遇弒，女里翼戴景宗即位，以功加政事令、契丹行宮都部署。保寧末坐私藏甲五百屬及謀殺樞密使蕭思溫，賜死。卷七九有傳。　高勳（？—978）：字鼎衛，初仕後晉爲閣門使。會同九年（開運二年，946）隨杜重威降遼，後北遷。世宗即位，爲樞密使，總漢軍。穆宗應曆間，封趙王，任上京留守、南京留守。景宗即位，以定策功封秦王。後謀殺蕭思溫事發，伏誅。卷八五有傳。

六月己未，駐蹕沿柳湖。

秋七月庚戌，享太祖廟。

九月癸未朔，[1]平王隆先子陳哥謀害其父，[2]車裂以徇。

是冬，駐蹕金川。

[1]癸未朔：【劉校】“朔”字原闕，中華點校本據本書卷四四《曆象志下·朔考》補。今從。

[2]平王隆先：東丹王耶律倍之子。母大氏。景宗即位，始封平王。未幾兼政事令，留守東京。卷七二有傳。

乾亨元年春正月乙酉，遣撻馬長壽使宋，[1]問興師伐劉繼元之故。[2]丙申，長壽還，言“河東逆命，所當問罪。若北朝不援，和約如舊；不然則戰”。

[1]撻馬：契丹官名。係“撻馬狘沙里”之簡稱。擔任扈從。

[2]劉繼元：北漢皇帝劉承鈞養子。天會十二年（遼應曆十八年，968）九月即位，次年，遼册立其爲大漢皇帝。廣運二年（遼

保寧七年，975）遼加繼元爲大漢英武皇帝。廣運六年（宋太平興
國四年，979），據《九朝編年備要》卷三，是年正月宋太宗“命
潘美伐北漢”，“二月上親征北漢。三月契丹救北漢，郭進敗之。戰
於石嶺關之南”。“夏四月上圍太原”，“即自草詔賜繼元，諭以速
降，終保富貴。劉繼元降，北漢平”。

二月丁卯，漢以宋兵壓境，遣使乞援。詔南府宰相
耶律沙爲都統、冀王敵烈爲監軍赴之；又命南院大王斜
軫以所部從，[1]樞密副使抹只督之。

[1]南院大王：契丹部族官。遼朝析迭剌部爲五院部和六院部。
五院部有知五院事，在朝曰北大王院；六院部有知六院事，在朝曰
南大王院。北院大王和南院大王即是五院部和六院部的首領，握有
兵權。

三月辛巳，速撒遣人以別部化哥等降，納之。丙
戌，漢遣使謝撫諭軍民，詔北院大王奚底、乙室王撒合
等以兵戍燕。[1]己丑，漢復告宋兵入境，詔左千牛衛大
將軍韓侼、大同軍節度使耶律善補以本路兵南援。[2]辛
卯，女直遣使來貢。丁酉，耶律沙等與宋戰於白馬
嶺，[3]不利。冀王敵烈及突呂不部節度使都敏、黃皮室
詳穩唐筈皆死之，士卒死傷甚衆。

[1]乙室：契丹部族名。遙輦氏阻午可汗時始置爲部。隸南府，
駐守西南之境。
[2]耶律善補：遼宗室。字瑤升。景宗即位，授千牛衛大將軍，
遷大同軍節度使。後爲惕隱、南京統軍使、南府宰相、南院大王。

257

凡征討，憚攻戰。年七十四卒。本書卷八四有傳。

　　[3]白馬嶺：宋朝方面記載，此次雙方戰於石嶺關南。《長編》卷二〇宋太宗太平興國四年（979）三月乙未載：“郭進言契丹數萬騎入侵，大破之石嶺關南。於是北漢援絕。北漢主復遣使間道齎蠟書走契丹告急，進捕得之，徇於城下，城中氣始奪矣。”《宋會要輯稿・蕃夷》一之五載：“〔太平興國四年〕三月，石嶺關總管郭進言：契丹率眾數萬騎寇石嶺關，以援晉陽，即出兵敗之。”

　　夏四月辛亥，漢以行軍事宜來奏，盧俊自代州馳狀告急。[1]辛酉，敵烈來貢。

　　[1]代州：治所在今山西省代縣。　盧俊：北漢駙馬都尉。保寧八年（976）宋師壓境，俊詣遼乞師，有功。乾亨元年（979）白馬嶺之役，遼相耶律沙敗於宋軍。後耶律斜軫來援，始擊退宋軍。將趨太原，會俊以國亡出奔，言太原已陷。遼軍遂勒兵還。俊至遼，署同政事門下平章事，尚景宗公主，復拜駙馬都尉。《十國春秋》卷一〇七有傳。

　　五月己卯朔，[1]宋兵至河東，漢與戰，不利，[2]劉繼文、盧俊來奔。[3]

　　[1]己卯朔：【劉校】“朔”字原闕，中華點校本據本書卷四四《曆象志下・朔考》補。今從。
　　[2]宋兵至河東，漢與戰，不利：《長編》卷二〇宋太宗太平興國四年（979）五月己卯朔載：“〔宋太宗〕幸〔太原〕城西南隅，夜督諸將急攻。遲明，陷羊馬城。北漢宣徽使范超來降，攻城者疑超出戰，禽之以獻，斬於纛下。既而北漢主盡殺超妻子，梟其首，投於城外。辛巳，幸城西北隅，北漢馬步軍都指揮使郭萬超來

降。壬午，幸城南，上謂諸將曰：‘翌日重午，當食於城中。’遂自草詔賜北漢主。夜，漏上一刻，城上有蒼白雲如人狀（注引《九國志》云：太宗駕至城下，築連堤壅汾河灌城。五月四日城東南隅壞，水入注夾城中。繼元大恐，自督衆負土塞之。然實録、正史畧不載灌城事，當考）。”

[3]劉繼文：北漢劉繼元之弟。穆宗時使遼，被扣留。景宗即位後遣回。乾亨元年（979）北漢將亡時奔遼，受封爲彭城郡王。《長編》卷二〇宋太宗太平興國四年（979）五月癸未引宋《國史·郭守文傳》云：北漢劉繼元投降後，“劉繼元弟繼文據代州，依契丹以拒命。[郭]守文討平之”。

六月，劉繼元降宋，漢亡。[1]甲子，封劉繼文爲彭城郡王，盧俊同政事門下平章事。宋主來侵。[2]丁卯，北院大王奚底、統軍使蕭討古、乙室王撒合擊之。[3]戰於沙河，[4]失利。己巳，宋主圍南京。[5]丁丑，詔諭耶律沙及奚底、討古等軍中事宜。

[1]劉繼元降宋，漢亡：劉繼元降宋是在五月癸未。《長編》卷二〇宋太宗太平興國四年（979）五月癸未載：“[太宗]幸城南，督諸將急攻。士奮怒，爭乘城，不可遏。上恐屠其城，因麾衆少退。城中人猶欲固守。左僕射致仕馬峯以病臥家，舁入見北漢主，流涕以興亡諭之。北漢主乃降。夜漏上十刻，遣客省使李勳上表納欵。上喜，即命通事舍人薛文寶齎詔入城撫諭。夜漏未盡，幸城北，宴從臣於城臺，受其降。甲申，遲明，劉繼元率其官屬素服紗帽待罪臺下，詔釋之。召升臺勞問，繼元叩頭曰：‘臣自聞車駕親臨，即欲束身歸命。致陛下鑾輿暴露，尚敢以孤壘拒戰。蓋亡命卒懼死，劫臣不得降耳。’上令籍亡命者至，悉斬之。”

[2]宋主來侵：《長編》卷二〇宋太宗太平興國四年（979）六

月甲寅載：“遣使發京東、河北諸州軍儲赴北面行營。庚申車駕北征，發鎮州……辛酉，次定州，遣使告祀北嶽。上作《悲陷蕃民》詩，令從臣和。丙寅，次金臺頓，契丹據有之地也，募其民能爲鄉導者百人，人賜錢二千。遣東西班指揮使浚儀孔守正等先趣岐溝關。守正夜踰短垣，過鹿角，臨斷橋，説關使劉禹以大軍且至，宜開門出降。禹解懸橋，邀守正入聽命。守正慰撫軍民，還詣行在所。”

[3]北院大王奚底：【劉校】據中華點校本校勘記，“本書卷八四《蕭幹傳》作五院糺詳穩奚底”。按：奚底的官稱或有變化，本紀與列傳記載不一致，並不能相互否定。

[4]戰於沙河：沙河，當在岐溝關附近。《長編》卷二〇宋太宗太平興國四年六月丁卯載：“上躬擐甲冑，率兵次岐溝關。契丹東易州刺史劉禹以州降，留兵千人守之。東易州即岐溝關也。東西班指揮使衡水傅潛與孔守正先至涿州，擊契丹敗之，生擒五百餘人。”【劉校】“於”，原本和南監本誤作“千”，據北監本和殿本改。

[5]宋主圍南京：宋軍到達遼南京（今北京市）的日期非己巳，而是次日庚午。《長編》卷二〇宋太宗太平興國四年六月載：“己巳，次鹽溝頓，民有得契丹之馬來獻，賜以束帛。庚午，遲明，次幽州城南，駐蹕於寶光寺。契丹萬餘衆屯城北。上親率兵乘之，斬首千餘級，餘黨遁去。”

　　秋七月癸未，沙等及宋兵戰於高梁河，[1]少卻；休哥、斜軫橫擊，[2]大敗之。宋主僅以身免，至涿州，竊乘驢車遁去。甲申，擊宋餘軍，所殺甚衆，獲兵仗、器甲、符印、糧饋、貨幣不可勝計。辛丑，耶律沙遣人上俘獲，以權知南京留守事韓德讓、權南京馬步軍都指揮使耶律學古、知三司事劉弘皆能安人心、捍城池，[3]並賜詔褒獎。

[1]高梁河：故道在北京城區西直門外。《宋史》卷四《太宗本紀一》載：太平興國四年（981）七月癸未"帝督諸軍及契丹大戰於高梁河，敗績。甲申班師。"王銍《默記》卷中載："太宗自燕京城下軍潰，北虜追之，僅得脫。凡行在服御寶器盡爲所奪，從人宮嬪盡陷没。股上中兩箭，歲歲必發。其棄天下竟以箭瘡發云。"

[2]休哥：即耶律休哥（？—998）。字遜寧。出身皇族，應曆末爲惕隱。乾亨元年（979）與耶律斜軫分左右翼，擊敗宋軍於高梁河。是年冬，休哥率本部兵從韓匡嗣等戰於滿城。匡嗣敗績。休哥整兵進擊，敵乃卻。詔總南面戍兵，爲北院大王。聖宗即位，太后稱制，令休哥總南面軍務，多有戰功。統和四年（986）封宋國王。本書卷八三有傳。　斜軫：即耶律斜軫（？—999）。字韓隱，于越曷魯之孫。保寧初受命節制西南面諸軍，仍援河東。改南院大王。乾亨元年（979）秋，宋軍攻下河東，乘勝襲燕，高梁河一戰，他與耶律休哥分左右翼夾擊，大敗宋軍。統和初，承天太后蕭綽稱制，益見委任，爲北院樞密使。四年（986），宋軍三路來攻，斜軫指揮擊退西路來攻的宋軍，以功加守太保。本書卷八三有傳。

[3]韓德讓（942—1011）：韓匡嗣第四子。統和初承天太后稱制，韓德讓以南院樞密使的身份"總宿衛事"。統和十七年（999），北院樞密使、魏王耶律斜軫病故，承天太后以韓德讓兼知北院樞密使事，至此，遼朝的蕃漢軍政大權就集於一身了。統和二十二年，承天太后賜韓德讓姓耶律，徙封晉王，並且仍舊爲大丞相，事無不統。次年十一月，又詔德讓"出宮籍，屬於橫帳"。本書卷八二有傳。　耶律學古：本書卷八三有傳。

八月壬子，阻卜惕隱曷魯、夷离堇阿里覿等來朝。[1]乙丑，耶律沙等獻俘。丙寅，以白馬之役責沙、

抹只，復以走宋主功釋之；奚底遇敵而退，以劍背擊
之；撒合雖卻，部伍不亂，宥之；冀王敵烈麾下先遁者
斬之；都監以下杖之。壬申，宴沙、抹只等將校，賜物
有差。

[1]阻卜：即達旦、韃靼。元人諱言達旦，而稱達旦爲阻卜，
詳見王國維《觀堂集林》卷一四《達旦考》。　惕隱：契丹官名。
又稱梯里己，掌皇族政教。　夷离堇：原爲突厥語官名。亦譯作
"俟斤"（Irkin）。突厥諸部最高元首稱"可汗"（Qaghan），其他諸
部君長則稱爲俟斤、亦都護。初，契丹"其君大賀氏，有勝兵四
萬，析八部，臣於突厥，以爲俟斤"（《新唐書》卷二一九《契丹
傳》）。後，契丹首領自立爲可汗，所屬各部長則稱爲"俟斤"，
亦即"夷离堇"。契丹立國後，大部族之夷离堇稱王，小部族夷离
堇稱爲節度使。舉凡一部軍政、民政皆由其統掌（參見韓儒林《穹
廬集》第 314—316 頁）。

九月己卯，燕王韓匡嗣爲都統，[1]南府宰相耶律沙
爲監軍，惕隱休哥、南院大王斜軫、權奚王抹只等各率
所部兵南伐，[2]仍命大同軍節度使善補領山西兵分道
以進。

[1]韓匡嗣（917—983）：遼初著名漢臣韓知古之子。隸屬宮
籍。初以善醫直長樂宮。《韓匡嗣墓誌》透露出他最初是受到太宗
德光賞識，這可能與靖安皇后有關。因爲匡嗣是景宗耶律賢藩邸故
人，所以在景宗即位以後很快受到重用。保寧二年（970）景宗睿
智皇后父親蕭思溫遭謀殺，十年景宗又殺了殺害蕭思溫的兇手高勳
和女里，韓匡嗣更成了景宗和睿智皇后僅存的心腹人物，加開府儀

同三司、政事令，授南面行營都統、燕京留守，封燕王。晚年任西南面招討使，與景宗死於同一年。本書卷七四有傳。

[2]奚王：對奚部族首領的稱呼。《五代會要》卷二八《奚》載："奚，本匈奴別種，即東胡之地，人物風俗與突厥同。族有五姓：一曰阿會部，管縣六；二曰啜米部，管縣四；三曰奧質部，管縣六；四曰奴皆部，管縣四；五曰黑訖支部，管縣三；每部有刺史，每縣有令，酋長號奚王。"此奚王是被契丹降伏以後的奚部族酋長。《新五代史》卷七四《四夷附錄第三》所記奚各部名稱與《五代會要》略有不同：奚"分爲五部：一曰阿薈部，二曰啜米部，三曰粵質部，四曰奴皆部，五曰黑訖支部。後徙居琵琶川，在幽州東北數百里。地多黑羊，馬趫前蹄堅善走，其登山逐獸，下上如飛"。奚本來祇有五部，阿保機降伏五部奚之後設置墮瑰部，而成六部。詳本書卷三三《營衛志·部族下》。

冬十月乙丑，韓匡嗣與宋兵戰於滿城，[1]敗績。辛未，太保矧思與宋兵戰於火山，[2]敗之。乙亥，詔數韓匡嗣五罪，[3]赦之。

[1]滿城：縣名。治所在今河北省保定市滿城區。據宋朝方面記載，此次契丹與宋軍戰於遂城（今河北省保定市徐水區西），而非滿城。《長編》卷二〇宋太宗太平興國四年（981）九月丙午載："契丹大入侵，鎮州都鈐轄、雲州觀察使浚儀、劉延翰帥衆禦之，先陣於徐河。崔彥進潛師出黑盧隄北，緣長城口，銜枚躡敵後，李漢瓊及崔翰亦領兵繼至。""三戰，大破之。敵衆崩潰，悉走西山，投坑谷中，死者不可勝計。追奔至遂城，斬首萬餘級，獲馬千餘匹，生擒酋長三人，俘老幼三萬口及兵器、車帳、羊畜甚衆。冬十月庚午，捷書聞，手詔褒之。"

[2]火山：契丹南侵，多以東西兩路分進，因此，該火山可能

是指内蒙古、山西交界的黄河河曲一帶的火山。

[3]韓匡嗣五罪：據本書卷七四《韓知古附匡嗣傳》，景宗歷
數匡嗣之罪有五：“違爾衆謀，深入敵境，爾罪一也；號令不肅，
行伍不整，爾罪二也；棄我師旅，挺身鼠竄，爾罪三也；偵候失
機，守禦弗備，爾罪四也；捐棄旗鼓，損威辱國，爾罪五也”。

十一月戊寅，宴賞休哥及有功將校。乙未，南院樞
密使兼政事令郭襲上書諫畋獵，[1]嘉納之。辛丑，冬至，
赦，改元乾亨。

[1]南院樞密使：即漢人樞密院之樞密使。爲南面官最高官職。
詳見本書卷四七《百官志三》。 政事令：遼朝南面宰相。遼世宗
天禄四年（950）建政事省之前，漢人宰相無定稱；建政事省之後，
南面宰相稱“政事令”，且多由契丹貴族擔任這一職務。

十二月乙卯，燕王韓匡嗣遙授晉昌軍節度使，[1]降
封秦王。壬戌，蜀王道隱南京留守，徙封荆王。
是冬，駐蹕南京。

[1]晉昌軍：後晉在雍州置晉昌軍，即今陝西省西安市。因其
不在遼朝境内，故晉昌軍節度使稱“遙授”。

二年春正月丙子朔，封皇子隆緒爲梁王，[1]隆慶爲
恒王。[2]丁亥，以惕隱休哥爲北院大王，前樞密使賢適
封西平郡王。[3]

[1]隆緒：即後來的遼聖宗。

[2]隆慶（？—1016）：隆緒同母弟。統和中進封爲梁國王，拜南京留守，手握重兵，稱雄一方。統和十七年（999）南征，隆慶率軍爲先鋒，至瀛州（今河北省河間市），與宋將范廷召相遇，隆慶命蕭柳迎戰，將宋軍擊潰，並圍而殲之。十九年復敗宋人於行唐（今屬河北省）。他的權勢、地位不斷上升，威脅着遼聖宗。《宋朝事實類苑》卷七七引《乘軺録》稱其"調度之物，悉侈於隆緒"。

[3]賢適：即耶律賢適（927—980）。字阿古真。出身顯貴。穆宗時，朝臣多以言獲譴，景宗在藩邸，常與韓匡嗣、女里等遊，賢適勸以宜早疏絕，由是得以免除穆宗懷疑。景宗立，陰以賢適爲腹心。保寧二年（970）秋，拜北院樞密使，兼侍中。當時大丞相高勳、契丹行宫都部署女里席寵放恣，景帝姨母、保母仗勢受賄，賢適患之，言於帝，不報。本書卷七九有傳。

二月戊辰，如清河。

三月丁亥，西南面招討副使耶律王六、太尉化哥遣人獻党項俘。

閏月庚午，有鴇飛止御帳，獲以祭天。

夏四月庚辰，祈雨。[1]戊子，清暑燕子城。

[1]祈雨：遼朝的一種禮儀，稱爲瑟瑟儀。本書卷四九《禮志一》載："瑟瑟儀：若旱，擇吉日行瑟瑟儀以祈雨。"瑟瑟儀祈雨如果奏效，主持此儀式的官員敵烈麻都就要會受到賞賜，否則就要受到戲弄。這是因爲他作爲禮官，不僅是這一禮儀的主持者，同時還被看作契丹人與祖先溝通的中間人。

五月，雷火乾陵松。

六月己亥，喜隱復謀反，囚於祖州。[1]

[1]祖州：遼代地名。治所在今内蒙古自治區巴林左旗林東鎮西南查干哈達蘇木石房子嘎查，因係阿保機祖先出生之地，故名。遼在此置祖州天成軍。

秋七月戊午，王六等獻党項俘。

八月戊戌，東幸。

冬十月辛未朔，命巫者祠天地及兵神。辛巳，將南伐，祭旗鼓。癸未，次南京。丁亥，獲敵人，射鬼箭。[1]庚寅，次固安，[2]以青牛白馬祭天地。己亥，圍瓦橋關。[3]

[1]射鬼箭：契丹人的巫術、刑罰。皇帝出征及祭祀先帝時，都要行這種巫術。取死囚一人，置於所要前往之方向，以亂箭射殺，名爲射鬼箭。契丹人認爲，以此可以被除不祥。班師歸來則以俘虜射鬼箭。後來則以此作爲刑罰的一種。

[2]固安：縣名。治所在今河北省固安縣。

[3]瓦橋關：在今河北省雄縣。

十一月庚子朔，宋兵夜襲營，突呂不部節度使蕭幹及四捷軍詳穩耶律痕德戰卻之。[1]壬寅，休哥敗宋兵於瓦橋東，守將張師引兵出戰，[2]休哥奮擊，敗之。戊申，宋兵陣於水南，休哥涉水擊破之，追至莫州，[3]殺傷甚衆。己酉，宋兵復來，擊之殆盡。丙辰，班師。乙丑，還次南京。

十二月庚午朔，休哥拜于越。大饗軍士。

[1]突呂不部節度使蕭幹及四捷軍詳穩耶律痕德戰卻之：【劉
校】據中華點校本校勘記，本書卷八四《蕭幹傳》作“宋兵圍瓦
橋，夜襲我營，幹及耶律匀骨戰卻之”。
[2]張師：應是守禦瓦橋關（雄州）的龍猛副指揮使荊嗣。
《長編》卷二一太平興國五年（980）十一月載：“［壬寅］契丹寇
雄州，（實録、本紀皆不載此事，獨契丹傳十一月書此。）據龍灣
堤，龍猛副指揮使荊嗣率兵千人，力戰奪路。會中使有至州閱城壘
者出郛外，敵進圍之。諸軍赴援，多被傷，嗣與其衆夜相失，三
鼓，乃突圍走莫州。敵爲橋於界河以濟，嗣邀擊之，殺獲甚衆。”
[3]莫州：治所在今河北省任丘縣。

三年春二月丙子，東幸。己丑，復幸南京。
三月乙卯，皇子韓八卒。[1]辛酉，葬潢、土二河之
間，置永州。[2]以秦王韓匡嗣爲西南面招討使。

[1]韓八：【劉校】據中華點校本校勘記，“《紀》統和元年
（983）五月、《皇子表》並作藥師奴”。
[2]永州：【劉注】治所在今内蒙古自治區翁牛特旗白音他拉古
城址。

夏五月丙午，[1]上京漢軍亂，[2]劫立喜隱不克，僞立
其子留禮壽，上京留守除室擒之。

[1]夏五月：【劉校】原本、南監本、北監本和殿本均闕“夏”
字，據中華點校本補。

[2]漢軍：也稱"漢兵"。遼朝有衆多的漢軍，其中有阿保機收編的"山北八軍"以及趙延壽的軍隊。此外，遼朝還有自己按照中原軍隊編制組建的漢軍，其中最重要的是燕京等地的禁軍。《長編》卷五五宋真宗咸平六年（1003）七月己酉記李信云："國中所管幽州漢兵，謂之神武、控鶴、羽林、驍武等，約萬八千餘騎。"其中"羽林""控鶴"是唐、五代禁軍舊有的名號。因此可以斷定李信所說的遼燕京的"漢兵"就是戍衛京城的禁軍。

秋七月甲子，留禮壽伏誅。

冬十月，如蒲瑰坡。

十一月辛亥，加除室同政事門下平章事。是月，以南院樞密使郭襲爲武定軍節度使。[1]

[1]武定軍：遼代軍號。治奉聖州（今河北省涿鹿縣）。

十二月，以遼興軍節度使韓德讓爲南院樞密使。[1]

[1]遼興軍：平州軍號。治所在今河北省盧龍縣。

四年春正月己亥，如華林、天柱。

三月乙未，清明。與諸王大臣較射，宴飲。

夏四月，自將南伐。[1]至滿城，戰不利，守太尉奚瓦里中流矢死。統軍使善補爲伏兵所圍，樞密使斜軫救免，詔以失備杖之。

[1]自將南伐：此次契丹分三路南進，《長編》卷二三宋太宗太平興國七年（982）五月載："是月契丹三萬騎分道入寇。一襲雁

門，潘美擊破之，斬首三千級，逐北至其境，破壘三十六，俘老幼萬餘口，獲牛馬五萬計；一攻府州，折御卿擊破之新澤寨，斬首七百級，禽酋長百餘人，獲兵器、羊馬萬計；一趨高陽關，崔彥進擊破之唐興口，斬首二千級，獲兵器、羊馬數萬。"

五月，班師。清暑燕子城。

秋七月壬辰，遣使賜喜隱死。

八月，如西京。

九月庚子，幸雲州。[1]甲辰，獵于祥古山，[2]帝不豫。壬子，次焦山，崩於行在。[3]年三十五，在位十三年。遺詔梁王隆緒嗣位，軍國大事聽皇后命。統和元年正月壬戌，上尊謚孝成皇帝，廟號景宗。重熙二十一年，加謚孝成康靖皇帝。

[1]雲州：治所在今山西省大同市。

[2]祥古山：山名。據本書卷五《世宗本紀》，此山在歸化州（今河北省張家口市宣化區）。

[3]行在：皇帝出行時所在之地。遼是行國，以行在爲朝廷，稱捺鉢。

贊曰：遼興六十餘年，神冊、會同之間日不暇給，[1]天祿、應曆之君不令其終。[2]保寧而來人人望治，以景宗之資，任人不疑、信賞必罰，若可與有爲也。而竭國之力以助河東，[3]破軍殺將無救滅亡。雖一取償於宋，得不償失。知匡嗣之罪，數而不罰；善郭襲之諫，納而不用。沙門昭敏以左道亂德，寵以侍中。不亦惑乎！

　　[1] 神册：遼太祖耶律阿保機年號（916—922）。　會同：遼太宗耶律德光年號（938—947）。

　　[2] 天禄、應曆之君，不令其終：【劉注】是説世宗和穆宗都遇弑而亡。

　　[3] 河東：指五代時期的北漢，是十國之一。後漢乾祐四年（951）河東節度使劉崇稱帝，國號仍稱漢，都太原（今山西省太原市），史稱北漢。依附契丹。太平興國四年（979）爲北宋所滅。歷四主，凡二十九年。　破軍殺將：【劉校】原本作“被軍殺將”，中華點校本據南監本、北監本和殿本改。今從。

（李錫厚注　劉鳳翥校）

遼史　卷一〇

本紀第十

聖宗一

聖宗文武大孝宣皇帝諱隆緒，小字文殊奴，景宗皇帝長子，母曰睿智皇后蕭氏。[1]帝幼喜書翰，十歲能詩。既長，精射法、曉音律、好繪畫。乾亨二年，[2]封梁王。[3]四年秋九月壬子，景宗崩。癸丑，即皇帝位於柩前，時年十二。皇后奉遺詔攝政，詔諭諸道。

[1]睿智皇后蕭氏（？—1009）：名綽，小字燕燕，北府宰相思溫女。景宗即位選爲貴妃，尋册爲皇后。生聖宗。景宗崩尊爲皇太后，攝國政。統和元年（983）上尊號曰承天皇太后。本書卷七一有傳。

[2]乾亨：遼景宗年號（979—983）。

[3]梁王：遼朝皇位繼承人的封號。

冬十月己未朔，帝始臨朝。辛酉，群臣上尊號曰昭聖皇帝，[1]尊皇后爲皇太后，大赦。以南院大王勃古哲總領山西諸州事，[2]北院大王于越休哥爲南面行軍都統，[3]奚王和朔奴副之，[4]同政事門下平章事蕭道寧領本部軍駐南京。乙丑，如顯州。[5]

[1]昭聖皇帝：【劉校】“聖”原本誤作“望”，大典本、南監本、北監本和殿本均作“聖”。中華點校本及修訂本徑改。今從改。

[2]南院大王：契丹部族官。遼朝析迭剌部爲五院部和六院部。五院部有知五院事，在朝曰北大王院；六院部有知六院事，在朝曰南大王院。北院大王和南院大王即是五院部和六院部的首領，握有兵權。

[3]于越：契丹語官名的音譯。貴官，非有大功德不授。無具體執掌。位在北、南大王之上。　耶律休哥（？—998）：字遜寧。出身皇族，應曆末爲惕隱。乾亨元年（979）與耶律斜軫分左右翼，擊敗宋軍於高梁河。是年冬休哥率本部兵從韓匡嗣等戰於滿城。匡嗣敗績，休哥整兵進擊，敵乃卻。詔總南面戍兵，爲北院大王。聖宗即位，太后稱制，令休哥總南面軍務，多有戰功。統和四年（986）封宋國王。本書卷八三有傳。

[4]奚王：對奚部族首領的稱呼。《五代會要》卷二八《奚》：“奚，本匈奴別種，即東胡之地，人物風俗與突厥同。族有五部：一曰阿會部，管縣六；二曰啜米部，管縣四；三曰奧質部，管縣六；四曰奴皆部，管縣四；五曰黑訖支部，管縣三；每部有刺史，每縣有令，酋長號奚王。”此奚王是被契丹降伏以後的奚部族酋長。《新五代史》卷七四《四夷附錄第三》所記奚各部名稱與《五代會要》略有不同：奚“分爲五部：一曰阿薈部，二曰啜米部，三曰粵質部，四曰奴皆部，五曰黑訖支部。後徙居琵琶川，在幽州東北數百里。地多黑羊，馬趫前蹄堅善走，其登山逐獸，下上如飛”。奚本來祇有五部，阿保機降伏五部奚之後設置墮瑰部，而成六部。詳

見本書卷三三《營衛志・部族下》。

[5]顯州：治所在今遼寧省北鎮市。

十一月甲午，置乾州。[1]

[2]乾州：遼乾亨四年（982）置，治所在奉陵縣（今遼寧北鎮滿族自治縣西南十二里觀音洞附近）。本書《地理志二》乾州條載，"以奉景宗乾陵"，故名。

十二月戊午朔，耶律速撒討阻卜。[1]辛酉，南京留守荊王道隱奏宋遣使獻犀帶請和，[2]詔以無書卻之。甲子，撻剌干乃萬十醉言宮掖事，[3]法當死，杖而釋之。辛未，西南面招討使秦王韓匡嗣薨。[4]癸酉，奉大行皇帝梓宮于菆塗殿。庚辰，省置中臺省官。[5]

[1]耶律速撒（？—1002）：字阿敏。應曆初爲侍從，累遷突呂不部節度使。保寧三年（971）改九部都詳穩。四年伐党項，屢立戰功。統和初以後，在邊二十年，安集諸蕃，威信大振。卷九四有傳。　阻卜：即達旦、韃靼。元人諱言達旦，而稱達旦爲阻卜，詳見王國維《觀堂集林》卷一四《達旦考》。

[2]道隱（？—983）：東丹王耶律倍之子。字留隱，母高氏。生於唐，倍遇害時年尚幼，洛陽僧匿而養之，因名道隱。太宗滅唐，還。景宗即位封蜀王，爲上京留守。乾亨元年（979）遷南京留守。按，宋朝方面無"遣使獻犀帶"記載。

[3]撻剌干：契丹部族官名。會同元年（938）定制，以達剌干爲副使。　乃萬十：【劉校】中華點校本校勘記，"《刑法志》作乃方十"。

　　[4]西南面招討使：【劉校】"西"字原脱，中華點校本據本書卷九《景宗紀二》乾亨三年（981）三月及本書卷七四本傳補。今從。　韓匡嗣（917—983）：遼初著名漢臣韓知古之子。隸屬宫籍。初以善醫直長樂宫。《韓匡嗣墓誌》透露出他最初是受到太宗德光賞識，這可能與靖安皇后有關。因爲匡嗣是景宗耶律賢藩邸故人，所以景宗即位以後他很快即受到重用。保寧二年（970）皇后父親蕭思温遭謀殺，十年（978）景宗殺了高勳和女里之後，韓匡嗣更成了景宗和睿智皇后僅存的心腹人物，加開府儀同三司、政事令，授南面行營都統、燕京留守，封燕王。晚年任西南面招討使，與景宗死於同一年。

　　[5]中臺省：東丹國宰輔機構。設左、右大相及左、右次相。

　　統和元年春正月戊午朔，以大行在殯，[1]不受朝。乙丑，奉遺詔，召先帝庶兄質睦于菆塗殿前，[2]復封寧王。加宰相室昉、宣徽使普領等恩。[3]丙寅，荆王道隱有疾，詔遣使存問，是日皇太后幸其邸視疾。戊辰，以烏隈烏骨里部節度使耶律章瓦同政事門下平章事。[4]甲戌，荆王道隱薨，輟朝三日，[5]追封晉王，遣使撫慰其家。丙子，以于越休哥爲南京留守，仍賜南面行營總管印綬，[6]總邊事。渤海撻馬解里以受先帝厚恩乞殉葬，[7]詔不許，賜物以旌之。戊寅，遣使賜于越休哥及奚王籌寧、統軍使頗德等湯藥。命懇篤持送休哥下車牓以諭燕民。辛巳，速撒獻阻卜俘。壬午，涿州刺史安吉奏宋築城河北，[8]詔留守于越休哥撓之，勿令就功。趙妃及公主胡骨典、奚王籌寧、宰相安寧、北大王普奴寧、惕隱屈烈、吳王稍、寧王只没與横帳、國舅、契丹、漢官等並進助山陵費。[9]癸未，齊國公主率内外命婦進物如之。[10]甲申，西南面招討使韓德威奏党項十五部侵邊，[11]以兵擊破之。乙酉，以速撒破阻卜，下詔褒美，仍諭與大漢討党項諸部。[12]丁亥，樞密使兼政事令室昉以年老請解兼職，[13]詔不允。

[1]大行在殯：古代稱剛死而尚未定謚號的皇帝、皇后爲"大行皇帝""大行皇后"。《後漢書·安帝紀》："孝和皇帝懿德巍巍，光於四海；大行皇帝不永天年。"李賢注引韋昭曰："大行者，不反之辭也。天子崩，未有謚，故稱大行也。""在殯"，死者入殮後停柩以待葬。

[2]質睦：即景宗第三子只没，妃甄氏生，字和魯。景宗封爲寧王，保寧八年（976）奪爵。統和元年（983）皇太后稱制，詔復舊爵。應曆、保寧間曾兩度奪爵。通契丹字、漢字，能詩。

[3]宰相：契丹部族官名。契丹可汗之下有北、南二府，各部族則分屬二府，分設宰相，故北宰相亦稱北府宰相，南宰相亦稱南府宰相。　室昉（916—991）：南京人。字夢奇。會同初登進士第。保寧間拜樞密使兼北府宰相，加同政事門下平章事。乾亨初監修國史。九年（991）薦韓德讓自代，不從。病劇，遣翰林學士張幹就第授中京留守，加尚父。卒，年七十五。本書卷七九有傳。　宣徽使：遼朝官名。遼設北、南宣徽，分隸北、南樞密院之下。宣徽北院使常執行軍事使命。此外，宣徽使還掌領朝會、宴饗、禮儀、祭祀及御前祇應之事。

[4]烏隈烏骨里：【靳注】部族名。亦作"隈烏古""隗烏古""烏隈于厥"。其居住地在今内蒙古自治區阿魯科爾沁旗、扎魯特旗附近。

[5]輟（chuò）朝：中止臨朝聽政。

[6]南面行營總管：遼軍官名。屬北面行軍官系統。　印綬：印信和繫印信的絲帶。古人印信上系有絲帶，佩戴在身，用以表明

身份。《舊唐書》卷一七〇《裴度傳》：“帶丞相之印綬，所以尊其名；賜諸侯之斧鉞，所以重其命。”

[7]撻馬：契丹官名。爲“撻馬狘沙里”之簡稱。擔任扈從。

[8]涿州：治所在今河北省涿州市。　宋築城河北：是指宋朝修邊備。從《長編》所記載的情況來看，當時遼宋雙方都在築城，修邊備。契丹雖“以剽掠爲務”，但對宋防務，主要是依靠燕京漢軍，因此同樣需要築城。《長編》卷二四太平興國八年（983）十一月載：高陽關捕得契丹生口，送至闕下。戊午，上召見，言契丹種族攜貳，慮王師致討，頗於近塞築城爲備。上謂宰相曰：“戎人以剽略爲務，乃修築城壘，爲自全之計耳。曩者劉繼元盜據汾晉，周世宗及太祖皆親征不利，朕決取之，爲世宗、太祖刷恥，親擒繼元。今日視之，猶几上肉耳。當其保堅城，結北鄙爲援，豈易制乎？”

[9]公主胡骨典：世宗懷節皇后生，保寧間封秦國長公主。下嫁侍中蕭啜里。　惕隱：契丹官名。又稱梯里己，掌皇族政教。吳王稍：耶律倍第三子。本書無傳，《皇子表》亦不載。聖宗時曾任上京留守。　横帳：契丹以玄祖之後爲皇族，分爲三房：孟父房、仲父房和季父房。季父房一系太祖阿保機子孫爲“横帳”。本書卷一六《聖宗本紀七》載：開泰八年（1019）冬十月癸巳，詔“横帳、三房不得與卑小帳族爲婚；凡嫁娶，必奏而後行”。本書卷四五《百官志一》載：“玄祖伯子麻魯無後，次子巖木之後曰孟父房；叔子釋魯曰仲父房；季子爲德祖，德祖之元子是爲太祖天皇帝，謂之横帳；次曰剌葛，曰迭剌，曰寅底石，曰安端，曰蘇，皆曰季父房。”　國舅：遼的外戚蕭氏。遼朝有大國舅司，掌蕭氏中的乙室己、拔里二帳之事。世宗以其舅氏爲國舅別部。

[10]齊國公主：景宗長女觀音女。睿智皇后生，封魏國公主，進封齊國。興宗時封燕國大長公主。下嫁北府宰相蕭繼先。曾受賜奴婢萬口。

[11]韓德威（941—996）：韓匡嗣之子、韓德讓之弟。保寧初

自燕臺軍旅之列校，授西頭供奉官、銀青崇禄大夫、檢校右散騎常侍兼侍御史、驍騎尉。不數年，授羽林軍將軍、檢校司徒。這是御林軍的官職，即所謂"登環衛之資，廁勾陳之列"。保寧十一年（979）德威"擢居親近之用，首冠殿庭之班，授宣徽北院使，彰武軍節度使、檢校太尉，進封開國伯，增食邑，賜功臣四字"。其墓誌現存遼上京博物館。　党項：中國古代族名。又稱党項羌，唐以後主要活動於靈、慶、銀、夏等州，即今甘肅、寧夏、陜西和内蒙古等省區交界地區。

[12]大漢：【劉注】韓德威契丹語小名**雨皿夹**的音譯。其第二個名是**夯平伏**，《韓滌魯墓誌銘》把**夯平伏**音譯爲"普你"。

[13]政事令：遼朝南面宰相。遼世宗天禄四年（950）建政事省之前，漢人宰相無定稱；建政事省之後，南面宰相稱"政事令"，且多由契丹貴族擔任這一職務。

　　二月戊子朔，禁所在官吏軍民不得無故聚衆私語及冒禁夜行，違者坐之。己丑，南京奏，聞宋多聚糧邊境及宋主將如臺山，[1]詔休哥嚴爲之備。甲午，葬景宗皇帝於乾陵，[2]以近幸朗、掌飲伶人撻魯爲殉。上與皇太后因爲書附上大行。丙申，皇太后詣陵置奠，命繪近臣於御容殿，賜山陵工人物有差。庚子，以先帝遺物賜皇族及近臣。辛丑，南京統軍使耶律善補奏宋邊七十餘村來附，[3]詔撫存之。乙巳，以御容殿爲玉殿，酒谷爲聖谷。速撒奏討党項捷，遣使慰勞。戊申，以惕隱化哥爲北院大王，[4]解領爲南府宰相。辛亥，幸聖山，遂謁三陵。甲寅，以皇女長壽公主下嫁國舅宰相蕭婆項之子吳留。[5]

[1]臺山：【劉校】據中華點校本校勘記，"按下文本年十一月，應作五臺山"。

[2]乾陵：遼景宗陵。位於乾州（今遼寧省北鎮市）。《武經總要》前集卷一六下《戎狄舊地》乾州在醫巫閭山之南，"古遼澤之地，遼主景宗陵寢在焉。今置廣德軍節度，兼山陵都部署"。

[3]耶律善補：字瑤升，孟父楚國王之後。景宗即位，授千牛衛大將軍，遷大同軍節度使。統和初爲惕隱。凡征討，憚攻戰，急還，以故戰多不利。年七十四卒。本書卷八四有傳。　耶律善補奏：【劉校】"奏"原本誤作"養"，大典本、南監本、北監本和殿本均作"奏"。中華點校本及修訂本徑改。今從改。

[4]化哥：即耶律化哥。字弘隱，孟父楚國王之後。善騎射。乾亨初爲北院林牙。統和四年（986）拜上京留守，遷北院大王。十六年侵宋，爲先鋒，以功遷南院大王，尋改北院樞密使。開泰元年（1012）伐阻卜，以功封幽王。伐阻卜過程中掠阿薩蘭回鶻，諸蕃由此不附。聖宗使按之，削王爵。本書卷九四有傳。

[5]以皇女長壽公主下嫁國舅宰相蕭婆頂之子吳留：【劉校】據中華點校本校勘記，蕭婆頂即蕭幹，吳留即蕭恒德。"檢《公主表》，景宗第二女長壽，封衛國公主，嫁蕭排押；第三女延壽，封越國公主，嫁蕭恒德。又卷八八《蕭排押傳》及《蕭恒德傳》，排押'尚衛國公主'，恒德'統和元年尚越國公主'。則此長壽應作延壽。"

三月戊午，天德軍節度使頹剌父子戰歿，[1]以其弟涅离襲爵。己未，次獨山。遣使賞西南面有功將士。辛酉，以大父帳太尉耶律曷魯寧爲惕隱。[2]甲子，駐蹕遼河之平淀。[3]辛巳，以國舅同平章事蕭道寧爲遼興軍節度使，[4]仍賜號忠亮佐理功臣。壬午，以青牛白馬祭天地。[5]

[1]天德軍：唐軍鎮名。即豐州。遼太祖阿保機於神册五年（920）平党項，仍以此地爲天德軍。治所在今内蒙古自治區呼和浩特市東白塔一帶。

[2]大父帳：屬國舅司，詳本書卷四五《百官志一》，爲拔里國舅大父帳。

[3]平淀：即廣平淀，在永州東南三十里，即潢河（西拉木倫河）和土河（老哈河）匯合處的一片平原，遼中期以後冬捺鉢所在地。詳本書卷三二《營衛志中》。

[4]遼興軍：平州軍號。治所在今河北省盧龍縣。

[5]以青牛白馬祭天地：契丹祭祀天地用青牛白馬，表示不忘祖先。本書卷三七《地理志一·上京道》："相傳有神人乘白馬，自馬盂山浮土河而東，有天女駕青牛車由平地松林泛潢河而下。至木葉山，二水合流，相遇爲配偶，生八子。其后族屬漸盛，分爲八部。每行軍及春秋時祭，必用白馬青牛，示不忘本云。"

夏四月丙戌朔，幸東京。[1]以樞密副使耶律末只兼侍中，[2]爲東京留守。庚寅，謁太祖廟。癸巳，詔賜物命婦寡居者。丙申，南幸。辛丑，謁三陵，[3]以東京所進物分賜陵寢官吏。復詔賜西南路招討使大漢劍，不用命者得專殺。壬寅，致享於凝神殿。癸卯，謁乾陵。乙巳，遣人以酒脯祭平章耶律河陽墓。庚戌，幸夫人烏骨里第，謁太祖御容，禮畢，幸公主胡古典第飲，賜與甚厚。壬子，大臣以太后預政宜有尊號，請下有司詳定册禮。詔樞密院諭沿邊節將，至行禮日，止遣子弟奉表稱賀，恐失邊備。樞密請詔北府司徒頗德譯南京所進律文，[4]從之。遂如徽州。[5]以耶律慶朗爲信州節度使。[6]

[1]東京：遼五京之一。在今遼寧省遼陽市。

[2]耶律末只（？—1012）：即耶律抹只，字留隱，仲父隋國王之後。初以皇族入侍。景宗即位，爲林牙。保寧間遷樞密副使。乾亨元年（979）冬從都統韓匡嗣伐宋，戰於滿城，諸軍奔潰；獨抹只部伍不亂，徐整旗鼓而歸。乾亨二年拜樞密副使。統和初爲東京留守。宋將曹彬、米信等來攻，抹只引兵至南京，與耶律休哥逆戰於涿州之東，克之。統和末卒。本書卷八四有傳。

[3]三陵：應爲讓國皇帝耶律倍、世宗和景宗的陵。

[4]南京所進律文：南京（今北京）地區奉行的《唐律》。

[5]徽州：遼景宗女秦晉大長公主以媵臣萬户所建。治所在宜州（今遼寧省義縣）之北二百里。

[6]信州：本書卷三八《地理志二》“謂開泰初置州”。治所一說在今遼寧省開原市南、鐵嶺市東北。一說在今吉林省公主嶺市秦家屯鎮古城。

五月丙辰朔，國舅政事門下平章事蕭道寧以皇太后慶壽，[1]請歸父母家行禮，而齊國公主及命婦、群臣各進物。設宴，賜國舅帳耆年物有差。壬戌，西南路招討請益兵討西突厥諸部，[2]詔北王府耶律蒲奴寧以敵畢、迭烈二部兵赴之。[3]癸亥，以于越休哥在南院過用吏人，詔南大王毋相循襲。[4]庚午，耶律善補招亡入宋者，得千餘户歸國，詔令撫慰。辛未，次永州，[5]祭王子藥師奴墓。[6]乙亥，詔近臣議皇太后上尊號册禮，樞密使韓德度以後漢太后臨朝故事草定上之。[7]丙子，以青牛白馬祭天地。戊寅，幸木葉山。[8]西南路招討使大漢奏，近遣拽剌跋剌哥諭党項諸部，[9]來者甚衆，下詔褒美。

[1]皇太后：景宗睿智皇后，聖宗繼位後稱皇太后。

[2]突厥：古代族名。曾建立強大的突厥汗國，至公元6世紀分裂爲東西兩汗國。當阿保機建立契丹王朝時，突厥汗國早已滅亡。這裏所謂"突厥"可能是指東突厥汗國的餘部。

[3]敵畢、迭烈二部：敵畢當是遼西北部族。迭烈即迭烈德，亦即敵烈，又譯迪烈、迭烈德、達里底。遼時以遊牧、捕獵爲業，分佈於臚朐河（今克魯倫河）流域。有八部，稱爲八部敵烈或八石烈敵烈。與烏古部並稱爲北邊大部。遼聖宗以敵烈部降人置迭魯敵烈部和北敵烈部。開泰四年（1015）築河董城於臚朐河北，安置敵烈、烏古降人。壽昌二年（1096）徙敵烈、烏古於烏納水西。金末元初，敵烈人逐漸同化於女真人、蒙古人等。

[4]南大王：即南院大王，南院部首領。

[5]永州：【劉注】治所在今內蒙古自治區翁牛特旗白音他拉古城址（在今西拉木倫河與老哈河匯流處）。

[6]王子藥師奴：景宗第四子。早卒。

[7]後漢太后臨朝故事：太后臨朝，契丹自有傳統。北方遊牧民族大汗過世，選出新汗之前，由大汗之妻攝政。阿保機死後次日，淳欽皇后述律氏即宣佈由她"稱制，權決軍國事"，直至一年後德光繼位。景宗睿智皇后不循此例，而循東漢太后臨朝故事，即意在長期把持朝政。《後漢書》卷一〇《皇后本紀》序："東京皇統屢絕，權歸女主。外立者四帝，臨朝者六后。（章懷太子李賢注：謂安、質、桓、靈，章帝竇太后、和熹鄧太后、安思閻太后、順烈梁太后、桓思竇太后、靈思何太后也。）莫不定策帷幄，委事父兄，貪孩童以久其政，抑明賢以專其威。"

[8]木葉山：山名。契丹語稱"大"爲"木葉"。"木葉山"可以泛指任何"大山"，也可專指某一大山爲"木葉山"。此處指永州境內一座山，契丹人視此山爲神山，其地在今內蒙古自治區翁牛特旗新蘇莫蘇木的西拉木倫河與老哈河匯合處一帶。"上建契丹始祖廟，奇首可汗在南廟，可敦（可汗之妻）在北廟，繪塑二聖并八

子神像。"詳見本書卷三七《地理志一》永州條。

[9]拽剌：契丹語"走卒"謂之"拽剌"，後爲軍官名。有掌旗鼓者，稱"旗鼓拽剌"，還有專司偵候、探報等職者。

六月乙酉朔，詔有司册皇太后日，給三品以上法服，[1]三品以下用大射柳之服。[2]西南路招討使奏党項酋長執夷离堇子隁引等乞内附，[3]詔撫納之，仍察其誠僞，謹邊備。丙戌，還上京。己丑，有司奏，同政事門下平章事、駙馬都尉盧俊與公主不協，[4]詔離之，遂出俊爲興國軍節度使。辛卯，有事於太廟。[5]甲午，上率群臣上皇太后尊號曰承天皇太后，群臣上皇帝尊號曰天輔皇帝，大赦，改元統和。丁未，覃恩中外，文武官各進爵一級。以樞密副使耶律斜軫守司徒。[6]

[1]法服：漢官不同等級的服飾。宋人孟元老《東京夢華錄·車駕宿大慶殿》："宰執百官，皆服法服，其頭冠各有品從。"

[2]大射柳之服："射柳"源於古鮮卑族秋祭時馳馬繞柳枝三周的儀式。《漢書·匈奴傳上》"大會蹛林"[唐]顔師古注："蹛者，繞林木而祭也。鮮卑之俗，自古相傳，秋天之祭，無林者尚豎柳枝，衆騎馳遶三周乃止。此其遺法。"《金史》卷三五《禮志·拜天》："金因遼舊俗，以重五、中元、重九日行拜天之禮。""射柳、擊球之戲，亦遼俗也，金因之。凡重五日拜天禮畢，插柳球場，爲兩行，當射者以尊卑序。"射柳是拜天儀式的一部分。"大射柳之服"當即拜天之服。

[3]夷离堇子隁引：關於隁引，無其他記載。"夷离堇子隁引"當是叛入党項的契丹部族官之子，故党項執之以討好契丹。夷离堇，原爲突厥語官名。亦譯作"俟斤"（Irkin）。突厥諸部最高元

首稱"可汗"（Qaghan），其他諸部君長則稱爲俟斤、亦都護。初，契丹"其君大賀氏，有勝兵四萬，析八部，臣於突厥，以爲俟斤"（《新唐書》卷二一九《契丹傳》）。後，契丹首領自立爲可汗，所屬各部長則稱爲"俟斤"，亦即"夷离董"。契丹立國後，大部族之夷离董稱王，小部族夷离董稱爲節度使。舉凡一部軍政、民政皆由其統掌（參見韓儒林《穹盧集》第314—316頁）。

[4]盧俊：北漢駙馬都尉。保寧八年（976）宋師壓境，俊詣遼乞師，有功。乾亨元年（979）白馬嶺之役，遼相耶律沙敗於宋軍。後耶律斜軫來援，始擊退宋軍。將趨太原，會俊以國亡出奔，言太原已陷。遼軍遂勒兵還。俊至遼，署同政事門下平章事，尚景宗公主，復拜駙馬都尉。《十國春秋》卷一〇七有傳。

[5]太廟：遼朝太廟隨四時捺鉢遷徙。據宋人沈括《熙寧使虜圖抄》（《永樂大典》卷一〇八七七）太廟有"氊廬一，旁駐氊車六，前植纛，曰太廟"。

[6]耶律斜軫（？—999）：于越曷魯之孫。字韓隱。保寧初受命節制西南面諸軍，仍援河東。改南院大王。乾亨元年（979）秋，宋軍攻下河東，乘勝襲燕，高梁河一戰，他與耶律休哥分左右翼夾擊，大敗宋軍。統和初，承天皇太后蕭綽稱制，益見委任，爲北院樞密使。四年（986）宋軍三路來攻，斜軫指揮擊退西路來攻的宋軍，以功加守太保。本書卷八三有傳。

秋七月甲寅朔，皇太后聽政。乙卯，上親録囚。王子司徒婁國坐稱疾不赴山陵，[1]笞二十。辛酉，行再生禮。[2]癸酉，臨潢尹裏兗進飲饌。上與諸王分朋擊鞠。[3]丙子，韓德威遣詳穩轄馬上破党項俘獲數，并送夷离董之子來獻。辛巳，賞西南面有功將士。

[1]婁國（？—952）：東丹王耶律倍之子。字勉辛。天祿五年

（951）遙授武定軍節度使。及察割作亂，娶國手刃察割。改南京留守。誘敵獵及群不逞謀逆。事覺，縊於可汗州西谷。本書卷一一二有傳。　山陵：帝、后的墳墓。《水經注》卷一九《渭水三》："秦名天子塚曰山，漢曰陵，故通曰山陵矣。"

［2］再生禮：契丹傳統禮儀之一。據本書卷一一六《國語解》載，依契丹故俗，此種禮儀每隔十二年舉行一次，而且祇有皇帝、太后、太子及夷离堇得行此禮。這是與選汗儀式同時舉行的禮儀，禮儀十分煩瑣。

［3］擊鞠：即打馬球，是當時流行的競技活動。因爲參賽者都在馬上擊球，奔馳的快馬有時會失控，因此具有一定的危險性。統和六年（988），一日承天太后觀看臣下擊鞠，她的寵臣韓德讓被胡里室衝撞墜馬，太后一怒之下，竟下令將胡里室斬首。内蒙古自治區敖漢旗皮匠溝 1 號遼墓墓門西側的穹隆頂下部，有一幅打馬球圖。現存寬 180 釐米、高 50 釐米。畫面有多處剝落，但大體可辨。

八月戊子，上西巡。己丑，謁祖陵。[1]辛卯，皇太后祭楚國王蕭思溫墓。[2]癸巳，上與皇太后謁懷陵，[3]遂幸懷州。甲午，上與斜軫於太后前易弓矢、鞍馬，約以爲友。[4]己亥，獵赤山，[5]遣使薦熊肪、鹿脯於乾陵之凝神殿。以政事令孫禎無子，詔國舅小翁帳郎君桃隈爲之後。[6]乙巳，詔于越休哥提點元城。壬子，韓德威表請伐党項之復叛者，詔許之。仍發別部兵數千以助之。

［1］祖陵：遼太祖耶律阿保機的葬所。位於祖州西五里，其地在今内蒙古自治區巴林左旗查干哈達蘇木石房子嘎查古城址。

［2］蕭思溫（？—970）：小字寅古，宰相蕭敵魯族弟忽没里之子。通書史。穆宗時爲南京留守，但非將帥才。應曆八年（958）

周占束城，遼軍退渡滹沱河而屯，思温飾他説請濟師。已而，後周圍瀛州，陷益津、瓦橋、淤口三關，迫近固安，思温不知計所出。十九年穆宗遇弒。思温與南院樞密使高勳、飛龍使女里等立景宗。保寧初爲北院樞密使兼北府宰相，仍命世預其選。思温女册爲皇后（即睿智皇后），加尚書令，封魏王。保寧二年（970）爲賊所害。

[3]懷陵：遼太宗、穆宗之陵。位於懷州境内。大同元年（947）遼置懷州奉陵軍，治所在今内蒙古自治區巴林右旗幸福之路蘇木崗根嘎查古城址。州隸永興宮。

[4]約以爲友：所謂"友"，即蒙古人所説的"那可兒""伴當"，也就是首領的親兵。

[5]赤山：今内蒙古自治區赤峰市境内紅山。【劉注】《巴林左旗志》（内蒙古人民出版社1996年版，第168頁）稱"烏蘭達壩，遼代稱'赤山'"。故遼代的"赤山"應是今内蒙古自治區巴林左旗境内的烏蘭達壩。

[6]國舅小翁帳：國舅乙室己有大翁帳及小翁帳。

九月癸丑朔，以東京、平州旱蝗，[1]詔振之。乙卯，謁永興、長寧、敦睦三宮。[2]丙辰，南京留守奏，秋霖害稼，請權停關征，以通山西糴易，從之。庚申，謁宣簡皇帝廟。[3]辛酉，幸祖州，謁祖陵。壬戌，還上京。辛未，有司請以帝生日爲千齡節，從之。皇太后言故于越屋只有傅導功，[4]宜録其子孫；遂命其子泮浹爲林牙。[5]丙子，如老翁川。

[1]平州：唐置，治所在今河北省盧龍縣。
[2]永興宮：太宗耶律德光宮分。　長寧宮：應天皇太后述律氏宮分。　敦睦宮：孝文皇太弟宮分。

　　〔3〕宣簡皇帝：阿保機之父撒剌的尊號。廟號德祖。

　　〔4〕于越屋只：即耶律屋質（916—973）。遼宗室。字敵輦，
會同間爲惕隱。太宗死後，世宗初立，屋質調解太后與世宗的矛
盾，得以避免大規模內戰。天禄二年（948）助世宗挫敗天德、蕭
翰等謀反。三年又表列泰寧王察割陰謀事，世宗不聽。後平定察割
之亂及立穆宗，皆有功。本書卷七七有傳。　于越：契丹語官名的
音譯。貴官，非有大功德不授。位在北、南大王之上。

　　〔5〕林牙：契丹官名。掌文翰，相當於翰林學士。

　　冬十月癸未朔，司天奏老人星見。[1]戊子，以公主
淑哥下嫁國舅詳穩照姑。[2]癸巳，速撒奏敵烈部及叛蕃
來降，悉復故地。乙未，以燕京留守于越休哥言，每歲
諸節度使貢獻，如契丹官例，止進鞍馬，從之。丁酉，
以吳王稍爲上京留守，行臨潢尹事。上將征高麗，[3]親
閱東京留守耶律末只所總兵馬。丙午，命宣徽使兼侍中
蒲領、林牙肯德等將兵東討，賜旗鼓及銀符。

　　〔1〕老人星：又稱“南極老人星”“壽星”。《宋史》卷一〇三
《禮儀志》：景德三年，詔定壽星之祀。太常禮院言：“按《月令》：
‘八月，命有司享壽星於南郊。’《注》云：‘秋分日，祭壽星於南
郊。壽星，南極老人星也。’　《爾雅》云：‘壽星，角、亢也。’
《注》云：‘數起角、亢，列宿之長，故云壽星。’唐開元中，特置
壽星壇，常以千秋節日祭老人星及角、亢七宿。請用祀靈星小祠
禮，其壇亦如靈星壇制，築於南郊，以秋分日祭之。”

　　〔2〕照姑：【劉注】據中華點校本校勘記，本書卷六五《公主
表》作“蕭神奴”。

　　〔3〕高麗：指王建創建的高麗王朝（918—1392）。統治地域在

今朝鮮半島，首都在開京（今朝鮮開城市）。

　　十一月壬子朔，觀漁撻馬濼。癸丑，應州奏：[1]獲宋諜者，言宋除道五臺山，將入靈丘界。[2]詔諜者及居停人並磔於市。[3]庚辰，上與皇太后祭乾陵。下詔諭三京左右相、左右平章事、副留守判官、諸道節度使判官、諸軍事判官、錄事參軍等，[4]當執公方，毋得阿順。諸縣令佐如遇州官及朝使非理徵求，毋或畏徇。恒加采聽，以爲殿最。[5]民間有父母在別籍異居者，聽鄰里覺察，坐之；有孝于父母三世同居者，旌其門閭。[6]

　　[1]應州：治所在今山西省應縣。

　　[2]靈丘：縣名。治所在今山西省靈丘市。

　　[3]磔（zhé）：古代的一種酷刑。以車分裂人體。當契丹興起時，中原地區早已廢除。據《唐律疏議·名例律》，唐朝死刑祇有二等，爲“絞”和“斬”。

　　[4]三京：指遼上京（今内蒙古自治區巴林左旗林東鎮）、東京（今遼寧省遼陽市）和南京（今北京市）。東京有東丹朝廷，設左大相、右大相、左次相和右次相；左、右平章事是上京南面官宰相；副留守判官是諸京留守的下屬官員。

　　[5]殿最：古代考核政績或軍功，下等稱爲“殿”，上等稱爲“最”。《漢書·宣帝紀》：“其令郡國歲上繫囚以掠笞若瘐死者所坐名、縣、爵、里，丞相御史課殿最以聞。”顔師古注：“凡言殿最者：殿，後也，課居後也；最，凡要之首也，課居先也。”

　　[6]旌其門閭：指官府爲忠孝節義的人立牌坊賜匾額，以示表彰。門有旌表，於是義聞鄉間。

十二月壬午朔，謁凝神殿，遣使分祭諸陵，賜守殿官屬酒。是日幸顯州。丁亥，以顯州歲貢綾錦分賜左右。甲午，東幸。己亥，皇太后觀漁于玉盆灣。辛丑，觀漁於潛淵。甲辰，勑諸刑辟已結正決遣而有冤者，聽詣臺訴。[1]是夕然萬魚燈於雙溪。戊申，千齡節，[2]祭日月禮畢，百僚稱賀。

[1]詣臺訴：向御史臺申訴。《新唐書》卷四八《百官志》："凡冤而無告者，三司詰之。三司謂御史大夫、中書、門下也。"
[2]千齡節：遼聖宗的誕辰。

二年春正月甲子，如長濼。[1]

[1]長濼：遼時湖泊名。又作長泊，亦稱魚兒濼，是遼春捺鉢的地點，在長春州（治所在今吉林省前郭爾羅斯蒙古族自治縣塔虎城）境內。宋大中祥符六年（遼開泰二年，1013），晁迥使遼，回來後向宋廷報告此行至長泊所見遼帝四時捺鉢活動的情況。

二月癸巳，國舅帳彰德軍節度使蕭閭覽來朝。[1]甲午，賜將軍耶律敵不春衣、束帶。丙申，東路行軍、宣徽使耶律蒲寧奏討女直捷，[2]遣使執手獎諭。庚子，朝皇太后，太后因從觀獵於饒樂川。[3]乙巳，五國烏隈于厥節度使耶律隗洼以所轄諸部難治，[4]乞賜詔給劍，便宜行事，從之。丙午，上與諸王大臣較射。丁未，韓德威以征党項迴，遂襲河東，獻所俘，賜詔褒美。

　　[1]蕭撻覽：即蕭撻凜（？—1004）。字駝寧，蕭思温之再從侄。保寧初爲宿直官。統和四年（986）以諸軍副部署，從樞密使耶律斜軫敗宋將楊繼業於朔州。十一年與東京留守蕭恒德伐高麗，破之。後攻西夏、阻卜皆有功。二十二年攻宋，進至澶淵，未接戰，中伏弩卒。本書卷八五有傳。

　　[2]耶律蒲寧：【劉校】原誤“蕭蒲寧”。據中華點校本校勘記，下文又作“耶律普寧”。本書卷七九《耶律阿没里傳》：“阿没里，字蒲鄰。”蒲寧、普寧均爲蒲鄰異譯，即耶律阿没里一人。又據本傳，“東路行軍”下應有“都統”二字。　女直：本作女真，因避遼興宗耶律宗真名諱，改稱女直。遼時居東北東部。在南者入遼籍，稱熟女真，或合蘇館女真；在北者不入遼籍，稱生女真。

　　[3]饒樂川：西拉木倫河古稱饒樂水。

　　[4]五國烏限于厥節度使耶律隗注：【劉校】據中華點校本校勘記，按本書卷六九《部族表》作“五國隈烏古部節度使耶律隈注”。　于厥：部族名。即烏古。

　　三月乙卯，劃離部請今後詳穩止從本部選授爲宜，上曰：“諸部官惟在得人，豈得定以所部爲限。”不允。贈故同平章事趙延煦兼侍中。[1]

　　[1]趙延煦：趙思温之子。據元人王惲《秋澗先生大全文集》卷四八《盧龍趙氏家傳》，趙思温共十二子，延煦爲第十子。

　　夏四月丁亥，宣徽使、同平章事耶律普寧、都監蕭勤德獻征女直捷，授普寧兼政事令，勤德神武衛大將軍，各賜金器諸物。庚寅，皇太后臨決滯獄。辛卯，祭風伯。壬辰，以宣徽南院使劉承規爲承德軍節度使，崇德宮都部署、保義軍節度使張德筠爲宣徽北院使。

五月乙卯，祠木葉山。丁丑，駐蹕沿柳湖。

六月己卯朔，皇太后決獄，至月終。

秋七月癸丑，皇太后行再生禮。

八月辛卯，東京留守兼侍中耶律末只奏：女直尤不直、賽里等八族乞舉衆内附，詔納之。

九月戊申朔，駐蹕土河。[1]辛未，以景宗忌日，詔諸道京鎮遣官行香飯僧。[2]

[1]土河：即老哈河，源出永安山（又稱馬盂山，即今河北省平泉縣柳溪鎮光頭山），流經今内蒙古自治區東部赤峰地區，與西拉木倫河匯合。

[2]飯僧：向僧人施飯，奉佛藉以祈福。《舊唐書》卷一一八《王縉傳》："初，代宗喜祠祀，未甚重佛，而元載、杜鴻漸與〔王〕縉喜飯僧徒。代宗嘗問以福業報應事，載等因而啟奏，代宗由是奉之過當，嘗令僧百餘人於宮中陳設佛像，經行念誦，謂之内道場。其飲膳之厚，窮極珍異，出入乘廏馬，度支具廩給。每西蕃入寇，必令群僧講誦《仁王經》，以攘虜寇。苟幸其退，則橫加錫賜。"

冬十月丁丑朔，以歸化州刺史耶律普寧爲彰德軍節度使，[1]右武衛大將軍韓倬爲彰國軍節度使兼侍衛親軍兵馬都指揮使。[2]

[1]歸化州：即武州（治所在今河北省張家口市宣化區）。彰德軍：治所在相州（今河南省安陽市）。耶律普寧爲彰德軍節度使是遙授，相州並不在遼朝境内。

[2]彰國軍：治所在應州（今山西省應縣）。　韓倬：【劉注】

據北京市文物研究所所存《韓佚墓誌銘》，韓倬是韓延徽之孫，韓隣之仲子，韓佚之弟。曾任宣徽北院使、鎮安軍節度使、太尉。

十一月壬子，[1]以樞密直學士、給事中鄭皷爲儒州刺史。[2]是月，速撒等討阻卜，殺其酋長撻剌干。

[1]十一月：【劉校】原本"十一月"前有"冬"字，據中華點校本校勘記，其十月前已有"冬"字，此處"冬"字爲衍文，故删。

[2]儒州：治所在今北京市延慶區。

十二月辛丑，以翰林學士承旨馬得臣爲宣政殿學士，[1]耶律頗德南京統軍使，[2]耶律瑤昇大内惕隱，[3]大仁靖東京中臺省右平章事。[4]

[1]馬得臣（？—989）：南京（今北京市）人。保寧間累遷政事舍人、翰林學士。乾亨初命爲南京副留守，復拜翰林學士承旨。聖宗即位，皇太后稱制，兼侍讀學士。本書卷八〇有傳。

[2]耶律頗德：本書卷三八另有一同名之人，會同間任採訪使。

[3]耶律瑤昇：即耶律善補。

[4]中臺省右平章事：即中臺省右相。

三年春正月丙午朔，如長濼。丁巳，以翰林學士邢抱朴爲尚書禮部侍郎、知制誥，[1]左拾遺知制誥劉景、吏部郎中知制誥牛藏用並政事舍人。[2]

[1]邢抱樸（？—1004）：應州（今山西省應縣）人。保寧初

爲政事舍人、知制誥。統和四年（986）加戶部尚書。遷翰林學士承旨，與室昉同修《實錄》。十二年拜參知政事。改南院樞密使，二十二年（1004）卒，贈侍中。本書卷八〇有傳。

[2]劉景（921—988）：河間（今河北省河間市）人。字可大。燕王趙延壽辟爲幽都府文學。應曆初遷右拾遺、知制誥，爲翰林學士。景宗即位，任禮部尚書、宣政殿學士。頃之，爲南京副留守，與韓德讓共理京事。統和六年（988）致仕，加兼侍中。卒，年六十七。本書卷八六有傳。中華點校本卷八六校勘記："劉景統和六年致仕按《紀》，統和六年二月，大同軍節度使、同平章政事劉京致仕。"然統和六年致仕以前，據劉景本傳"召爲户部使，歷武定、開遠二軍節度使"，并無出任大同節度使之經歷，故其雖與劉京同年致仕，但若據此判斷二者爲同一人，證據不足。

二月丙子朔，以牛藏用知樞密直學士。

三月乙巳朔，樞密奏契丹諸役戶多困乏，請以富戶代之。上因閱諸部籍，涅剌、烏隗二部戶少而役重，並量免之。

夏四月乙亥朔，祠木葉山。壬午，以鳳州刺史趙匡符爲保靜軍節度使。[1]癸未，以左監門衛大將軍王庭勗爲奉先軍節度使，[2]彰武軍節度使韓德凝爲崇義軍節度使。[3]

[1]鳳州：據《地理志·上京道》，該州原係渤海之安寧郡境，後爲契丹南王府五帳分地。在韓州北二百里，西北至上京九百里。

趙匡符：遼初名將趙思溫之孫。元人王惲《秋澗先生大全文集》卷四八《盧龍趙氏家傳》載："趙氏自五季迄今三百餘年，子孫蕃衍幾於千人，忠傳學繼，世濟其美。越不事宦遊者，學術行義亦昭晰於時，與韓、劉、馬共稱爲燕四大族，至比唐李、鄭、崔、盧。由開府太師、衛國公、忠毅奮發，捐軀爲國。敦篤大本，君子之澤其流淵長亶其然乎，推延威特進府君第五房，一傳而二。”第五房延威二子，除匡符，另一子爲禹。

[2]左監門衛大將軍：唐禁軍有左、右監門衛，各有大將軍一人。據《唐六典》卷二五《諸衛府》，左右監門衛大將軍之職“掌諸門禁衛、門籍之法。凡京司應以籍入宮殿門者，皆本司具其官爵、姓名移牒其門，以門司送與監門勘同，然後聽入。凡財物、器用應入宮者，所由以籍傍取左監門將軍判，門司檢以入之；應出宮者，所由亦以籍傍取右監門將軍判，門司檢以出之”。　奉先軍：顯州軍號。治所在今遼寧省北鎮市。

[3]彰武：霸州軍號。後升興中府，治所在今遼寧省朝陽市。崇義軍：宜州軍號。治所在今遼寧義縣。

五月壬子，還上京。癸酉，以國舅蕭道寧同平章事、知瀋州軍州事。[1]

[1]蕭道寧：【劉注】國舅族。乾亨四年（982）駐守南京，統和元年（983）三月爲遼興軍節度使，仍賜號忠亮佐理功臣，三年五月知瀋州軍州事，七月任昭德軍節度使。　瀋州：治所在今遼寧省瀋陽市。

六月甲戌朔，[1]如栢坡。皇太后親決滯獄。乙亥，以歸義軍節度使王希嚴爲興國軍節度使。[2]

[1]甲戌朔：【劉校】“朔”字原闕，中華點校本據本書卷四四《曆象志下·朔考》補。今從。

[2]興國軍：遼軍鎮名，治所在龍化州，其地在今内蒙古自治

區奈曼旗東北。

秋七月甲辰朔，詔諸道繕甲兵，以備東征高麗。甲寅，東幸。甲子，遣郎君班裏賜秦王韓匡嗣葬物。丙寅，駐蹕土河。以暴漲，命造船橋，明日乘步輦出聽政。老人星見。丁卯，遣使閱東京諸軍兵器及東征道路。以平章事蕭道寧爲昭德軍節度使，[1]武定軍節度使、守司空兼政事令郭襲爲天平軍節度使，[2]大同軍節度使、守太子太師兼政事令劉延構爲義成軍節度使，[3]贈尚父秦王韓匡嗣尚書令。

[1]昭德軍：治瀋州。在今遼寧省瀋陽市。
[2]武定軍：遼代軍號。治奉聖州（今河北省涿鹿縣）。 天平軍：治鄆州，在今山東省東平縣。
[3]義成軍：滑州軍號。治白馬縣（今河南省滑縣）。不在遼朝境內，劉延構爲義成軍節度使，爲遙領。

八月癸酉朔，以遼澤沮洳，罷征高麗。命樞密使耶律斜軫爲都統，駙馬都尉蕭懇德爲監軍，以兵討女直。丁丑，次槁城。庚辰，至顯州，[1]謁凝神殿。辛巳，幸乾州，觀新宮。癸未，謁乾陵。甲申，命南、北面臣僚分巡山陵林木，及令乾、顯二州上所部里社之數。丙戌，北皮室詳穩進勇敢士七人。[2]戊子，故南院大王諧領已里婉妻蕭氏奏夫死不能葬，[3]詔有司助之。庚寅，東征都統所奏路尚陷濘，未可進討，詔俟澤涸深入。癸巳，皇太后謁顯陵。[4]庚子，謁乾陵。辛丑，西幸。

[1]顯州：治所在今遼寧省北鎮市。

[2]皮室：契丹軍名。意思爲金剛。初爲阿保機所置，稱腹心部，後有南、北、左、右皮室及黃皮室等，皆精甲。

[3]已里婉：【劉注】疑“婉”字爲“婉”字之誤。已里婉又作乙里婉，爲契丹語封號的音譯。丈夫爵位爲王之婦女，纔有可能獲此封號，意爲王妃或貴夫人。

[4]顯陵：東丹王耶律倍及世宗陵寢。在顯州（今遼寧省北鎮市）。大同元年（947），世宗以其父東丹王耶律倍生前愛醫巫閭山水奇秀，因葬於此。應曆元年（951），穆宗葬世宗於顯陵西山。

閏九月癸酉，[1]命邢抱朴勾檢顯陵。[2]丙子，行次海上。庚辰，重九，駱駝山登高，賜群臣菊花酒。辛巳，詔諭東征將帥，乘水涸進討。丙申，女直宰相朮不里來貢。戊戌，駐蹕東古山。己亥，速撒奏朮不姑諸部至近淀，夷离菫易魯姑請行俘掠，上曰：“諸部於國無惡，何故俘掠，徒生事耳。”不允。

[1]閏九月癸酉：【劉校】據中華點校本校勘記，“按是年遼閏八月，閏字下當有脫文。閏八月壬寅朔，九月壬申朔，癸酉爲九月初二，丙子初五，庚辰爲重九，正合。《大典》一二〇四三引亦作‘九月丙子，行次海上。庚辰重九，次駱駝山登高，賜群臣菊花酒’”。

[2]勾檢：中古時期的制度名。明於勘覆，稽失無隱。

冬十一月甲戌，詔吳王稍領秦王韓匡嗣葬祭事。丁丑，詔以東北路兵馬監軍妻婆底里存撫邊民。戊寅，賜公主胡骨典葬夫金帛、工匠。辛卯，以韓德讓兼政事令。[1]癸巳，禁行在市易布帛不中尺度者。[2]丙申，東征女直，都統蕭闥覽、菩薩奴以行軍所經地里、物産來上。

[1]韓德讓（942—1011）：韓匡嗣第四子。統和初年承天太后稱制，韓德讓以南院樞密使的身份"總宿衛事"。統和十七年（999）北院樞密使、魏王耶律斜軫病故，承天太后以韓德讓兼知北院樞密使事，至此，遼朝的蕃漢軍政大權就集於一身了。統和二十二年承天太后賜韓德讓姓耶律，徙封晉王，並且仍舊爲大丞相，事無不統。次年十一月，又詔德讓"出宮籍，屬於橫帳"。二十八年更名耶律隆運。

[2]行在市易：遼朝在夏捺鉢所在地永安山附近設有集市，在行宮之北，取《周禮》"前朝後市"之義。宋人沈括《熙寧使虜圖抄》載："其北山，庭（行宮）之所依者曰'犢兒'。過犢兒北十餘里曰'市場'，小民之爲市者，以車從之於山間。"

（李錫厚注　劉鳳翥校）

遼史　卷一一

本紀第十一

聖宗二

　　四年春正月甲戌，觀漁土河。[1]林牙耶律謀魯姑、彰德軍節度使蕭閣覽上東征俘獲，[2]賜詔獎諭。丙子，樞密使耶律斜軫、林牙勤德等上討女直所獲生口十餘萬、馬二十餘萬及諸物。[3]己卯，朝皇太后。決滯訟。[4]壬午，樞密使斜軫、林牙勤德、謀魯姑、節度使閣覽、統軍使室羅、侍中抹只、奚王府監軍迪烈與安吉等克女直還軍。[5]遣近侍泥里吉詔旌其功，[6]仍執手撫諭，[7]賜酒果勞之。甲午，幸長濼。[8]

　　[1]土河：即老哈河，源出永安山（又稱馬盂山，即今河北省平泉縣柳溪鎮光頭山），流經今内蒙古自治區東部赤峰地區，與西拉木倫河匯合。
　　[2]林牙：契丹官名。掌文翰，相當於翰林學士。　蕭閣覽：即蕭撻凛（？—1004）。字馳寧，蕭思温之再從侄。保寧初爲宿直

297

官。統和四年（986）以諸軍副部署，從樞密使耶律斜軫敗楊繼業於朔州。十一年與東京留守蕭恒德伐高麗，破之。後攻西夏、阻卜皆有功。二十二年攻宋，進至澶淵，未接戰，中伏弩卒。本書卷八五有傳。

[3]耶律斜軫（？—999）：于越曷魯之孫。字韓隱。保寧初受命節制西南面諸軍，仍援河東。改南院大王。乾亨元年（979）秋，宋軍攻下河東，乘勝襲燕，高梁河一戰，他與耶律休哥分左右翼夾擊，大敗宋軍。統和初，承天皇太后蕭綽稱制，益見委任，爲北院樞密使。四年（986）宋軍三路來攻，斜軫指揮擊退西路來攻的宋軍，以功加守太保。本書卷八三有傳。　女直：本作女真，因避遼興宗耶律宗真名諱，改稱女直。遼時居東北東部。在南者入遼籍，稱熟女真，或合蘇館女真；在北者不入遼籍，稱生女真。

[4]滯訟：久拖不決的訟案。

[5]耶律抹只（？—1012）：契丹將領。字留隱，仲父房隋國王之後。初以皇族入侍。景宗即位爲林牙。保寧間遷樞密副使。乾亨元年冬，從都統韓匡嗣伐宋，戰於滿城，諸軍奔潰；獨抹只部伍不亂，徐整旗鼓而歸。乾亨二年拜樞密副使。統和初爲東京留守。四年宋將曹彬、米信等來攻，抹只引兵至南京，與耶律休哥逆戰於涿州之東，克之。本書卷八四有傳。　奚王府監軍：奚部族軍官名。奚原分五部，阿保機降伏五部奚之後設置墮瑰部，而成六部。其首領仍稱奚王，設奚大王府，作爲治理六部奚的機構。奚的武裝力量屬於“部族軍”。

[6]近侍：皇帝身邊的奴僕。

[7]執手撫諭：即行執手禮。本書卷一一六《國語解》：“執手禮，將帥有克敵功，上親執手慰勞；若將在軍，則遣人代行執手禮。優遇之意。”

[8]長灤：遼時湖泊名。又稱魚兒灤、長泊，在長春州（治所在今吉林省前郭爾羅斯蒙古族自治縣塔虎城）境內。

二月壬寅，以四番都統軍李繼忠爲檢校司徒、上柱國。[1]癸卯，西夏李繼遷叛宋來降，[2]以爲定難軍節度使、銀夏綏宥等州觀察處置等使、特進檢校太師、都督夏州諸軍事。[3]西番酋帥瓦泥乞移爲保大軍節度使、鄜坊等州觀察處置等使。[4]甲寅，耶律斜軫、蕭閭覽、謀魯姑等族帥來朝，[5]行飲至之禮，賞賚有差。丙寅，行次裏里井。

[1]李繼忠：【劉校】據中華點校本校勘記，本書卷四六《百官志二》作"李繼沖"。

[2]李繼遷（963—1004）：党項首領。西夏王朝的奠基者。叛宋前任定難軍都知蕃落使。公元982年集結部衆，叛宋。985年，襲據銀州（今陝西省米脂縣），自稱定難軍留後，向遼稱臣。995年，擊敗宋朝五路討伐。997年，宋真宗立，李繼遷遣使求和，宋授爲夏州刺史、定難軍節度、夏銀綏宥靜等州觀察處置押蕃落等使。1002年李繼遷攻佔靈州，改名西平府。次年，率軍西征，佔領西涼府。因受詐降的吐蕃族大首領潘羅支的突襲，負重傷而死。子李德明嗣立，追尊繼遷爲皇帝。夏景宗時謚神武，廟號太祖，陵號裕陵。

[3]銀夏綏宥等州：唐後期置定難軍，統銀夏綏宥等州，以統萬城爲治所，城址在今陝西省靖邊縣境内。 觀察處置等使：唐乾元元年（758），改採訪處置使爲觀察處置使，掌考察州縣官吏政績，後兼理民事，轄一道或數州。凡不設節度使者即以觀察使爲一道的行政長官；設節度使之處，亦兼觀察使。至宋代，觀察使一職成爲武將升遷時兼帶的虛銜。

[4]鄜州：治所在今陝西省富縣。 坊州：【劉注】唐武德二年（619）分鄜州設置，因境内有馬坊，故名坊州。治所在今陝西省黃陵縣西北隆坊鎮。元初州廢，併入鄜州。

[5]耶律斜軫、蕭閭覽、謀魯姑等族帥來朝：【劉校】據中華點校本校勘記，“族”疑應作“諸”。

三月甲戌，于越休哥奏：宋遣曹彬、崔彥進、米信由雄州道，[1]田重進飛狐道，[2]潘美、楊繼業鴈門道來侵，[3]岐溝、涿州、固安、新城皆陷。[4]詔宣徽使蒲領馳赴燕南與休哥議軍事，[5]分遣使者徵諸部兵益休哥以擊之，復遣東京留守耶律抹只以大軍繼進，賜劍專殺。乙亥，以親征告陵廟、山川。丙子，統軍使耶律頗德敗宋軍于固安。休哥絕其糧餉，擒將吏，獲馬牛、器仗甚衆。庚辰，寰州刺史趙彥章以城叛，[6]附于宋。辛巳，宋兵入涿州。順義軍節度副使趙希贊以朔州叛，[7]附於宋。時上與皇太后駐兵馳羅口，[8]詔趣東徵兵馬以爲應援。壬午，詔林牙勤德以兵守平州之海岸以備宋。[9]仍報平州節度使迪里姑，若勤德未至遣人趣行，馬乏則括民馬，[10]鎧甲闕則取於顯州之甲坊。[11]癸未，遼軍與宋田重進戰於飛狐，不利，冀州防禦使大鵬翼、康州刺史馬贇、馬軍指揮使何萬通陷焉。[12]丁亥，以北院樞密使耶律斜軫爲山西兵馬都統，[13]以北院宣徽使蒲領爲南征都統，[14]以副于越休哥。彰國軍節度使艾正、觀察判官宋雄以應州叛，[15]附于宋。庚寅，遣飛龍使亞剌、文班吏亞達哥閱馬以給先發諸軍，詔駙馬都尉蕭繼遠領之。辛卯，武定軍馬步軍都指揮使、鄆州防禦使呂行德、副都指揮使張繼從、馬軍都指揮使劉知進等以飛狐叛，[16]附于宋。癸巳，賜林牙謀魯姑旗鼓四、劍一，率禁軍之驍鋭者南助休哥。丙申，步軍都指揮使穆超以靈丘叛，[17]附于宋。詔遣使賜樞密使斜軫密旨及彰國軍節度使杓宬印，[18]以趣征討。

[1]于越：契丹語官名的音譯。貴官，非有大功德不授。無具體執掌。位在北、南大王之上。　耶律休哥（？—998）：字遜寧。出身皇族，應曆末爲惕隱。乾亨元年（979）與耶律斜軫分左右翼，擊敗宋軍於高梁河。是年冬，休哥率本部兵從韓匡嗣等戰於滿城。匡嗣敗績。休哥整兵進擊，敵乃卻。詔總南面戍兵，爲北院大王。聖宗即位，太后稱制，令休哥總南面軍務，多有戰功。統和四年（986）封宋國王。本書卷八三有傳。　曹彬（931—999）：北宋將領。字國華。真定靈壽（今河北省靈壽縣）人。後周時累官至引進使。宋初參加滅蜀及征北漢之役，皆有功。開寶七年（974）受命率軍滅南唐，自出師至凱旋，士衆畏服，無肆意殺掠者。未幾，拜樞密使、檢校太尉、忠武軍節度使。宋太宗即位，加同平章事，封魯國公，益得信任。雍熙三年（986）宋分兵三路攻遼，曹彬任幽州（今北京）道行營前軍馬步水陸都部署，率宋軍主力自雄州（今河北省雄縣）向涿州（今屬河北省）進發。大敗於岐溝關（位於今河北省淶水縣東）。致使其他兩路軍也被迫退兵。《宋史》卷二五八有傳。　崔彥進：【靳注】宋將。大名（今河北省大名縣）人。歷任後周控鶴指揮使、東西班指揮使等職。入宋後，又任侍衛步軍都指揮使、彰信軍節度使等，屢立戰功。後因宋雍熙三年北伐失利而遭貶官。《宋史》卷二五九有傳。　米信（928—994）：奚族人。舊名海進。少勇悍、善射。趙匡胤總領後周禁兵，以米信隸麾下，委爲心腹。及即位補殿前指揮使。宋太宗即位轉散都頭指揮使繼領高州團練使。太平興國八年改領彰化軍節度使。雍熙三年征幽薊，命信爲幽州西北道行營馬步軍都部署，敗契丹於新城。契丹率衆復來戰，王師稍卻，信獨以麾下龍衛卒三百禦敵，敵圍之數重，信以百餘騎突圍得免。《宋史》卷二五九有傳。

[2]飛狐道：今河北省淶源縣北、蔚縣南有飛狐口，由此可出塞外。

[3]潘美：【靳注】北宋開國名將。大名（今河北省大名縣）人。父璘，以軍校戍常山。美少倜儻，隸府中典謁。後官至忠武軍節度使，進封韓國公。因伐遼指揮失當致楊繼業身死，被降爲檢校太保。卒後爲宋真宗追封爲鄭王，配享太宗廟庭。《宋史》卷二五八有傳。 楊繼業（？—986）：即楊業。麟州（今陝西省神木縣）人。父信爲後漢麟州刺史。業早年爲戰將，屢立戰功，所向克捷，國人號爲“無敵”。隨其主劉繼元降宋，宋太宗以業熟悉邊事，授代州兼三交駐泊兵馬都部署，以功遷雲州觀察使，仍判鄭州、代州，自是契丹望見業旌旗即退走。雍熙三年（遼統和四年，986）副雲應路行營都部署、忠武軍節度使潘美北上攻遼。諸軍連拔雲應寰朔四州，師次桑乾河，會曹彬之師不利，諸路班師。太宗詔遷四州之民於宋朝內地，令潘美等以所部之兵護送。當時契丹國母蕭氏領衆十餘萬復陷寰州，潘美等迫楊業出戰，苦戰殺敵，馬重傷不能進，遂爲契丹所俘，不食三日而死。《宋史》卷二七二有傳。 鴈門：古鴈門關在關西鴈門山上，又稱西徑關。元廢。今鴈門關在代縣西北，係明代所置。

[4]涿州、固安、新城：縣名。今皆屬河北省。其中，舊新城縣，今已更名高碑店市。

[5]宣徽使：遼朝官名。遼設北、南宣徽，分隸北、南樞密院之下。宣徽北院使常執行軍事使命。

[6]寰州：五代後唐置，遼廢。故治在今山西省朔州市東。趙彥章：【劉校】據中華點校本校勘記，“《長編》《宋史》五並作‘趙彥辛’”。《長編》卷二七雍熙三年（986）三月載：“庚辰，刺史趙彥辛舉寰州降。”

[7]順義軍：遼代軍號。治朔州（今山西省朔州市）。【劉校】順義，原誤“義順”。中華點校本據本書卷四一《地理志五》及《遼文匯》卷四《張正嵩墓誌》改。今從。

［8］馳羅口：地名。在今河北省涿州市東北。

［9］平州：唐置，治所在今河北省盧龍縣。

［10］馬乏：【劉校】“乏”原本誤作“之”，大典本、北監本和殿本作“乏”。中華點校本和修訂本徑改。

［11］顯州：治所在今遼寧省北鎮市。

［12］防禦使：原爲唐官名。在遼爲防禦州的長官，官階低於團練使而高於刺史。世宗以後，官分南、北，防禦使屬南面。　大鵬翼：《長編》卷二七雍熙三年（986）三月載：癸未，［荆］嗣還力戰，一日五七合，敵不勝，將遁去。重進遂以大軍乘之，敵北騎崩潰，生擒大鵬翼及監軍馬頵、副將何萬通並契丹、渤海千餘人，斬首數千級，俘老幼七百人，獲馬畜鎧累萬計。《武經總要》前集卷五《伏兵》本朝雍熙中王師北征，以田重進爲定州路行營馬步軍都督署，兵至飛狐城下，敵遣其將大鵬翼等來援。監軍袁繼忠謂重進曰：“敵多騎兵，利於平地，不如乘險逆擊之。”重進率兵伏飛狐南口，敵兵方出，乃麾擊之，遂擒鵬翼。　馬贊：【劉校】據中華點校本校勘記，《契丹國志》卷七作“馬碩”，《長編》及《宋史》卷五、《通考》卷三四六並作“馬頵”。

［13］北院樞密使：即契丹樞密院之樞密使，爲北面官之最高官職，掌軍事、部族。詳本書卷四五《百官志一》。

［14］蒲領：【劉校】據中華點校本校勘記，又作蒲寧、普寧，即耶律阿没里。本書卷七九本傳作“蒲鄰”。“蒲領爲南征都統”，本傳作都監，下文本年四月亦稱監軍。　爲南征都統：【劉校】“爲”原本誤作“馬”，北監本和殿本作“馬”。中華點校本和修訂本徑改。今從改。

［15］觀察判官宋雄以應州叛：《長編》卷二七雍熙三年三月丁亥，“潘美轉攻應州，其節度使艾正、觀察判官宋雄舉城降”。

［16］武定軍：遼代軍號。治奉聖州（今河北省涿鹿縣）。《長編》誤爲定武軍。　鄞州防禦使呂行德等叛：《長編》卷二七雍熙三年三月載：“［丁亥］田重進圍飛狐，令大鵬翼至城下，諭其守

將，定武軍馬步軍都指揮使、鄆州防禦使呂行德尚欲堅守，重進急攻之。辛卯，行德乃與其副都指揮使張繼從、馬軍都指揮使劉知進等舉城降。"

[17]步軍都指揮使穆超以靈丘叛：《長編》卷二七雍熙三年三月載："〔辛卯〕重進又圍靈丘。丙申，其守將步軍都指揮使穆超舉城降。"此外，降宋的還有靈丘縣令趙某，此人後在宋朝境内繼續當縣令。《河南集》卷一四《故朝奉郎行許州陽翟令贈太常博士趙公墓誌銘》："爲飛狐尉，遷蔚州靈丘令。雍熙中王師至其地，得歸京師，授河南偃師令，累調江陵、岐山、義烏、陽翟四令。" 靈丘：治所在今山西省靈丘縣。

[18]杓窊印：【靳注】印紐刻成鷙鳥形的印，即鷹紐印。行軍詔賜將帥所使用。杓窊，契丹語音譯詞，鷙鳥的總稱。

夏四月己亥朔，次南京北郊。庚子，愓隱瑶升、西南面招討使韓德威以捷報。[1]辛丑，宋潘美陷雲州。[2]壬寅，遣抹只、謀魯姑、勤德等領偏師以助休哥，仍賜旗鼓、杓窊印撫諭將校。癸卯，休哥復以捷報，[3]上以酒脯祭天地，率群臣賀于皇太后。詔勤德還軍。丙午，頗德上所獲鎧仗數。戊申，監軍、宣徽使蒲領奏敵軍引退，而奚王籌寧、北大王蒲奴寧、統軍使頗德等以兵追躡，[4]皆勝之。遣敵史勤德持詔褒美，及詔侍中抹只統諸軍赴行在所。[5]頻不部節度使和盧覩、黄皮室詳穩解里等各上所獲兵甲。[6]又詔兩部突騎赴蔚州，[7]以助闥覽。橫帳郎君老君奴率諸郎君巡徼居庸之北。[8]將軍化哥統平州兵馬、橫帳郎君奴哥爲黄皮室都監、郎君謁里爲北府都監，[9]各以步兵赴蔚州以助斜軫。庚戌，以斜軫爲諸路兵馬都統、闥覽兵馬副部署、迪子都監，[10]以

代善補、韓德威。癸丑，以艾正、趙希贊及應州、朔州
節度副使、奚軍小校隁离轄、渤海小校貫海等叛入于
宋，籍其家屬，分賜有功將校。宋將曹彬、米信北渡拒
馬河，與于越休哥對壘，挑戰，南北列營長六七里。時
上次涿州東五十里。甲寅，詔于越休哥、奚王籌寧、宣
徽使蒲領、南、北二王等嚴備水道，無使敵兵得潛至涿
州。乙卯，休哥等敗宋軍，獻所獲器甲、貨財，賜詔褒
美。蔚州左右都押衙李存璋、許彥欽等殺節度使蕭啜
里，執監城使、銅州節度使耿紹忠以城叛，[11]附于宋。
丙辰，復涿州，[12]告天地。戊午，上次沙姑河之北淀，
召林牙勤德議軍事。諸將校各以所俘獲來上。奚王籌
寧、南、北二王率所部將校來朝。以近侍粘米里所進自
落鶻祭天地。己未，休哥、蒲領來朝，詔三司給軍前夏
衣布。庚申，上朝皇太后。辛酉，大軍次固安。壬戌，
圍固安城，統軍使頗德先登，城遂破，大縱俘獲。居民
先被俘者，命以官物贖之。甲子，賞攻城將士有差。

[1]瑤升：即耶律善補，字瑤升，孟父楚國王之後。景宗即位，
授千牛衛大將軍，遷大同軍節度使。統和初爲惕隱。凡征討，憚攻
戰，急還，以故戰多不利。年七十四卒。本書卷八四有傳。　韓德
威（941—996）：韓匡嗣之子、韓德讓之弟。保寧初自燕臺軍旅之
列校，授西頭供奉官、銀青崇禄大夫、檢校右散騎常侍兼侍御史、
驍騎尉。不數年，授羽林軍將軍、檢校司徒。這是御林軍的官職，
即所謂“登環衛之資，廁勾陳之列”。保寧十一年（979）德威
“擢居親近之用，首冠殿庭之班，授宣徽北院使、彰武軍節度使、
檢校太尉，進封開國伯，增食邑，賜功臣四字”。其墓誌現存遼上

京博物館。本書卷八二有傳。

[2]宋潘美陷雲州：《長編》卷二七雍熙三年（986）夏四月辛丑載：“潘美克雲州，斬首千級。田重進破敵援軍於飛狐北，斬首千級，俘四百人。”

[3]休哥復以捷報：所謂“捷報”，實際上是指前一天在新城的戰鬥，雙方互有勝負。《長編》卷二七雍熙三年四月壬寅載：米信破敵於新城，斬首三百級。敵衆復集，信兵稍卻。信獨以麾下龍衛卒三百人禦之，被圍數重，矢下如雨，信自射殺數人，麾下多死。日將暮，信持大刀，率從騎百餘人大呼突圍，殺數十人。會曹彬遣李繼宣等援之，遂大破敵於新城東北，斬首千級，獲馬一百疋。《宋史》卷二六〇《米信傳》也記載：雍熙三年，征幽薊，命信爲幽州西北道行營馬步軍都部署，敗契丹於新城。契丹率衆復來戰，王師稍卻，信獨以麾下龍衛卒三百禦敵，敵圍之數重，矢下如雨，信射中數人，麾下士多死。會暮，信持大刀，率從騎大呼，殺數十人，敵遂小卻，信以百餘騎突圍得免。坐失律，議當死，詔特原之，責授右屯衛大將軍。

[4]奚王：對奚部族首領的稱呼。　北大王：又稱北院大王，契丹部族官。遼朝析迭剌部爲五院部和六院部。五院部有知五院事，在朝曰北大王院；六院部有知六院事，在朝曰南大王院。北院大王和南院大王即是五院部和六院部的首領，握有兵權。

[5]行在所：契丹是“行國”，皇帝一年四季往返於四時捺鉢，“捺鉢”即行在所，亦即遼朝的朝廷。

[6]皮室：契丹軍名。意爲“金剛”。初爲阿保機所置，稱“腹心部”。後有南、北、左、右皮室及黃皮室等，皆掌精甲。

[7]突騎：用於衝鋒陷陣的精銳騎兵。《漢書·晁錯傳》：“若夫平原易地，輕車突騎，則匈奴之衆易撓亂也。”顏師古注：“突騎，言其驍銳，可用衝突敵人也。”

[8]橫帳：契丹以玄祖之後爲皇族，分爲三房：孟父房、仲父房和季父房。季父房一系太祖阿保機子孫爲“橫帳”。本書卷一六

《聖宗本紀七》：開泰八年（1019）冬十月癸巳，詔“橫帳、三房不得與卑小帳族爲婚；凡嫁娶，必奏而後行”。卷四五《百官志一》：“玄祖伯子麻魯無後，次子巖木之後曰孟父房；叔子釋魯曰仲父房；季子爲德祖，德祖之元子是爲太祖天皇帝，謂之橫帳；次曰剌葛，曰迭剌，曰寅底石，曰安端，曰蘇，皆曰季父房。”【劉注】契丹小字“橫帳”爲“才百火”，本義是“兄弟的”，即與皇帝稱兄道弟的，就是皇族。　巡徼：巡行視察。《通鑑》卷二七五後唐明宗天成元年（926）四月：“公善巡徼，以待魏王。”胡三省注：“言善巡徼宮闕及皇城内外坊市，以待魏王繼岌。”

[9]橫帳郎君奴哥爲黄皮室都監：【劉校】奴哥，據中華點校本校勘記，本書卷八五本傳作“奴瓜”，“統和四年，宋楊繼業來侵，奴瓜爲黄皮室糺都監，擊敗之”。

[10]迪子都監：【劉校】迪子，據中華點校本校勘記，本書卷八五本傳作“題子”，“授西南面招討都監”。

[11]銅州：【劉校】據中華點校本校勘記，《長編》作“同州”。　耿紹忠：【劉注】據遼寧朝陽博物館所存《耿崇美墓誌銘》，耿紹忠爲耿崇美第二子，任上京副留守、金紫崇禄大夫、檢校太傅、兼御史大夫、上柱國、上谷縣開國子、食邑五百户。幼聞孝悌，長許公忠。不畱鍾考之憂，果委繼先之政。

[12]復涿州：曹彬所部宋軍於四月間兩度佔領涿州，但《長編》不載具體日期。《遼史》於此處載“復涿州”，亦即宋軍第一次自涿州退守雄州的日期。《長編》卷二七雍熙三年（986）四月載：“彬至涿州，留十餘日，食盡，乃退師至雄州，以援供饋。上聞之，大駭曰：‘豈有敵人在前，而卻軍以援芻粟乎？何失策之甚也。’亟遣使止之，令勿復前，引師緣白溝河與米信軍接，養兵畜鋭以張西師之勢，待美盡略山後之地，會重進東下趣幽州與彬、信合，以全師制敵，必勝之道也。而彬所部諸將聞美及重進累戰獲利，自以握重兵不能有所攻取，謀畫蜂起，更相矛盾，彬不能制，乃裹五十日糧，再往攻涿州。敵當其前，且行且戰，去城才百里，

曆二十日始至。有敵酋領萬騎與米信戰，相持不解，俄遣使紿言乞降。上蔡令大名柳開督饋餉隨軍，謂信曰：'此兵法所謂無約而請和者也。彼將有謀，急攻之，必勝。' 信遲疑不決。踰二日，敵復引兵挑戰。後偵知，果以矢盡，俟取於幽州也。彬雖復得涿州，時方炎暑，軍士疲乏，所齎糧又不繼，乃復棄之，還師境上。"

五月庚午，遼師與曹彬、米信戰於岐溝關，[1]大敗之，追至拒馬河，[2]溺死者不可勝紀。餘衆奔高陽，[3]又爲遼師衝擊，死者數萬，棄戈甲若丘陵。輓漕數萬人匿岐溝空城中，圍之。壬申，以皇太后生辰，縱還。癸酉，班師，還次新城。休哥、蒲領奏宋兵奔逃者皆殺之。甲戌，以軍捷，遣使分諭諸路京鎮。丁丑，詔：諸將校論功行賞，無有不實。己卯，次固安南，以青牛白馬祭天地。[4]庚辰，以所俘宋人射鬼箭。[5]詔遣詳穩排亞率弘義宮兵及南、北皮室、郎君、拽剌四軍赴應、朔二州界，[6]與惕隱瑤升、招討韓德威等同禦宋兵在山西之未退者。辛巳，以瑤升軍赴山西。壬午，還次南京。癸未，休哥、籌寧、蒲奴寧進俘獲。斜軫遣判官蒲姑奏復蔚州，斬首二萬餘級，乘勝攻下靈丘、飛狐，賜蒲姑酒及銀器。丙戌，御元和殿，[7]大宴從軍將校，封休哥爲宋國王，加蒲領、籌寧、蒲奴寧及諸有功將校爵賞有差。丁亥，發南京，詔休哥備器甲，儲粟，待秋大舉南征。戊子，斜軫奏宋軍復圍蔚州，擊破之。詔以兵授瑤升、韓德威等。壬辰，以宋兵至平州，瑤升、韓德威不盡追殺，降詔詰責。仍諭，據城未降者，必盡掩殺，無使遁逃。癸巳，以軍前降卒分賜扈從。乙未，賞頗德諸將校士卒。

[1]岐溝關：在今河北省淶水縣東。《黃氏日抄》卷六三："曹彬敗於祈溝關，在行者二十萬。"《宋史》卷二五八《曹彬傳》："及彬次涿州，旬日食盡，因退師雄州以援餉饋。上聞之曰：'豈有敵人在前，反退軍以援芻粟，失策之甚也。'亟遣使止彬勿前，急引師緣白溝河與米信軍會，案兵養銳，以張西師之勢；俟美等盡略山後地，會重進之師而東，合勢以取幽州。時彬部下諸將，聞美及重進累建功，而己握重兵不能有所攻取，謀議蜂起。彬不得已，乃復裹糧再往攻涿州。契丹大眾當前，時方炎暑，軍士乏困，糧且盡，彬退軍，無復行伍，遂為所躪而敗。"《九朝編年備要》卷四："彬等之行也，上諭以'潘美之師但先趣雲、應，卿以十萬之眾聲言取幽州，持重緩行，毋貪小利。虜聞大兵至，必悉眾救范陽，不暇援山後矣'。彬至涿州，留十餘日，食盡，退師雄州，以援供饋。上聞之大駭曰：'豈有敵人在前，而却軍以援粟乎！'亟遣使止之。彬所部聞美及重進屢捷，恥不能有所攻取，乃再趨涿州，復以糧食不繼退師。至岐溝關，北虜追及之，我師大敗。"

[2]拒馬河：即淶水，源出山西，流經今河北省涿州市西南。《長編》卷二七雍熙三年（986）四月載："彬初欲令所部將開封盧斌以兵萬人戍涿州，斌懇言：'涿州深入北地，外無援，内無食，丁籍殘失，守必不利，不若以此萬人結陣而去，比於固守，其利百矣。'彬從其言，令斌擁城中老幼並狼山而南。彬等以大軍退，無復行伍，為敵所躪。五月庚午，至岐溝關北，敵追及之，我師大敗。彬等收餘軍，宵涉巨馬河，營於易水之南。李繼宣力戰巨馬河上，敵始退，追奔至孤山，方涉巨馬河，人畜相蹂踐而死者甚眾。"

[3]高陽：治所在今河北省高陽縣。

[4]以青牛白馬祭天地：契丹祭祀天地用青牛白馬，表示不忘祖先。本書卷三七《地理志一·上京道》："相傳有神人乘白馬，自

馬盂山浮土河而東，有天女駕青牛車由平地松林泛潢河而下。至木葉山，二水合流，相遇爲配偶，生八子。其后族屬漸盛，分爲八部。每行軍及春秋時祭，必用白馬青牛，示不忘本云。"

[5]射鬼箭：契丹人的巫術、刑罰。皇帝出征及祭祀先帝時，都要行這種巫術。取死囚一人，置於所要前往之方向，以亂箭射殺，名爲射鬼箭。契丹人認爲，以此可以祓除不祥。班師歸來則以俘虜射鬼箭。後來則以此作爲刑罰的一種。

[6]詳穩：即漢語"將軍"的轉譯。【劉注】詳穩爲契丹小字官名ᠰᠠᠩᡤᡠᠨ的音譯。本書卷一一六《國語解》："詳穩，諸官府監治之官。""詳穩"不是漢語"將軍"的轉譯，而是音譯的契丹語官名，"將軍"是漢語借詞。 排亞：即蕭排押（？—1023）。字韓隱，國舅少父房之後。統和初爲左皮室詳穩。四年（986），破宋將曹彬、米信兵於望都，與樞密使耶律斜軫收復山西所陷城邑。是冬攻宋，以功改南京統軍使。十三年歷北、南院宣徽使。十五年加政事令，遷東京留守。二十二年與宋和議成，爲北府宰相。兩度從聖宗征高麗。本書卷八八有傳。 弘義宮：遼太祖阿保機宮分。 拽刺：契丹語"走卒"謂之"拽刺"，後爲軍官名。有掌旗鼓者，稱"旗鼓拽刺"，還有專司偵候、探報等職者。 應州：治所在今山西省應縣。 朔州：治所在今山西省朔州市。契丹調瑤升軍赴應、朔二州，説明涿州、岐溝關之戰事已經結束。《長編》未記載曹彬部戰敗具體日期，卷二七李燾自注云："然彬初以三月十三日下涿州，留旬餘卻回師援糧道。其再徃涿州，當是四月初。此時軍實未敗也。普劄子又言：'般軍糧者説大軍被圍'，此必彬自涿州卻回時，當四月末五月初也。普以是月聞其事，尋具手疏論諫，既達朝廷，則班師之詔已發，故太宗答普詔言諸將違節度事甚詳。"

[7]元和殿：宮殿名。在遼南京皇城内。本書卷四〇《地理志四·南京道》引王曾《上契丹事》云："正南曰啟夏門，内有元和殿。"

六月戊戌朔，詔韓德威赴闕，加統軍使頗德檢校太師。甲辰，詔南京留守休哥遣礦手西助斜軫。乙巳，以夷离畢姪里古部送輜重行宮，[1]暑行日五十里，人馬疲乏，遣使讓之。丁未，度居庸關。[2]壬子，南京留守奏百姓歲輸三司鹽鐵錢，折絹不如直，詔增之。甲寅，斜軫奏復寰州。乙卯，皇太妃、諸王、公主迎上嶺表，設御幄道傍，置景宗御容，率從臣進酒，陳俘獲於前，遂大宴。戊午，幸涼陘。以所俘分賜皇族及乳母。己未，聞所遣宣諭回鶻。[3]覈列哿國度里、亞里等爲尤不姑邀留，詔速撒賜尤不姑貨幣，諭以朝廷來遠之意，使者由是乃得行。癸亥，以節度使韓毗哥、翰林學士邢抱朴等充雲州宣諭招撫使。[4]丙寅，以太尉王八所俘生口分賜趙妃及于越迪輦乙里婉。[5]

[1]夷离畢：契丹官名。爲執政官，相當於副宰相參知政事。後來官分南、北，北面官有夷离畢院，主要掌刑政。

[2]居庸關：要塞名。在北京昌平區西北。

[3]回鶻：中國北方與西北古代民族名。原爲鐵勒，8世紀40年代，骨咄祿毗伽可汗曾建立回鶻汗國。公元840年左右，回鶻汗國崩潰。除一部分人南下附屬唐朝外，其餘分三支向西北遷徙，和西域原住的同族人匯合，而先後建成高昌回鶻、河西回鶻（甘州回鶻）和喀喇汗王朝（黑汗王朝）三個政權。回鶻西遷後，和中原諸王朝仍然保持着密切關係。甘州回鶻對五代、北宋朝貢不絕；高昌回鶻曾同時爲遼朝及北宋的屬國。

[4]邢抱朴：【劉校】“朴”，原本、大典本、南監本和北監本均誤作“扑”，據殿本改。馮氏《初校》：“‘朴’，《百》《北》作‘扑’，非。”中華點校本、修訂本、補注本徑改。

[5]乙里婉：【劉注】疑“婉”爲“婉”字之誤。乙里婉是女性契丹語封號的音譯，祇有丈夫被封王的婦人才有可能獲得這種封號，其義爲“王妃”或“誥命夫人”。

秋七月丙子，樞密使斜軫遣侍御涅里底、幹勤哥奏復朔州，擒宋將楊繼業，及上所獲將校印綬、誥勑，[1]賜涅里底等酒及銀器。辛巳，以捷告天地。以宋歸命者二百四十人分賜從臣。又以殺敵多，詔上京開龍寺建佛事一月，飯僧萬人。[2]辛卯，斜軫奏：大軍至蔚州，營于州左。得諜報，敵兵且至，乃設伏以待。敵至，縱兵逆擊，追奔逐北至飛狐口。遂乘勝鼓行而西，入寰州，殺守城吏卒千餘人。宋將楊繼業初以驍勇自負，號楊無敵，北據雲、朔數州。至是，引兵南出朔州三十里，至狼牙村，惡其名，不進，左右固請乃行。遇斜軫，伏四起，中流矢，墮馬被擒。[3]瘡發不食，三日死。遂函其首以獻。詔詳穩轄麥空傳其首于越休哥，以示諸軍，仍以朔州之捷宣諭南京、平州將吏。自是宋守雲、應諸州者，聞繼業死皆棄城遁。

[1]印綬：印信和繫印信的絲帶。古人印信上繫有絲帶，佩帶在身，用以表明身份。《舊唐書》卷一七〇《裴度傳》：“帶丞相之印綬，所以尊其名；賜諸侯之斧鉞，所以重其命。” 誥勑：朝廷封官授爵的文書，也是身份的證明，故隨身攜帶。

[2]飯僧：向僧人施飯，奉佛藉以祈福。《舊唐書》卷一一八《王縉傳》：“初，代宗喜祠祀，未甚重佛，而元載、杜鴻漸與 [王] 縉喜飯僧徒。代宗嘗問以福業報應事，載等因而啟奏，代宗由是奉之過當，嘗令僧百餘人於宮中陳設佛像，經行念誦，謂之内道場。

其飲膳之厚，窮極珍異，出入乘廄馬，度支具廩給。每西蕃入寇，必令群僧講誦《仁王經》，以攘虜寇。苟幸其退，則橫加錫賜。”“飯僧”原倒訛爲“僧飯”。據前後文例改。

［3］“宋將楊繼業初以驍勇自負”至“墮馬被擒”：《長編》等宋朝文獻作“楊業”，且以其陷敵時間是在八月初。《長編》卷二七雍熙三年（986）八月初八月載：“初徙雲、朔、寰、應四州民，詔潘美、楊業等以所部兵護送之。時契丹國母蕭氏與其大臣耶律漢寧、南北皮室及五押惕隱，領衆十餘萬，復陷寰州。業謂美等曰：‘今寇鋒益盛，不可與戰。朝廷止令取數州之民，但領兵出大石路，先遣人密告雲、朔守將，俟大軍離代州日，令雲州之衆先出，我師次應州，契丹必悉兵來拒，即令朔州吏民出城，直入石碣谷，遣強弩三千列於谷口，以騎士援於中路，則三州之衆，保萬全矣。’監軍、西上閤門使、蔚州刺史王侁沮其議，曰：‘領數萬精兵而畏懦如此，但趨雁門北川中，鼓行而往馬邑。’軍器庫使、順州團練使劉文裕亦贊成之。業曰：‘不可，必敗之勢也。’侁曰：‘君素號無敵，今見敵逗撓不戰，得非有他志乎。’業曰：‘業非避死，蓋時有未利，徒殺傷士卒而功不立。今君責業以不死，當爲諸公先死耳。’乃引兵自石峽路趨朔州，將行，泣謂美曰：‘此行必不利，業太原降將，分當死。上不殺，寵以連帥，授之兵柄，非縱敵不擊，蓋伺其便，將立尺寸功以報國恩。今諸君責業以避敵，業當先死於敵。’因指陳家谷口曰：‘諸君於此張步兵強弩，爲左右翼以援，竢業轉戰至此，即以步兵夾擊救之，不然者，無遺類矣。’美即與侁領麾下兵陣於谷口，自寅至己，侁使人登托邏臺望之，以爲敵敗走，侁欲爭其功，即領兵離谷口，美不能制。乃緣灰河西南行一十里，俄聞業敗，即麾兵却走。業力戰，自日中至暮，果至谷口，望見無人，即拊膺大慟，再率帳下士力戰，身被數十創，士卒殆盡。業猶手刃數十百人，馬重傷不能進，遂爲敵所擒。”

八月丁酉朔，[1]置先离闥覽官六員，[2]領于骨里、女直、迪烈於等諸部人之隸宮籍者。[3]以北大王蒲奴寧爲山後五州都管。[4]乙巳，韓德讓奏宋兵所掠州郡，其逃民禾稼宜募人收穫，以其半給收者，從之。乙卯，斜軫還自軍，獻俘。己未，用室昉、韓德讓言，復山西今年租賦。詔第山西諸將校功過而賞罰之。乙室帳宰相安寧以功過相當，[5]追告身一通，[6]諦居部節度使佛奴笞五十。惕隱瑤昇、拽剌欻烈、朔州節度使慎思、應州節度使骨只、雲州節度使化哥、軍校李元迪、蔚州節度使佛留、都監崔其、劉繼琛，皆以聞敵逃遁奪官，欻烈仍配隸本貫，[7]領國舅軍王六笞五十。[8]壬戌，以斜軫所部將校前破女直，後有宋捷，第功加賞。癸亥，加斜軫守太保。

[1]八月丁酉朔：【劉校】“朔”字原闕，中華點校本據本書卷四四《曆象志下・朔考》補。今從。

[2]先离闥覽官：【劉注】契丹語官名。其義不詳。本書卷一一六《國語解》：“先离闥覽，奚、渤海等國官名，疑即‘撻林’字訛。”

[3]于骨里：即烏古。　宮籍：宮分人之籍。有宮籍的宮分人，多是統治者的私奴，但宮分人中也有契丹權貴。宮籍是世襲的，未經統治者宣佈廢除，子孫則世代爲宮分人。

[4]山後：又稱山北。《通鑑》卷二八〇《後晉紀》胡注：“山北諸州謂雲、應、寰、朔等州。”

[5]乙室：契丹部族名。遙輦氏阻午可汗時始置爲部。隸南府，駐守西南之境。　宰相：契丹部族官名。契丹可汗之下有北、南二府，各部族則分屬二府，分設宰相，故北宰相亦稱北府宰相，南宰

相亦稱南府宰相。

　　[6]告身：古代授官的文憑。

　　[7]欵烈仍配隸本貫：【劉校】中華點校本校勘記，"欵"原誤作"配"，據上文及《大典》卷五二四九改。今從改。

　　[8]王六：【劉注】即蕭王六。據本書卷六五《公主表》，他是聖宗第十四女興哥公主的丈夫。又據劉鳳翥所存《永清公主墓誌銘》拓本，"王六"是"王五"之誤。

　　九月丙寅朔，皇太妃以上納后，[1]進衣物、馳馬，以助會親頒賜。甲戌，次黑河，[2]以重九登高于高水南阜，祭天。賜從臣命婦菊花酒。丁丑，次河陽北。[3]戊寅，內外命婦進會親禮物。辛巳，納皇后蕭氏。[4]丙戌，次儒州，[5]以大軍將南征，詔遣皮室詳穩乞的、郎君拽剌先赴本軍繕甲兵。[6]己丑，召北大王蒲奴寧赴行在所。甲午，皇太后行再生禮。[7]

　　[1]皇太妃：中華點校本校勘記引陳漢章《索隱》謂"皇太妃"當作"王太妃"。我們認爲，作"皇太妃"並不誤。此人即齊妃，太宗第二子罨撒葛之妻。景宗即位，進封罨撒葛爲"齊王"，保寧四年（972）閏二月戊申薨，"追册爲皇太叔"，故其妻稱"皇太妃"。

　　[2]黑河：河流名。據本書卷三七《地理志一·慶州》："在州西二十里。有黑山、赤山、太保山、老翁嶺、饅頭山、興國湖、轄失濼、黑河。"【劉注】遼代黑河即今內蒙古自治區巴林右旗境內的查干沐淪（蒙古語"白河"之意），因蒙古語忌諱"黑"，故改稱"白河"。

　　[3]河陽：當即黑河之北岸。

［4］皇后蕭氏：統和十九年（1001）以罪降爲貴妃。

［5］儒州：治所在今北京市延慶區。

［6］遣皮室詳穩乞的、郎君拽剌先赴本軍繕甲兵：【劉校】乞的，據中華點校本校勘記，下卷六年十二月作"乞得"。"郎君拽剌爲官名，下疑脱一人名，或即下文本年十一月之郎君拽剌雙骨里"。

［7］再生禮：契丹傳統禮儀之一。據本書卷一一六《國語解》載，依契丹故俗，此種禮儀每隔十二年舉行一次，而且祇有皇帝、太后、太子及夷离堇得行此禮。這是與選汗儀式同時舉行的禮儀，禮儀十分煩瑣。

　　冬十月丙申朔，党項、阻卜遣使來貢。[1]丁酉，皇太后復行再生禮，爲帝祭神祈福。己亥，以乙室王帳郎君吳留爲御史大夫。政事令室昉奏山西四州自宋兵後，[2]人民轉徙，盜賊充斥，乞下有司禁止。命新州節度使蒲打里選人分道巡檢。[3]北大王帳郎君曷葛只里言本府王蒲奴寧十七罪，詔橫帳太保霋國底鞠之。蒲奴寧伏其罪十一，笞二十釋之。曷葛只里亦伏誣告六事，命詳酌罪之。知事勤德連坐，杖一百，免官。甲辰，出居庸關。乙巳，詔諸京鎮相次軍行，諸細務權停理問。庚戌，分遣拽剌沿邊偵候。辛亥，命皇族廬帳駐東京延芳淀。[4]壬子，詔以勑牓付于越休哥以南征諭拒馬河南六州。[5]乙卯，幸南京。戊午，以南院大王留寧言，復南院部民今年租賦。壬戌，以銀鼠、青鼠及諸物賜京官、僧道、耆老。甲子，上與大臣分朋擊鞠。[6]

　　［1］党項：中國古代族名。又稱党項羌，唐以後主要活動於靈、

慶、銀、夏等州，即今甘肅、寧夏、陝西和内蒙古等省區交界地區。　阻卜：即達旦、韃靼。元人諱言達旦，而稱達旦爲阻卜。詳王國維《觀堂集林》卷一四《達旦考》。

[2]政事令：遼朝南面宰相。　山西四州：遼宋發生戰事的雲、朔、寰、應四州。【劉校】中華點校本校勘記云，"州"原誤爲"川"，按下文有"山西五州"，據改。今從。

[3]新州：治所在今河北省涿鹿縣。

[4]東京延芳淀：【劉注】此淀在居庸關至南京途中，非東京之延芳淀。"東京"當作"南京"或"京東"。

[5]拒馬河南六州：拒馬河南六州屬宋。

[6]擊鞠：即打馬球，是當時流行的競技活動。因爲參賽者都在馬上擊球，奔馳的快馬有時會失控，因此具有一定的危險性。統和六年（988），一日承天太后觀看臣下擊鞠，她的寵臣韓德讓被胡里室衝撞墜馬，太后一怒之下，竟下令將胡里室斬首。今内蒙古自治區敖漢旗皮匠溝 1 號遼墓墓門西側的穹隆頂下部，有一幅打馬球圖。現存寬 180 釐米、高 50 釐米。畫面有多處剝落，但大體可辨。

十一月丙寅朔，党項來貢。庚午，以政事令韓德讓守司徒。壬申，以古北、松亭、榆關征稅不法，[1]致阻商旅，遣使鞫之。女直請以兵從征，許之。癸酉，御正殿，大勞南征將校。丙子，南伐，次狹底塢，皇太后親閱輜重兵甲。丁丑，以休哥爲先鋒都統。戊寅，日南至，上率從臣祭酒景宗御容。辛巳，詔以北大王蒲奴寧居奉聖州，山西五州公事並聽與節度使蒲打里共裁決之。[2]癸未，祭日月，爲駙馬都尉勤德祈福。乙酉，置諸部監，勒所部各守營伍，毋相錯雜。丙戌，遣謀魯姑、蕭繼遠沿邊巡徼。以所獲宋卒射鬼箭。丁亥，以青

牛白馬祭天地。辛卯，次白佛塔川，獲自落馴狐，以爲
吉徵，祭天地。詔駙馬都尉蕭繼遠、林牙謀魯姑、太尉
林八等固守封疆，毋漏間諜。軍中無故不得馳馬，仍縱
諸軍殘南境桑果。壬辰，至唐興縣。[3]時宋軍屯滹沱橋
北，[4]選將亂射之，橋不能守，進焚其橋。癸巳，涉沙
河，[5]休哥來議事。北皮室詳穩排亞獻所獲宋諜二人，
上賜衣物，令還招諭泰州。[6]楮特部節度使盧補古、都
監耶律盼與宋戰於泰州，[7]不利。甲午，祭麃鹿神。以
盧補古臨陣遁逃奪告身一通，其判官、都監各杖之。郎
君拽剌雙骨里遇宋先鋒於望都，[8]擒其士卒九人，獲甲
馬十一，賜酒及銀器。乙未，以盧補古等罪詔諭諸軍。
以御盞郎君化哥權楮特部節度使，橫帳郎君佛留爲都
監，代盧補古。權領國舅軍桃畏請置二校領散卒，詔以
郎君世音、頗德等充。命彰德軍節度使蕭闥覽、將軍迪
子略地東路。詔休哥、排亞等議軍事。

[1]古北：即今古北口。幽州通往塞外的要塞，在今北京市密
雲區境內。　松亭：松亭關。在今河北省遵化市北。　榆關：即今
山海關。

[2]山西五州：即雲、應、寰、朔及奉聖州。

[3]唐興縣：舊縣名。宋廢，併入莫縣。治所在今河北省安
新縣。

[4]滹沱：河流名。滹沱河流經今山西省、河北省境內，匯入
子牙河，歷史上河道屢次變遷。

[5]沙河：發源於今山西省繁峙縣東白坡頭口，經河北省曲陽
縣入新樂縣，又東經定州境而入安國市界。

[6]泰州：此爲保州之舊稱。治清苑（今河北省保定市清苑

區），後徙滿城（今河北省保定市滿城區）。

[7]楮特部：契丹部族名。阻午可汗以其營爲部。隸南府。

[8]望都：縣名。治所在今河北省望都縣。

十二月己亥，休哥敗宋軍於望都，遣人獻俘。壬寅，營於滹沱北，詔休哥以騎兵絶宋兵，毋令入邢州；[1]命太師王六謹偵候。癸卯，小校曷主遇宋輜重，引兵殺獲其衆，並焚其芻粟。甲辰，詔南大王與休哥合勢進討，宰相安寧領迪离部及三克軍殿。上率大軍與宋將劉廷讓、李敬源戰于莫州，[2]敗之。乙巳，擒宋將賀令圖、楊重進等。[3]國舅詳穩撻烈哥、宮使蕭打里死之。丙午，詔休哥以下入内殿，賜酒勞之。丁未，築京觀。復以南京禁軍擊楊團城，[4]守將以城降。[5]詔禁侵掠。己酉，營神榆村，詔上楊團城粟麥、兵甲之數。辛亥，以黑白二牲祭天地。癸丑，拔馮母鎮，[6]大縱俘掠。丙辰，邢州降。[7]丁巳，拔深州，[8]以不即降，誅守將以下，縱兵大掠。李繼遷引五百騎款塞，願婚大國，永作藩輔。詔以王子帳節度使耶律襄之女汀封義成公主下嫁，賜馬三千疋。

[1]毋令入邢州：【劉校】邢州，據中華點校本校勘記，《契丹國志》卷七作“祁州”。《長編》，是年契丹長驅入深、祁。下文云“拔深州”。邢應作祁。祁州，治所在今河北省安國市。

[2]上率大軍與宋將劉廷讓、李敬源戰于莫州：按此役，宋軍與契丹軍戰於君子館，非莫州（今河北省任丘市）。君子館在今河北省河間市西北三十里。《長編》卷二七雍熙三年（986）年末：

"契丹將耶律遜寧號于越者，以數萬騎入寇瀛州，都部署劉廷讓與戰於君子館。會天大寒，我師不能彀弓弩。敵圍廷讓數重，廷讓先以麾下精卒與滄州都部署李繼隆，令後殿，緩急期相救。及廷讓被圍，繼隆退屯樂壽，御前忠佐神勇指揮使巨野桑贊以所部兵力戰，自辰至申，而敵援兵復至，贊引衆先遁，廷讓全軍皆沒，死者數萬人。廷讓得麾下他馬乘之，僅脫死。先鋒將六宅使、平州團練使、知雄州賀令圖、武州團練使、高陽關部署楊重進俱陷於敵。"【靳注】劉廷讓（929—987），宋將。本名光義（一作毅），宋太宗即位後賜名廷讓。祖籍涿州范陽（今河北省涿州市），曾祖劉仁恭，唐盧龍軍節度使。嘗入後周太祖帳下，任至侍衛司龍捷右廂都指揮使。《宋史》卷二五九有傳。李敬源，宋將，雍熙北伐時，與劉廷讓、楊重進等併擊遼軍，力戰而死。其餘不詳。

[3]擒宋將賀令圖、楊重進等：《長編》卷二七雍熙三年年末："令圖性貪功生事，復輕而無謀。于越素知令圖，嘗使諜紿之曰：'我獲罪於契丹，旦夕願歸朝，無路自投，幸君少留意焉。'令圖不虞其詐，自以爲終獲大功，私遺于越重錦十兩。至是，于越傳言軍中，願得見雄州賀使君。令圖先爲所紿，意其來降，即引麾下數十騎逆之。將至其帳數步外，于越據胡床罵曰：'汝嘗好經度邊事，今乃送死來耶。'麾左右盡殺其從騎，反縛令圖而去，重進力戰，死之。初，令圖與父懷浦首謀北伐，一歲中父子皆敗，天下笑之。重進太原人也。丙午，瀛州以聞，廷讓詣闕請罪。上知爲繼隆所誤，不責。逮繼隆，令中書問狀，尋亦釋之。東頭供奉官馬知節監博州軍，聞廷讓敗，恐敵乘勝復入寇，因繕完城壘、治器械、料丁壯、集芻糧，十有五日而具。始興役，官吏居民皆不悅其生事，既而寇果至，見有備，乃引去，衆始歎伏。"《九朝編年備要》卷四雍熙三年十二月："契丹寇瀛州，劉廷讓禦之，戰於君子館，全軍敗沒，廷讓僅以身免，賀令圖爲契丹所紿縛而去。令圖貪功生事，輕而無謀，初與其父懷浦首謀北伐，一歲中父子皆敗，天下笑之。"【靳注】賀令圖（948—986），宋將。開封陳留（今河南省開封市

東南）人。太祖賀皇后侄。少隸太宗。歷任幽州行營壕砦使、知雄州等職，雍熙三年北伐時爲遼所俘，時年三十九。《宋史》卷四六三有傳。楊重進（923—986），宋將。太原（今屬山西省）人。少有膂力，嘗隸周太祖帳下。入宋後，纍遷至内殿直都虞候。太平興國初，改龍衛軍衛都校，領徐州刺史。雍熙三年北伐時被俘，不知所終。見《宋史》卷四六三《賀令圖附楊重進傳》。

[4]復以南京禁軍擊楊團城：【劉校】中華點校本校勘記云，"以"原作"入"，據《大典》卷五二四九改。今從改。

[5]守將：【劉校】原本誤作"手將"，中華點校本據南監本、北監本和殿本改。今從。

[6]馮母鎮：本書卷七八《蕭思温傳》有"周師來侵，圍馮母鎮"，説明當時這一地區在遼境内。【靳注】位於今河北省巨鹿縣與新河縣之間。

[7]邢州：治所在今河北省邢臺市。

[8]深州：治所在今河北省深州市南。

（李錫厚注　劉鳳翥校）

遼史　卷一二

本紀第十二

聖宗三

　　五年春正月乙丑，破束城縣，縱兵大掠。丁卯，次文安，遣人諭降，不聽，遂擊破之，盡殺其丁壯，俘其老幼。[1]戊寅，上還南京。己卯，御元和殿，[2]大饗將士。壬辰，如華林、天柱。[3]

　　[1]遼軍破束城等地及殺掠情況：《長編》卷二八雍熙四年（987）春正月載：“初，曹彬及劉廷讓等相繼敗覆，軍亡死者，前後數萬人，緣邊創痍之卒，不滿萬計，皆無復鬭志。河朔震恐，悉料鄉民爲兵以守城，皆白徒，未嘗習戰陣，但堅壁自固，不敢禦敵。敵勢益振，長驅入深、祁，陷易州，殺官吏，擄士民，所過郡邑，攻不能下者，則俘取村墅子女，縱火、大掠，輦金帛而去。魏、博之北，咸被其禍。”【靳注】束城縣，舊縣名。治所在今河北省河間市。

　　[2]元和殿：宮殿名。在遼南京（今北京市）皇城內。【劉注】本書卷四〇《地理志四‧南京道》引王曾《上契丹事》云：“正南

曰啟夏門，內有元和殿。”

[3]華林、天柱：二莊名。本書卷四〇《地理志四》載：順州（今北京市順義區）“城東北有華林、天柱二莊，遼建涼殿，春賞花，夏納涼”。

二月甲午朔，至自天柱。

三月癸亥朔，幸長春宮，賞花釣魚，以牡丹徧賜近臣，歡宴累日。丁丑，以諦居部下拽剌解里偵候有功，[1]命入御盞郎君班祇候。

[1]拽剌：契丹語“走卒”謂之“拽剌”，後爲軍官名。有掌旗鼓者，稱“旗鼓拽剌”，還有專司偵候、探報等職者。

夏四月癸巳朔，幸南京。丁酉，上率百僚冊上皇太后尊號曰睿德神略應運啟化承天皇太后，禮畢，群臣上皇帝尊號曰至德廣孝昭聖天輔皇帝。[1]戊戌，詔有司條上勳舊，等第加恩。癸丑，清暑冰井。

[1]“冊上皇太后尊號”至“上皇帝尊號”：【劉校】據中華點校本校勘記：“按本年所上皇太后及聖宗‘尊號’與二十四年所上同。考本書卷七一《后妃傳》，事在二十四年，五年無此事。疑此係重出。”

六月壬辰朔，[1]召大臣決庶政。丙申，以耶律蘇爲遙郡刺史。

[1]六月壬辰朔：【劉校】原本無“朔”字，中華點校本據本

書卷四四《曆象志下・朔考》補。今從。

　　秋七月戊辰，涅剌部節度使撒葛里有惠政，[1]民請留，從之。是月，獵平地松林。[2]

　　九月丙戌，幸南京。是冬止焉。

　　[1]涅剌部：其先曰涅勒，阻午可汗分其營爲部。節度使屬西南路招討司，居黑山（今內蒙古自治區巴林右旗北罕山）北，司徒居郝里河側。

　　[2]平地松林：西遼河上游中古時期生態良好，有茂密的松林，稱“平地松林”。《新五代史》卷七三《四夷附錄第二》引胡嶠《陷虜記》說：“自上京東去四十里至真珠寨，始食菜。明日東行，地勢漸高，西望平地松林，鬱然數十里，遂入平川，多草木。”

　　六年春正月庚申，如華林、天柱。

　　二月丁未，奚王籌寧殺無罪人李浩，[1]所司議貴，[2]請貸其罪，令出錢贍浩家，從之。甲寅，大同軍節度使、同平章政事劉京致仕。[3]

　　[1]奚王：對奚部族首領的稱呼。據《五代會要》卷二八《奚》：奚族原有五部，酋長號奚王。被契丹降伏以後的奚部族酋長仍號奚王。詳本書卷三三《營衛志・部族下》。

　　[2]議貴：《唐律》中關於對權貴犯罪應減免處罰的規定，爲“八議”之一。《唐律疏義》卷二《名例律》：“議者，原情議罪，稱定刑之律而不正決之。”

　　[3]劉京：中華點校本本卷校勘記云：“劉景統和六年致仕。按《紀》，統和六年二月，大同軍節度使、同平章政事劉京致仕。”

統和六年致仕以前，據劉景本傳"召爲户部使，歷武定、開遠二軍節度使"，無出任大同節度使之經歷，其與劉京雖同年致仕，但若據此判斷二者爲同一人，證據不足。另外，还有一劉京於太平五年（1025）出任參知政事，此則爲另一人。

三月己未，[1]休哥奏宋事宜，[2]上親覽之。丙寅，以司天趙宗德、齊泰、王守平、邵祺、閻梅從征四載，言天象數有徵，賜物有差。癸未，李繼遷遣使來貢。[3]

[1]三月己未：【劉校】據中華點校本校勘記，"三月"二字，原誤在下文"癸未"上。按本書卷四四《曆象志下·朔考》，二月戊子朔，無己未、丙寅；三月戊午朔，己未初二日。據改。

[2]休哥：即耶律休哥（？—998）。字遜寧，出身皇族。應曆末，爲惕隱。乾亨元年（979），與耶律斜軫分左右翼，擊敗宋軍於高梁河。是年冬，休哥率本部兵從韓匡嗣等戰於滿城。匡嗣敗績。休哥整兵進擊，擊退宋軍。詔總南面戍兵，爲北院大王。聖宗即位，太后稱制，令休哥總南面軍務，多有戰功。統和四年（986），封宋國王，死後葬今遼寧省阜新蒙古族自治縣大板鎮腰衙門村。本書卷八三有傳。

[3]李繼遷（963—1004）：党項首領。西夏王朝的奠基者。叛宋前任定難軍都知蕃落使。公元982年集結部衆，叛宋。985年，襲據銀州（今陝西省米脂縣），自稱定難軍留後，向遼稱臣。995年，擊敗宋朝五路討伐。997年宋真宗立，李繼遷遣使求和，宋授爲夏州刺史、定難軍節度、夏銀綏宥靜等州觀察處置押蕃落等使。1002年李繼遷攻佔靈州，改名西平府。次年，率軍西征，佔領西涼府。因受詐降的吐蕃族大首領潘羅支的突襲，負重傷而死。子李德明嗣立，追尊繼遷爲皇帝。夏景宗時諡神武，廟號太祖，陵號裕陵。

夏四月乙未，幸南京。丁酉，胡里室横突韓德讓墮馬，[1]皇太后怒，殺之。戊戌，幸宋國王休哥第。

[1]韓德讓（942—1011）：韓匡嗣第四子。統和初年承天稱制，韓德讓以南院樞密使的身份"總宿衛事"。統和十七年（999）北院樞密使、魏王耶律斜軫病故，承天太后以韓德讓兼知北院樞密使事，至此，遼朝的蕃漢軍政大權就集於一身了。統和二十二年承天太后賜韓德讓姓耶律，徙封晉王，並且仍舊爲大丞相，事無不統。次年十一月，又詔德讓"出宮籍，屬於横帳"。二十八年更名耶律隆運。本書卷八二有傳。

五月癸亥，南府宰相耶律沙薨。[1]

[1]耶律沙（？—988）：字安隱。景宗即位，總領南邊防務。保寧間宋攻河東，沙將兵救之，有功，加守太保。乾亨初沙將兵再援北漢，敗於白馬嶺。復與宋戰於高梁河，並從韓匡嗣攻宋。本書卷八八有傳。

閏月丙戌朔，奉聖州言太祖所建金鈴閣壞，[1]乞加修繕。詔以南征，恐重勞百姓，待軍還治之。壬寅，阿薩蘭回鶻來貢。[2]甲寅，烏隈于厥部以歲貢貂鼠、青鼠皮非土產，[3]皆於他處貿易以獻，乞改貢。詔自今止進牛馬。

[1]奉聖州：即新州。治所在今河北省涿鹿縣。
[2]阿薩蘭回鶻：即高昌回鶻。是回鶻西遷、匯合後主要的一支。直到元代，它仍自認爲是回鶻的嫡系。其疆域東至今哈密烏納

格什湖，西通天山西部，南接酒泉，北達天山北麓。首府設在喀拉和卓（今新疆維吾爾自治區吐魯番市東高昌古城遺址），陪都設在天山北麓別失八里（即北庭，今新疆維吾爾自治區吉木薩爾縣破城子）。其王早期稱阿薩蘭汗（意爲獅子王），較晚則稱亦都護。

[3]于厥：部族名。即烏古。

　　六月癸亥，党項太保阿剌恍來朝，[1]貢方物。乙丑，諭諸道兵馬備南征攻城器具。乙酉，夷离堇阿魯勃送沙州節度使曹恭順還，[2]授于越。[3]

　　[1]党項：中國古代族名。又稱党項羌，唐以後主要活動於靈、慶、銀、夏等州，即今甘肅、寧夏、陝西和內蒙古等省區交界地區。

　　[2]夷离堇：原爲突厥語官名。亦譯作“俟斤”（Irkin）。突厥諸部最高元首稱“可汗”（Qaghan），其他諸部君長則稱爲俟斤、亦都護。初，契丹“其君大賀氏，有勝兵四萬，析八部，臣於突厥，以爲俟斤”（《新唐書》卷二一九《契丹傳》）。後，契丹首領自立爲可汗，所屬各部長則稱爲“俟斤”，亦即“夷离堇”。契丹立國後，大部族之夷离堇稱王，小部族夷离堇稱爲節度使。舉凡一部軍政、民政皆由其統掌（參韓儒林《穹廬集》第314—316頁）。

　　沙州：唐宣宗大中五年（851）至宋仁宗景祐三年（1036）的沙州地方政權。安史之亂時，吐蕃乘虛進攻隴右、河西，德宗貞元三年（787）沙州被吐蕃攻陷，直至唐宣宗大中二年（848），沙州漢族人民在張議潮領導下舉行起義，趕走吐蕃鎮將，河西地區纔復歸唐朝。大中五年朝廷在沙州置歸義軍，以張議潮爲歸義軍節度使、十一州觀察使。但僖宗後，沙州歸義軍所轄唯瓜、沙二州。唐亡時，張氏自立“金山國”。數年後，曹氏代替張氏掌握沙州地方政權，仍稱歸義軍節度使，向五代、北宋諸政權奉表入貢。至宋景祐三年（一説景祐二年）亡於西夏。《長編》卷八二大中祥符七年（1014）四月："甲子，以歸義軍留後曹賢順爲歸義節度使，弟賢慧知瓜州。於是，賢順遣使入貢，言其父宗壽既卒，以其母及國人之請求嗣位，詔予之，仍賜以金字藏經及茶藥等，亦從所請也。"時爲遼開泰三年（1014），由此可證此前沙州節度使不是曹恭順。聖宗本紀記載有誤。曹恭順應是曹延禄。恭順，因避景宗耶律賢名諱改爲賢順。

[3]于越：契丹語官名的音譯。貴官，非有大功德不授。無具體執掌。位在北、南大王之上。

　　秋七月丙戌，觀市。[1]己亥，遣南面招討使韓德威討河、湟諸蕃違命者。[2]賜休哥、排亞部諸軍戰馬。[3]己酉，駐蹕於洛河。壬子，加韓德威開府儀同三司兼政事令、門下平章事，[4]東京留守兼侍中、漆水郡王耶律抹只爲大同軍節度使。[5]癸丑，排亞請增置涿州驛傳。[6]

[1]觀市：聖宗觀看的是夏捺鉢的市場。因爲直至七月中旬，皇帝始離開永安山夏捺鉢前往秋捺鉢。遼朝在夏捺鉢所在地永安山附近設有集市，在行宮之北，取《周禮》"前朝後市"之義。沈括《熙寧使虜圖抄》載："其北山，庭（行宮）之所依者曰'犢兒'。過犢兒北十餘里曰'市場'，小民之爲市者，以車從之於山間。"

[2]南面招討使：【劉校】據中華點校本校勘記，本書卷八二本傳作"西南面招討使"。　韓德威（941—996）：韓匡嗣之子、韓德讓之弟。保寧初自燕臺軍旅之列校，授西頭供奉官、銀青崇禄大夫、檢校右散騎常侍兼侍御史、驍騎尉。不數年，授羽林軍將軍，檢校司徒。這是御林軍的官職，即所謂"登環衛之資，廁勾陳之列"。保寧十一年（979）德威"擢居親近之用，首冠殿庭之班，授宣徽北院使，彰武軍節度使、檢校太尉，進封開國伯，增食邑，

賜功臣四字"。其墓誌現存遼上京博物館。

[3]排亞：即蕭排押（？—1023）。字韓隱，國舅少父房之後。統和初爲左皮室詳穩。四年（986），破宋將曹彬、米信兵於望都，與樞密使耶律斜軫收復山西所陷城邑。是冬攻宋，以功改南京統軍使。十三年歷北、南院宣徽使。十五年加政事令，遷東京留守。二十二年與宋和議成，爲北府宰相。兩度從聖宗征高麗。本書卷八八有傳。

[4]政事令：遼朝南面宰相。遼世宗天禄四年（950）建政事省之前，漢人宰相無定稱；建政事省之後，南面宰相稱"政事令"，且多由契丹貴族擔任這一職務。

[5]耶律抹只（？—1012）：仲父隋國王之後。字留隱。初以皇族入侍。景宗即位，爲林牙。保寧間遷樞密副使。乾亨元年（979）冬從都統韓匡嗣伐宋，戰於滿城，諸軍奔潰；獨抹只部伍不亂，徐整旗鼓而歸。乾亨二年拜樞密副使。統和初爲東京留守。宋將曹彬、米信等來攻，抹只引兵至南京，與耶律休哥逆戰於涿之東，克之。統和末卒。本書卷八四有傳。

[6]涿州：治所在今河北省涿州市。

八月丙辰，[1]以青牛白馬祭天地。[2]戊午，休哥與排亞、裹里曷捉生，[3]將至易州，[4]遇宋兵，殺其指揮使而還。庚申，幸黎園温湯。癸亥，以將伐宋，遣使祭木葉山。[5]丁丑，瀕海女直遣使速魯里來朝。[6]西北路管押詳穩速撒哥以伐折立、助里二部，上所俘獲。東路林牙蕭勤德及統軍石老以擊敗女直兵，[7]獻俘。大同軍節度使耶律抹只奏今歲霜旱乏食，乞增價折粟，以利貧民。詔從之。濱海女直遣廝魯里來修土貢。[8]

[1]八月丙辰：【劉校】據中華點校本校勘記，"八月"二字，原誤在下文"戊午"上。按本書卷四四《曆象志下·朔考》，八月乙卯朔，丙辰初二日。據改。

[2]以青牛白馬祭天地：契丹祭祀天地用青牛白馬，表示不忘祖先。本書卷三七《地理志一·上京道》："相傳有神人乘白馬，自馬盂山浮土河而東，有天女駕青牛車由平地松林泛潢河而下。至木葉山，二水合流，相遇爲配偶，生八子。其後族屬漸盛，分爲八部。每行軍及春秋時祭，必用白馬青牛，示不忘本云。"

[3]捉生：捉俘虜。《武經總要》前集卷三《捉生》："凡軍中立威怖敵，莫重捉生。獲賊千兵，不如生擒一將。"

[4]易州：治所在今河北省易縣。

[5]木葉山：山名。契丹語稱"大"爲"木葉"。"木葉山"可以泛指任何"大山"，也可專指某一大山爲"木葉山"。此處專指永州境內一座山，契丹人視此山爲神山，其地在今內蒙古自治區翁牛特旗新蘇莫蘇木的西拉木倫河與老哈河匯合處一帶。"上建契丹始祖廟，奇首可汗在南廟，可敦（可汗之妻）在北廟，繪塑二聖并八子神像。"詳見本書卷三七《地理志一》永州條。

[6]女直：本作女真，因避遼興宗耶律宗真名諱，改稱女直。遼時居東北東部。在南者入遼籍，稱熟女直，或合蘇館女直；在北者不入遼籍，稱生女直。

[7]林牙：契丹官名。掌文翰，相當於翰林學士。

[8]濱海女直遣廝魯里來修土貢：【劉注】此事與上文"瀕海女直遣使速魯里來朝"爲一事重出。參中華點校本校勘記。

九月丙申，[1]化哥與尤不姑春古里來貢。休哥遣詳穩意德里獻所獲宋諜者。丁酉，皇太后幸韓德讓帳，厚加賞賚，命從臣分朋雙陸以盡歡。[2]戊戌，幸南京。己亥，有事于太宗皇帝廟。以唐元德爲奉陵軍節度使。[3]

癸卯，祭旗鼓南伐。庚戌，次涿州，射帛書諭城中降，不聽。

[1]九月丙申：【劉校】據中華點校本校勘記，"九月"二字，原誤在下文"戊戌"上。按本書卷四四《曆象志下·朔考》，九月乙酉朔，丙申十二日。據改。

[2]雙陸：局如棋盤，是我國中古時代流行的一種博戲。

[3]奉陵軍：遼懷州軍號。治所在今内蒙古自治區巴林右旗東北。【劉校】"陵"原本誤作"陸"，大典本、南監本、北監本和殿本均作"陵"。中華點校本及修訂本徑改。今從改。

　　冬十月乙卯，[1]縱兵四面攻之，城破乃降，因撫諭其衆。駙馬蕭勤德、太師闥覽皆中流矢。[2]勤德載帝車中以歸。聞宋軍退，遣斜軫、排亞等追擊，[3]大敗之。戊午，攻沙堆驛，破之。己巳，以黑白羊祭天地。庚午，以宋降軍分置七指揮，號"歸聖軍"。壬申，行軍參謀、宣政殿學士馬得臣言諭降宋軍，[4]恐終不爲用，請並放還，詔不允。丙子，籌寧奏破狼山捷。[5]辛巳，復奏敗宋兵於益津關。[6]癸未，進軍長城口，[7]宋定州守將李興以兵來拒，休哥擊敗之，追奔五、六里。

[1]冬十月乙卯：【劉校】據中華點校本校勘記，"冬十月"三字，原誤在下文"戊午"上。按本書卷四四《曆象志下·朔考》，十月甲寅朔，乙卯初二日。據改。

[2]闥覽：即蕭撻凜（？—1004）。字馳寧，蕭思溫之再從侄。保寧初爲宿直官。統和四年（986），以諸軍副部署，從樞密使耶律斜軫敗楊繼業於朔州。十一年與東京留守蕭恒德伐高麗，破之。後

攻西夏、阻卜皆有功。二十二年攻宋，進至澶淵，未接戰，中伏弩卒。本書卷八五有傳。

[3]斜軫：即耶律斜軫（？—999）。字韓隱，于越曷魯之孫。保寧初受命節制西南面諸軍，仍援河東。改南院大王。乾亨元年（979）秋，宋下河東，乘勝襲燕，高梁一戰，與耶律休哥分左右翼夾擊，大敗宋軍。統和初皇太后稱制，益見委任，爲北院樞密使。四年（986）宋軍三路來攻，斜軫指揮擊退西路來攻的宋軍，以功加守太保。本書卷八三有傳。

[4]馬得臣：遼南京（今北京市）人。保寧間累遷政事舍人、翰林學士，乾亨初命爲南京副留守，復拜翰林學士承旨。聖宗即位，皇太后稱制，兼侍讀學士。俄兼諫議大夫，知宣徽院事。本書卷八〇有傳。

[5]狼山：據《嘉慶重修一統志·保定府》，在唐縣（今河北省唐縣）西二十里。

[6]益津關：位於今河北省霸州市。

[7]長城口：此指燕趙分界處古長城之長城口，位於今河北省固安縣南。

十一月甲申朔，[1]上以將攻長城口，詔諸軍備攻具。庚寅，駐長城口。督大軍四面進攻。士潰圍，委城遁，[2]斜軫招之，不降；上與韓德讓邀擊之，殺獲殆盡，獲者分隸燕軍。辛卯，攻滿城，[3]圍之。甲午，拔其城，軍士開北門遁，[4]上使諭其將領，乃率衆降。戊戌，攻下祁州，[5]縱兵大掠。己亥，拔新樂。[6]庚子，破小狼山砦。[7]丁未，宋軍千人出益津關，國舅郎君桃委、詳穩十哥擊走之，殺副將一人。己酉，休哥獻黃皮室詳穩徇地莫州所獲馬二十匹，[8]士卒二十人。命賜降者衣帶，使隸燕京。辛亥，西路又送降卒二百餘人，給寒者裘衣。以馬得臣權宣徽院事。

[1]十一月甲申朔：【劉校】原本無"朔"字，中華點校本據本書卷四四《曆象志下·朔考》補。今從。

[2]士潰圍，委城遁：【劉校】據中華點校本校勘記，《羅校》以爲"士"上奪"軍"字。

[3]滿城：治所在今河北省保定市滿城區。

[4]軍士：【劉校】"士"原本作"事"，大典本、南監本、北監本和殿本均作"士"。中華點校本及修訂本徑改。今從改。

[5]祁州：治所在今河北省安國市。

[6]新樂：治所在今河北省新樂市。按此役勝負，遼宋文獻記載各執一詞。

[7]小狼山砦：據《通鑑》胡注引《匈奴須知》，狼山寨東北至易州（今河北省易縣）八十里。小狼山砦是否在其附近，不得而知。

[8]莫州：治所在今河北省任丘市。

　　十二月甲寅朔，賜皮室詳穩乞得禿骨里戰馬。橫帳郎君達打里劫掠，[1]命杖之。丙辰，敗於沙河。[2]休哥獻奚詳穩耶魯所獲宋諜。丁巳，遣北宰相蕭繼遠等往覘安平。[3]侍衛馬軍司奏攻祁州、新樂，都頭劉贊等三十人有功，乞加恩賞。是月，大軍駐宋境。

[1]橫帳：契丹以玄祖之後爲皇族，分爲三房：孟父房、仲父房和季父房。季父房一系太祖阿保機子孫爲"橫帳"。本書卷一六《聖宗本紀七》：開泰八年（1019）冬十月癸巳，詔"橫帳、三房

不得與卑小帳族爲婚；凡嫁娶，必奏而後行”。本書卷四五《百官志一》：“玄祖伯子麻魯無後，次子巖木之後曰孟父房；叔子釋魯曰仲父房；季子爲德祖，德祖之元子是爲太祖天皇帝，謂之橫帳；次曰剌葛，曰迭剌，曰寅底石，曰安端，曰蘇，皆曰季父房。”【劉注】契丹小字“橫帳”爲“才ㄅ女”，本義是“兄弟的”，即與皇帝稱兄道弟者，就是皇族。

[2]沙河：在定州南。發源於今山西省繁峙縣東白坡頭口，經河北省曲陽縣入新樂縣，又東經定州境而入安國市界。《長編》卷二九端拱元年（988）十一月：“契丹大至唐河北，將入寇，諸將欲以詔書從事，堅壁清野勿與戰。定州監軍、判四方館事袁繼忠曰：‘契丹在近，今城中屯重兵而不能剪滅，令長驅深入，侵畧它郡，謀自安之計可也，豈折衝禦侮之用乎！我將身先士卒，死於敵矣。’辭氣慷慨，衆皆伏。中黃門林延壽等五人猶執詔書止之，都部署李繼隆曰：‘閫外之事，將帥得專焉。往在河間不即死者，固將有以報國家爾。’乃與繼忠出兵拒戰。先是，易州靜塞騎兵尤驍果，繼隆取以隸麾下，留妻子城中。繼忠言於繼隆曰：‘此精卒，止可令守城，萬一寇至，城中誰與捍敵。’繼隆不從，既而敵果入，易州遂陷，卒之妻子皆爲敵所掠（易州陷，守將不知主名亦不得其月日，但於此畧見事跡耳。國史疎畧如此，良可惜也）。繼隆欲以卒分隸諸軍，繼忠曰：‘不可，但奏陞其軍額，優以廩給，使之盡節可也。’繼隆從其言，衆皆感悦。繼忠因乞之隸麾下，至是摧鋒先入，敵騎大潰，追擊逾曹河，斬首萬五千級，獲馬萬匹。己丑，捷奏聞，羣臣稱賀，上降璽書褒答，賜予甚厚。”

[3]北宰相：即北府宰相。契丹部族官。契丹可汗之下有北、南二府，各部族則分屬二府，分設宰相，故北宰相亦稱北府宰相，南宰相亦稱南府宰相。 安平：治所在今河北省安平縣。

是歲，詔開貢舉，放高舉一人及第。[1]

[1]放高舉一人及第:【劉校】中華點校本校勘記云,"放高舉"三字原闕,據《大典》卷五二四九補。今從。

七年春正月癸未朔,班師。戊子,宋雞壁砦守將郭榮率眾來降,詔屯南京。庚寅,次長城口。三卒出營劫掠,笞以徇眾,[1]以所獲物分賜左右。壬辰,李繼遷與兄繼捧有怨,[2]乞與通好,上知其非誠,不許。癸巳,諭諸軍趣易州。己亥,禁部從伐民桑梓。[3]癸卯,攻易州,宋兵出遂城來援,[4]遣鐵林軍擊之,擒其指揮使五人。甲辰,大軍齊進,破易州,降刺史劉墀,守陴士卒南遁,上帥師邀之,無敢出者。即以馬質為刺史,趙質為兵馬都監。遷易州軍民於燕京。以東京騎將夏貞顯之子仙壽先登,授高州刺史。[5]乙巳,幸易州,御五花樓,撫諭士庶。丙午,以青牛白馬祭天地。詔諭三京諸道。戊申,次淶水,[6]謁景宗皇帝廟。詔遣涿州刺史耶律守雄護送易州降人八百還隸本貫。己酉,次岐溝,[7]射鬼箭。[8]辛亥,還次南京,六軍解嚴。

[1]笞以徇眾:【劉校】"笞"原本作"答",大典本、南監本、北監本和殿本均作"笞"。中華點校本及修訂本徑改。今從改。

[2]繼捧:即李繼捧(?—1004)。夏州(今陝西省靖邊縣)人。本姓拓跋氏。唐末,有名拓跋思恭者鎮夏州,統銀、夏、綏、宥、靜五州地,討黃巢有功,賜李姓。其後,世為夏州党項首領。太平興國五年(980),李繼筠卒,弟繼捧立。以太平興國七年率族人入朝,族弟繼遷叛宋。宋授繼捧彰德軍節度使,並官其昆弟十二人有差,遂曲赦銀、夏管內。端拱初,改感德軍節度使。宋屢發兵討繼遷不克,用宰相趙普計,欲委繼捧以邊事,令圖之。因召赴

闕，賜姓趙氏，更名保忠，授夏州刺史，充定難軍節度使、夏銀綏宥靜等州觀察處置押蕃落等使。二年（989），加保忠特進、同中書門下平章事。

    [3]桑梓：此言桑樹和梓樹。前人通常以"桑梓"代故里。《詩·小雅·小弁》："維桑與梓，必恭敬止。"

    [4]遂城：治所在今河北省保定市徐水區。

    [5]高州：統和八年（990）更名武安州，隸大定府。治所在今內蒙古自治區敖漢旗東。

    [6]淶水：【劉校】據中華點校本校勘記，原作"漆水"，依本書卷四〇《地理志四》改。今從。

    [7]岐溝：即岐溝關。在今河北省涿州市西南。

    [8]射鬼箭：契丹人的巫術、刑罰。皇帝出征及祭祀先帝時，都要行這種巫術。取死囚一人，置於所要前往之方向，以亂箭射殺，名爲射鬼箭。契丹人認爲，以此可以祓除不祥。班師歸來則以俘虜射鬼箭。後來則以此作爲刑罰的一種。

    二月壬子朔，上御元和殿，受百官賀。詔雞壁砦民二百户徙居檀、順、薊三州。[1]甲寅，回鶻、于闐、師子等國來貢。[2]乙卯，大饗軍士，爵賞有差。樞密使韓德讓封楚國王，駙馬都尉蕭寧遠同政事門下平章事。是日，幸長春宮。甲子，詔南征所俘有親屬分隸諸帳者，給官錢贖之，使相從。乙丑，賞南征女直軍，使東還。丙寅，禁舉人匿名飛書，謗訕朝廷。[3]癸酉，吐蕃、党項來貢。[4]甲戌，雲州租賦請止輸本道，[5]從之。丙子，以女直活骨德爲本部相。分遣巫覡祭名山大川。丁丑，皇子佛寶奴生。[6]戊寅，阿薩蘭、於闐、轄烈並遣使來貢。

[1]檀州：治所在今北京市密雲區。　薊州：治所在今天津市薊州區。

[2]回鶻：古代民族名。即回紇。本突厥別部。北魏時稱袁紇，亦曰烏護、烏紇，至隋稱韋紇。大業元年（605）因反抗突厥的壓迫，與僕固、同羅、拔野古等成立聯盟，總稱回紇。唐天寶三年（744）破東突厥，建政權於今鄂爾渾河流域，有今蒙古高原之地。唐時助平安史之亂，屢尚公主。唐貞元四年（788）自請改稱回鶻。開成五年（840）爲轄戛斯所破，部衆分三支西遷：一支遷吐魯番盆地，稱高昌回鶻或西州回鶻；一支遷蔥嶺以西楚河一帶，即蔥嶺以西回鶻；一支遷河西走廊，稱河西回鶻。歷五代、遼、金，回鶻皆嘗入貢。元明時稱畏吾兒。其族在唐時信奉摩尼教，宋元以來改奉伊斯蘭教。　于闐：塞克族於古代西域，即今新疆維吾爾自治區和田地區建立的政權。自漢至唐，皆入貢中國。安史之亂後不復至。後晉天福中，其王李聖天自稱唐之宗屬，遣使來貢。晉高祖命供奉官張匡鄴持節册聖天爲大寶于闐國王。宋初訖於宣和，朝享不絕。塞克族，古稱塞種。其語言屬印歐語系東伊朗語族。近代發現的于闐文書使用同慶、天興、中興、天壽等年號，或採用唐代官稱，或並用漢文、于闐文，或夾用漢字，足見于闐塞克族深受唐代政治、文化影響。

[3]飛書：匿名信。《後漢書》卷三四《梁統傳附松傳》：“松數爲私書請托郡縣，［永平］二年，發覺免官，遂懷怨望。四年冬，乃縣飛書誹謗，下獄死，國除。”李賢注：“飛書者，無根而至，若飛來也，即今匿名書也。”　謗訕：毀謗譏刺。《漢書・淮陽憲王劉欽傳》：“王舅張博數遺王書，非毀政治，謗訕天子。”

[4]吐蕃：原爲中國古代藏族政權名。公元七至九世紀在青藏高原建立。吐蕃政權崩潰以後，宋元及明初史籍稱青藏高原上的土著族、部爲吐蕃。

[5]雲州：治所在今山西省大同市。

[6]佛寶奴：本書卷一八《興宗本紀一》及卷六四《皇子表》

皆以興宗爲聖宗長子，而佛寶奴不載《皇子表》。

　　三月壬午朔，遣使祭木葉山。禁芻牧傷禾稼。宋進士十七人挈家來歸，命有司考其中第者，補國學官，餘授縣主簿、尉。李繼遷遣使來貢。丁亥，詔知易州趙質收戰亡士卒骸骨，[1]築京觀。[2]戊子，賜于越宋國王紅珠筋線，[3]命入內神帳行再生禮，[4]皇太后賜物甚厚。以雞壁砦民成廷朗等八户隸飛狐。[5]己丑，詔免雲州逋賦。乙室王貫寧擊鞠，[6]爲所部郎君高四縱馬突死，詔訊高四罪。丙申，詔開奇峰路通易州市。戊戌，以王子帳耶律襄之女封義成公主，下嫁李繼遷。[7]

[1]知易州趙質：【劉校】據中華點校本校勘記：“按上文正月甲辰馬質爲刺史，趙質爲兵馬都監，此趙質應是馬質。”

[2]京觀：古代勝利者收葬敵方戰死士卒的屍體，封土其上以成高塚，即所謂“京觀”。

[3]于越宋國王：即耶律休哥。

[4]神帳：即載有天子旗鼓的車帳。　　再生禮：契丹傳統禮儀之一。據本書卷一一六《國語解》載，依契丹故俗，此種禮儀每隔十二年舉行一次，而且祇有皇帝、太后、太子及夷離菫得行此禮。這是與選汗儀式同時舉行的禮儀，禮儀十分煩瑣。先期，候選者入一帳中，“再生母后”入帳搜索，並與在場衆人反復問答。

[5]飛狐：縣名。治所在今河北省淶源縣。

[6]乙室：契丹部族名。遙輦氏阻午可汗時始置爲部。隸南府，駐守西南境。　　擊鞠：即打馬球，是當時流行的競技活動。因爲參賽者都在馬上擊球，奔馳的快馬有時會失控，因此具有一定的危險性。統和六年（988），一日承天太后觀看臣下擊鞠，她的寵臣韓德

讓被胡里室衝撞墜馬，太后一怒之下，下令將胡里室斬首。内蒙古自治區敖漢旗皮匠溝1號遼墓墓門西側的穹隆頂下部，有一幅打馬球圖。現存寬180釐米、高50釐米。畫面有多處剝落，但大體可辨。

[7]以王子帳耶律襄之女封義成公主，下嫁李繼遷：【劉校】據中華點校本校勘記："按耶律襄女出嫁事，已見四年十二月。檢本書卷一一五《西夏外記》出嫁在本年。或是請婚在四年，七年成行。"

是春，駐蹕延芳淀。[1]

[1]延芳淀：位於今北京市通州區西。遼時廣數百畝，中多菱芡、鵞鴈之屬。每年春季則弋獵於此。

夏四月甲寅，還京。乙卯，國舅太師蕭闥覽爲子排亞請尚皇女延壽公主，[1]許之。丙辰，謁太宗皇帝廟。以御史大夫烏骨領乙室大王。己未，幸延壽寺飯僧。[2]甲子，諫議大夫馬得臣以上好擊球，上疏切諫："臣伏見陛下聽朝之暇以擊球爲樂。臣思此事有三不宜：上下分朋，君臣爭勝，君得臣奪，君輸臣喜，一不宜也；往來交錯，前後遮約，爭心競起，禮容全廢，若貪月杖，[3]誤拂天衣，臣既失儀，君又難責，二不宜也；輕萬乘之貴，逐廣場之娛，地雖平至爲堅確，馬雖良亦有驚蹶，或因奔擊失其控御，聖體寧無虧損，太后豈不驚懼？三不宜也。臣望陛下念繼承之重，止危險之戲。"疏奏，大嘉納之。丁卯，吐渾還金、回鶻安進、吐蕃獨朶等自宋來歸,[4]皆賜衣帶。皇太后謁奇首可汗廟。丙子,以舍利軍耶律杳爲常衮。[5]己卯,駐蹕儒州龍泉。[6]

　　[1]蕭闥覽爲子排亞請尚皇女延壽公主:【劉校】據中華點校本校勘記:"按本書卷六五《公主表》,排亞作排押,娶長壽公主,延壽公主嫁蕭恒德。延壽應作長壽。參見卷一〇校勘記。"請尚皇女,原本、南監本、北監本和殿本均作"請上皇女",今據中華點校本改。

　　[2]飯僧:向僧人施飯,奉佛藉以祈福。《舊唐書》卷一一八《王縉傳》:"初,代宗喜祠祀,未甚重佛,而元載、杜鴻漸與[王]縉喜飯僧徒。代宗嘗問以福業報應事,載等因而啟奏,代宗由是奉之過當,嘗令僧百餘人於宮中陳設佛像,經行念誦,謂之内道場。其飲膳之厚,窮極珍異,出入乘廄馬,度支具廩給。每西蕃入寇,必令群僧講誦《仁王經》,以攘虜寇。苟幸其退,則横加錫賜。"

　　[3]月杖:古代馬球運動中的擊球用具。球棍長數尺,頭端形如偃月,故名。也稱球杖、鞠杖。

　　[4]吐渾:古代部族名。即吐谷渾。據《新五代史》卷七四《四夷附録第三》,吐渾"自後魏以來,名見中國,居於青海之上。當唐至德中,爲吐蕃所攻,部族分散,其内附者,唐處之河西。其大姓有慕容、拓拔、赫連等族。懿宗時,首領赫連鐸爲陰山府都督,與討龐勛,以功拜大同軍節度使。爲晉王所破,其部族益微,散處蔚州界中"。"晉高祖立,割鴈門以北入於契丹,於是吐渾爲契丹役屬,而苦其苛暴"。另據《五代會要》卷二八《吐渾》:"至開運中,捍虜於澶州,召承福等率其部衆從行,屬歲多暑熱,部下多死,復遣歸太原,移帳於嵐石州界。然承福馭下無法,多幹軍令。其族子白可久,名在承福之亞,因牧馬率本帳北逋,契丹授以官爵,復遣潛誘承福。承福亦思叛去,事未果,漢高祖知之,乃以兵

環其部族，擒承福與其族白鐵櫃、赫連海龍等五家，凡四百有餘人，伏誅。籍其牛馬，命別部長王義宗統其餘屬。"

[5]常袞：本書卷一一六《國語解》："常袞，官名。掌遙輦部族戶籍等事；奚六部常袞掌奚之族屬。"

[6]儒州：治所在今北京市延慶區。

五月庚辰朔，[1]遣宣徽使蒲領等率兵分道備宋。[2]以遙輦副使控骨离爲舍利拽剌詳穩。[3]辛巳，祭風伯于儒州白馬村。休哥引軍至滿城，招降卒七百餘人，遣使來獻，詔隸東京。辛卯，獵桑乾河。[4]壬辰，燕京奏宋兵至邊，時暑未敢與戰，且駐易州，俟彼動則進擊，退則班師。從之。

[1]五月庚辰朔：【劉校】"五月"二字，原誤在下文"辛巳"上；"庚辰"下脫"朔"字。據中華點校本校勘記，按本書卷四四《曆象志下・朔考》，五月庚辰朔。今並補正。

[2]宣徽使：遼朝官名。遼設北、南宣徽，分隸北、南樞密院之下。宣徽北院使常執行軍事使命。此外，宣徽使還掌領朝會、宴饗、禮儀、祭祀及御前祗應之事。

[3]遙輦：契丹氏族。開元二十三年（735），可突於殘黨泥禮殺李過折，立阻午可汗，傳九世，至907年阿保機建國。

[4]桑乾河：源出今山西省朔州市。遼西京大同府近桑乾河上游，故聖宗獵於此。

六月庚戌朔，乙太師柘母迎合，撾之二十。辛酉，詔燕樂、密雲二縣荒地許民耕種，[1]免賦役十年。甲戌，宣政殿學士馬得臣卒，詔贈太子少保，賜錢十萬，粟百石。乙亥，詔出諸畜賜邊部貧民。是月，休哥、排亞破宋兵於泰州。[2]

[1]燕樂、密雲二縣：【劉校】據中華點校本校勘記，按本書卷四〇《地理志四》，檀州，隋開皇十八年（598）以燕樂、密雲二縣置。遼無燕樂縣，此係用舊名。兩縣舊治均位於今北京市密雲區。

[2]泰州：此爲保州之舊稱。治清苑（今河北省保定市清苑區），後徙滿城（今保定市滿城區）。

秋七月乙酉，御含涼殿視朝。丙戌，以中丞耶律覿麥哥權夷离畢，[1]橫帳郎君耶律延壽爲御史大夫。癸巳，遣兵南征。甲午，以迪离畢、涅剌、烏濊三部各四人益東北路夫人婆里德，[2]仍給印綬。[3]丁酉，勞南征將士。是日，帝與皇太后謁景宗皇帝廟。

[1]夷离畢：契丹官名。爲執政官，相當於副宰相參知政事。後來官分南、北，北面官有夷离畢院，主要掌刑政。

[2]婆里德：【劉校】據中華點校本校勘記，"按上文統和三年十一月、《百官志》二並作婆底里"。

[3]印綬：印信和繫印信的絲帶。古人印信上繫有絲帶，佩帶在身，用以表明身份。《舊唐書》卷一七〇《裴度傳》："帶丞相之印綬，所以尊其名；賜諸侯之斧鉞，所以重其命。"

八月庚午，放進士高正等二人及第。

冬十月，禁置網捕兔。

十一月甲申，于闐張文寶進内丹書。

十二月甲寅，鉤魚于沈子濼。[1]癸亥，獵於好草嶺。

[1]鉤魚：鑿冰捕魚。

（李錫厚注　劉鳳翥校）

遼史　卷一三

本紀第十三

聖宗四

　　八年春正月辛巳，如臺湖。庚寅，詔決滯獄。庚子，如沈子灤。

　　二月丁未朔，于闐、回鶻各遣使來貢。[1]壬申，女直遣使來貢。[2]

　　[1]于闐：塞克族於古代西域，即今新疆維吾爾自治區和田地區建立的政權。自漢至唐，皆入貢中國。安史之亂後不復至。後晉天福中，其王李聖天自稱唐之宗屬，遣使來貢。後晉高祖命供奉官張匡鄴持節冊聖天爲大寶于闐國王。宋初訖於宣和，朝享不絕。塞克族，古稱塞種。其語言屬印歐語系東伊朗語族。近代發現的于闐文書使用同慶、天興、中興、天壽等年號，或採用唐代官稱，或並用漢文、于闐文，或夾用漢字，足見于闐塞克族深受唐代政治、文化影響。　回鶻：中國北方與西北古代民族名。原爲鐵勒，公元8世紀40年代，骨咄祿毗伽可汗曾建立了回鶻汗國。公元840年左右，回鶻汗國崩潰。除一部分人南下附屬唐朝外，其餘分三支向西

北遷徙，和西域原住的同族人匯合，而先後建成高昌回鶻、河西回鶻（甘州回鶻）和喀喇汗王朝（黑汗王朝）三個政權。回鶻西遷後，和中原諸王朝仍然保持着密切關係。甘州回鶻對五代、北宋朝貢不絕；高昌回鶻曾同時爲遼朝及北宋的屬國。

[2]女直：本作女真，因避遼興宗耶律宗真名諱，改稱女直。遼時居東北東部。在南者入遼籍，稱熟女真，或合蘇館女真；在北者不入遼籍，稱生女真。

三月丁丑，李繼遷遣使來貢。[1] 庚辰，太白、熒惑鬭，[2] 凡十有五次。乙酉，城杏堝，[3] 以宋俘實之。辛丑，置宜州。[4]

[1]李繼遷（963—1004）：党項首領。西夏王朝的奠基者。叛宋前任定難軍都知蕃落使。公元 982 年集結部衆，叛宋。985 年襲據銀州（今陝西省米脂縣），自稱定難軍留後，向遼稱臣。995 年擊敗宋朝五路討伐。997 年宋真宗立，李繼遷遣使求和，宋授爲夏州刺史、定難軍節度、夏銀綏宥靜等州觀察處置押蕃落等使。1002 年李繼遷攻佔靈州，改名西平府。次年率軍西征，佔領西涼府。因受詐降的吐蕃族大首領潘羅支的突襲，負重傷而死。子李德明嗣立，追尊繼遷爲皇帝。夏景宗時謚神武，廟號太祖，陵號裕陵。

[2]太白、熒惑鬭：【靳注】一種天象。寓義有兵災。太白，古代指金星；熒惑，古代指火星。

[3]杏堝：城名。阿保機初俘漢民，置木葉山下，因建城於此以遷之，曰杏堝新城。復以遼西户益之，更名新州。統和八年改曰武安州。治所在今内蒙古自治區敖漢旗東。【劉注】據孫進己、馮永謙《東北歷史地理》（黑龍江人民出版社 2013，下册第 115 頁），今内蒙古自治區敖漢旗南塔鄉白塔子村古城址爲武安州。

[4]宜州：治所在今遼寧省義縣。

夏四月丙午朔，嚴州刺史李壽英有惠政，[1]民請留，從之。庚戌，女直遣使來貢。庚午，以歲旱諸部艱食，振之。

[1]嚴州：治所在今遼寧省興城市。

五月戊子，以宋降卒分隸諸軍。庚寅，女直宰相阿海來貢，封順化王。[1]丙申，清暑胡土白山。詔括民田。

[1]順化王：遼有女直國順化王府。景宗保寧九年（977）女直國來請宰相、夷离堇之職，以次授者二十一人。詳本書卷四六《百官志二》。

六月丙午，以北面林牙磨魯古爲北院大王。[1]阿薩蘭回鶻于越、達刺幹各遣使來貢。[2]甲寅，月掩天駟第一星。丙辰，女直遣使來貢。

[1]林牙：契丹官名。掌文翰，相當於翰林學士。　北院大王：契丹部族官。遼朝析迭刺部爲五院部和六院部。五院部有知五院事，在朝曰北大王院；六院部有知六院事，在朝曰南大王院。北院大王和南院大王即五院部和六院部的首領，握有兵權。
[2]阿薩蘭回鶻：即高昌回鶻。回鶻西遷、匯合後的主要一支，直到元代，它仍自認爲是回鶻的嫡系。其疆域東至今哈密烏納格什湖，西通天山西部，南接酒泉，北達天山北麓。首府設在喀拉和卓（今新疆維吾爾自治區吐魯番市東高昌古城遺址），陪都設在天山北麓別失八里（即北庭，今新疆維吾爾自治區吉木薩爾縣破城子）。其王早期稱阿薩蘭汗（意爲獅子王），較晚則稱亦都護。　于越：

契丹語官名的音譯。貴官，非有大功德不授。位在北、南大王之上。遼倣此官稱，授其他部族首領以此稱號。　達剌幹：契丹官名。會同元年（938）定制，以達剌幹爲副使。【劉校】達剌幹，原本、南監本、殿本均作“達剌於”，中華點校本據北監本改。今從改。

　　秋七月庚辰，改南京熊軍爲神軍。詔東京路諸宮分提轄司分置定霸、保和、宣化三縣，[1]白川州置洪理、儀坤州置廣義、遼西州置長慶、乾州置安德各一縣。[2]省遂、嫣、松、饒、寧、海、瑞、玉、鐵里、奉德等十州，[3]及玉田、遼豐、松山、弘遠、懷清、雲龍、平澤、平山等八縣，以其民分隸他郡。

　　[1]定霸：縣名。治所在今内蒙古自治區巴林左旗林東鎮波羅城西。　保和：縣名。治所在今内蒙古自治區巴林左旗林東鎮波羅城西南。　宣化：縣名。治所在今内蒙古自治區巴林左旗林東鎮波羅城南。　分置定霸、保和、宣化三縣：【劉校】中華點校本校勘記云，“分置”原誤“置分”。據《大典》卷五二四九改。今從改。
　　[2]白川州：遼代州名。原爲阿保機弟明王安端私城，會同三年（940），以爲白川州。安端子察割謀反，没入，稱川州。初隸崇德宮（承天皇太后宮院），後屬文忠王府。據《嘉慶重修一統志·承德府》，舊城在朝陽縣（今遼寧省朝陽市）東北六十七里。　洪理：【劉注】縣名。治所在今遼寧省北票市五間房子鎮土城子村。　儀坤州：德光生母應天皇太后出生地，治所在今内蒙古自治區翁牛特旗西北。【劉注】一説治所在今内蒙古自治區敖漢旗雙廟鄉五十家子村古城址。　廣義：【劉注】縣名。治所在今内蒙古自治區克什克騰旗榆樹林子遺址。　長慶：縣名。治所在今遼寧義縣石佛堡鄉王民屯。　安德：縣名。治所在今遼寧省朝陽縣二十家子鎮五

十家子古城。初隸乾州，後屬霸州，再屬安德州。 "白川州置洪
理"至"乾州置安德各一縣"：【劉校】據中華點校本校勘記，按
本書卷三九《地理志三》，"洪理"作"弘理"，卷三八《地理志
二》乾州無安德縣。

[3]省遂、嫣、松、饒、寧、海、瑞、玉、鐵里、奉德等十州：
【劉校】據中華點校本校勘記，本書卷三八《地理志二》"鐵里"
作"鐵利"。 "松"即本書卷三九《地理志三》之"松山州"。
"嫣"原本誤作"傷"，大典本、南監本、北監本和殿本均作
"嫣"。中華點校本及修訂本徑改。今從改。

八月乙卯，以黑白羊祭天地。

九月乙亥，北女直四部請內附。[1]壬辰，李繼遷獻
宋俘。

[1]北女直：即生女直。

冬十月丙午，以大敗宋軍，復遣使來告。己酉，阻
卜等遣使來貢。[1]是月，駐蹕大王川。[2]

[1]阻卜：即達旦、韃靼。元人諱言達旦，而稱達旦爲阻卜。
詳王國維《觀堂集林》卷一四《達旦考》。
[2]大王川：【劉校】中華點校本校勘記云，"川"原誤"州"，
據本書卷六八《遊幸表》及《大典》卷五二四九改。今從改。

十一月庚寅，以吐谷渾民饑，[1]振之。丁酉，太白
晝見。

　　[1]吐谷渾：古代部族名。即吐渾。據《新五代史》卷七四《四夷附録第三》，吐渾"自後魏以來，名見中國，居於青海之上。當唐至德中，爲吐蕃所攻，部族分散，其内附者，唐處之河西。其大姓有慕容、拓拔、赫連等族。懿宗時，首領赫連鐸爲陰山府都督，與討龐勛，以功拜大同軍節度使。爲晉王所破，其部族益微，散處蔚州界中……晉高祖立，割鴈門以北入於契丹，於是吐渾爲契丹役屬，而苦其苛暴"。另據《五代會要》卷二八《吐渾》："至開運中，捍虜於澶州，召承福等率其部衆從行，屬歲多暑熱，部下多死，復遣歸太原，移帳於嵐石州界。然承福馭下無法，多幹軍令。其族子白可久，名在承福之亞，因牧馬率本帳北通，契丹授以官爵，復遣潛誘承福。承福亦思叛去，事未果，漢高祖知之，乃以兵環其部族，擒承福與其族白鐵櫃、赫連海龍等五家，凡四百有餘人，伏誅。籍其牛馬，命別部長王義宗統其餘屬。"

　　十二月癸卯，李繼遷下宋麟、廊等州，[1]遣使來告。女直遣使來貢。庚戌，遣使封李繼遷爲夏國王。[2]癸丑，回鶻來貢。

　　是歲，放鄭雲從等二人及第。

　　[1]麟州：治所在今陝西省神木縣。　廊州：治所在今陝西省富縣。
　　[2]遣使封李繼遷爲夏國王：【劉注】據《韓楂墓誌銘》"以公持節封李繼遷爲夏國王"。從而得知"遣使"是遣韓楂封李繼遷爲夏國王。

　　九年春正月甲戌，女直遣使來貢。丙子，詔禁私度僧尼。庚辰，如臺湖。乙酉，樞密使、監修國史室昉等進《實録》，[1]賜物有差。戊子，選宋降卒五百置爲宣力軍。辛卯，詔免三京諸道租賦，仍罷括田。

[1]室昉（916—991）：遼南京（今北京市）人。字夢奇。會同初，登進士第。保寧間，拜樞密使，兼北府宰相，加同政事門下平章事。乾亨初，監修國史。統和九年（991），薦韓德讓自代，不從。病劇，遣翰林學士張幹就第授中京留守，加尚父。卒，年七十五。本書卷七九有傳。

二月丙午，夏國遣使告伐宋捷。丁未，以涿州刺史耶律王六爲惕隱。[1]甲子，建威寇、振化、來遠三城，[2]屯戍卒。

[1]涿州：治所在今河北省涿州市。　惕隱：契丹官名。又稱梯里己，掌皇族政教。

[2]來遠城：位於鴨緑江西岸，築成後，成爲這一帶遼軍統帥部所在地。遼在東部邊境上是夾江設防的，而非盡在西岸設防。江東與來遠城隔江相望的開州城也是遼所築。《武經總要》前集卷一六下《戎狄舊地》載："開州，渤海古城也。遼主東討，新羅國都其城，要害，建爲州，仍曰開遠軍，西至來遠城一百二十里，西南至吉州七十里，東南至石城六十里。遼中庚戌年討新羅國，得要害地，築城以守之，即中國大中祥符三年也，東至新羅新化鎮四十里，南至海三十里。西至保州四十里。"依據這一記載，開州初建爲開遠軍，屬新羅。庚戌年（遼統和二十八年，宋大中祥符三年，1010），遼聖宗親自率軍東討，得到了開遠軍這一"要害地"，又建城守之。按：創建來遠等城的時間，是在統和十二年（994）。《高麗史》卷三《成宗世家》：（甲午）十三年（遼統和十二年）春二月，蕭遜寧致書曰："近奉宣命，但以彼國信好早通，境土相接，

雖以小事大固有規儀，而原始要終，須存悠久。若不設於預備，慮中阻於使人。遂與彼國相議，便於要衝路陌，創築城池者。尋准宣命，自便斟酌，擬於鴨江西里，創築五城，取三月初擬到築城處，下手修築，伏請大王預先指揮，從安北府至鴨江東，計二百八十里，踏行穩便田地，酌量地里遠近，並令築城，發遣役夫，同時下手。其合築城數，早與回報。所貴交通車馬，長開貢覲之途，永奉朝廷，自協安康之計。"

閏月辛未朔，日有食之。壬申，遣翰林承旨邢抱朴、三司使李嗣、給事中劉京、政事舍人張幹、南京副留守吳浩分決諸道滯獄。[1]

[1]邢抱朴（？—1004）：應州（今山西省應縣）人。保寧初，爲政事舍人、知制誥。統和四年（986），加户部尚書，遷翰林學士承旨，與室昉同修《實錄》。十二年，拜參知政事，改南院樞密使。二十二年卒，贈侍中。本書卷八〇有傳。 三司使：唐宋以鹽鐵、度支、户部爲三司，主理財賦。其長官爲三司使。《通鑑》卷二六五唐昭宗天祐三年（906）三月戊寅："以朱全忠爲鹽鐵、度支、户部三司都制置使。三司之名始於此。"遼代在南京設三司使司。此外，在上京設鹽鐵使司，東京設户部使司，中京設度支使司，西京設計司。 劉京：據本書卷一七《聖宗本紀》太平五年（1025）十二月："庚午，以參知政事劉京爲順義軍節度使。"故此劉京非於統和六年在大同軍節度使任上致仕之劉京，亦非劉景。

三月庚子朔，振室韋、烏古諸部。[1]戊申，復遣庫部員外郎馬守琪、倉部員外郎祁正、虞部員外郎崔祐，薊北縣令崔藺等分決諸道壖獄。[2]甲子，幸南京。

　　[1]室韋：部族名。北魏始見於記載，分佈於今黑龍江、嫩江流域，唐時分爲許多部。契丹，多爲其役屬。　烏古：部族名。又稱嫗厥律、于厥律，居契丹西北。據《新五代史》卷七三《四夷附録第二》：“嫗厥律，其人長大，髡頭，酋長全其髮，盛以紫囊。地苦寒，水出大魚，契丹仰食。又多黑、白、黄貂鼠皮，北方諸國皆仰足。其人最勇，鄰國不敢侵。”

　　[2]薊北縣：即析津縣，治所在今北京市。　崔蔄：【劉校】南監本、北監本、殿本均作“崔簡”。　壖獄：【劉校】南監本、北監本、殿本均作“滯獄”。

　　夏四月甲戌，回鶻來貢。乙亥，夏國王李繼遷遣杜白來謝封册。丙戌，清暑炭山。[1]

　　[1]炭山：山名。據《新五代史》卷七二《四夷附録第一》：“漢城在炭山東南灤河上，有鹽鐵之利，乃後魏滑鹽縣也。其地可植五穀，阿保機率漢人耕種，爲治城郭、邑屋、廛市如幽州制度，漢人安之，不復思歸。”另據本書卷四一《地理志五·西京道》，炭山在歸化州，即武州，治所在今河北省張家口市宣化區。

　　五月己未，以秦王韓匡嗣私城爲全州。[1]

　　[1]韓匡嗣（917—983）：遼初著名漢臣韓知古之子。隸屬宮籍。初以善醫直長樂宫。《韓匡嗣墓誌》透露出他最初是受到太宗德光（即嗣聖皇帝）賞識，這可能與靖安皇后有關。因爲匡嗣是景宗耶律賢藩邸故人，所以景宗即位以後他很快就受到重用。保寧二年（970）皇后父親蕭思温遭謀殺，十年（978）景宗殺了高勳和女里之後，韓匡嗣更成了景宗和睿智皇后僅存的心腹人物，加開府儀同三司、政事令，授南面行營都統、燕京留守，封燕王。晚年任

西南面招討使，與景宗死於同一年。本書卷七四有傳。　全州：治所在今内蒙古自治區巴林左旗碧流台鎮四方城村古城址。

六月丁亥，突厥來貢。[1]是月，南京霖雨傷稼。

[1]突厥：古代族名。曾建立強大的突厥汗國，至公元 6 世紀分裂爲東、西兩汗國。當阿保機建立契丹王朝時，突厥汗國早已滅亡。這裏所謂"突厥"可能是指東突厥汗國的餘部。

秋七月癸卯，通括户口。乙巳，詔諸道舉才行、察貪酷、撫高年、禁奢僭，有殁於王事者官其子孫。己未，夏國以復綏、銀二州，[1]遣使來告。

[1]綏州：治所在今陝西省綏德縣。　銀州：唐治儒林縣（今陝西省橫山縣東），宋元豐五年（1082）移治今陝西省米脂縣西百五十里永樂城。

八月癸酉，銅州嘉禾生，東京甘露降。戊寅，女直進唤鹿人。壬午，東京進三足烏。

九月庚子，鼻骨德來貢。[1]己酉，駐蹕廟城。南京地震。

[1]鼻骨德：又作鱉古德、鼻古德，遼時黑龍江流域部族名。聖宗時分置伯斯鼻古德部與撻馬鼻古德部，均屬東北路統軍司。所在地相當於今黑龍江省富錦市至俄國境内哈巴羅夫斯克（伯力）沿江一帶。

冬十月丁卯，阿薩蘭回鶻來貢。壬申，夏國王李繼遷遣使來上宋所授勑命。丁丑，定難軍節度使李繼捧來附，授推忠効順啟聖定難功臣、開府儀同三司、檢校太師兼侍中，封西平王。

十一月己亥，以青牛白馬祭天地。[1]

[1]以青牛白馬祭天地：契丹祭祀天地用青牛白馬，表示不忘祖先。本書卷三七《地理志一・上京道》："相傳有神人乘白馬，自馬盂山浮土河而東，有天女駕青牛車由平地松林泛潢河而下。至木葉山，二水合流，相遇爲配偶，生八子。其後族屬漸盛，分爲八部。每行軍及春秋時祭，必用白馬青牛，示不忘本云。"

十二月，夏國王李繼遷潛附于宋，遣招討使韓德威持詔諭之。[1]

是歲，放進士石用中一人及第。

[1]韓德威（941—996）：韓匡嗣之子、韓德讓之弟。保寧初自燕臺軍旅之列校，授西頭供奉官、銀青崇禄大夫、檢校右散騎常侍兼侍御史、驍騎尉。不數年，授羽林軍將軍、檢校司徒。這是御林軍的官職，即所謂"登環衛之資，廁勾陳之列"。保寧十一年（979）德威"擢居親近之用，首冠殿庭之班，授宣徽北院使，彰武軍節度使、檢校太尉，進封開國伯，增食邑，賜功臣四字"。其墓誌銘現存遼上京博物館。

十年春正月丁酉，禁喪葬禮殺馬及藏甲冑、金銀、器玩。丙午，如臺湖。

二月乙丑朔，日有食之。韓德威奏李繼遷稱故不出，至靈州俘掠以還。[1]壬申，兀惹來貢。[2]壬午，免雲州租賦。[3]庚寅，夏國以韓德威俘掠，遣使來奏，賜詔安慰。辛卯，給復雲州流民。

[1]靈州：治所在今寧夏回族自治區靈武市。
[2]兀惹：西北部族名。亦名烏惹部。
[3]雲州：治所在今山西省大同市。

三月甲辰，鐵驪來貢。[1]丙辰，如炭山。

[1]鐵驪：部族名。遼置鐵驪國王府，以統其衆。其地當今黑龍江省東部松花江流域。

夏四月乙丑，以臺湖爲望幸里。庚寅，命群臣較射。

五月癸巳，朔州流民給復三年。[1]

[1]朔州：治所在今山西省朔州市。

七月辛酉，鐵驪來貢。
八月癸亥，觀稼，仍遣使分閱苗稼。
九月癸卯，幸五臺山金河寺飯僧。[1]

[1]金河寺：【劉校】原本作“今河寺”，中華修訂本據《大典》卷五二四九引《遼史·聖宗紀》及南監本和殿本改。中華點校本徑改。今從改。 飯僧：向僧人施飯，奉佛藉以祈福。《舊唐

書》卷一一八《王縉傳》：“初，代宗喜祠祀，未甚重佛，而元載、杜鴻漸與〔王〕縉喜飯僧徒。代宗嘗問以福業報應事，載等因而啟奏，代宗由是奉之過當，嘗令僧百餘人於宮中陳設佛像，經行念誦，謂之内道場。其飲膳之厚，窮極珍異，出入乘廄馬，度支具廩給。每西蕃入寇，必令群僧講誦《仁王經》，以攘虜寇。苟幸其退，則橫加錫賜。”

冬十月壬申，夏國王遣使來貢。戊寅，鐵驪來貢。

十一月壬辰，回鶻來貢。

十二月庚辰，獵儒州東川。[1]拜天。是月，以東京留守蕭恒德等伐高麗。[2]

[1]儒州：治所在今北京市延慶區。

[2]高麗：指王建創建的高麗王朝（918—1392）。統治地域在今朝鮮半島，首都在開京（今朝鮮開城市）。契丹與高麗衝突不斷。此次契丹入侵高麗，是爲報復高麗統和四年（986）戰爭中援助宋朝。《河南集》卷一六《韓公（國華）墓誌銘》：“雍熙中王師北伐，聞高麗與契丹嘗爲仇怨，會公諭旨以分敵勢，公至，其王治畏葸無報復意。公爲陳中國威畧，動以禍福，乃承詔，然遷延師期。公曰：‘兵不即發，不若勿奉詔；出不及敵境，不若勿發兵。’口語激切，又繼以書，至十返。治憚公堅正，知大國不可欺，乃命其大相韓光、元朝趙抗兵二萬五千侵契丹，且俾光等率將校詣公，公猶留館，須其兵出境乃復命。”

十一年春正月壬寅，[1]回鶻來貢。丙午，出内帑錢賜南京統軍司軍。高麗王治遣樸良柔奉表請罪，[2]詔取女直鴨淥江東數百里地賜之。[3]

　　[1]春正月：【劉校】中華點校本校勘記云，"正"原誤"三"，據本書卷六八《遊幸表》及《大典》卷五二四九改。今從改。

　　[2]高麗王治（？—994）：王氏高麗第六任君主。太平興國七年（982）襲位，並接受宋朝封册。但亦不敢得罪遼朝。此次遣使契丹，奉表請罪，是因上年末受到契丹征伐。事後又求助於宋，宋未能相助，故此後倒向契丹。據《宋史》卷四八七《高麗傳》載：淳化五年（遼統和十二年，994）六月，"遣使元鬱來乞師，訴以契丹寇境。朝廷以北鄙甫寧，不可輕動干戈，爲國生事，但賜詔慰撫，厚禮其使遣還。自是受制於契丹，朝貢中絶"。《高麗史》卷三《成宗世家》（甲午）十三年（遼統和十二年，994）六月遣元郁如宋乞師，以報前年之役，宋以北鄙甫寧，不宜輕動，但優禮遣還，自是與宋絶。

　　[3]鴨渌江：即鴨綠江。

　　二月癸亥，霸州民妻王氏以妖惑衆，[1]伏誅。

　　[1]霸州：治所在今河北省霸州市。

　　夏四月，幸炭山清暑。
　　六月，大雨。
　　秋七月己丑，桑乾、羊河溢居庸關西，[1]害禾稼殆盡，奉聖、南京居民廬舍多墊溺者。[2]

　　[1]羊河：【靳注】今羊河，爲永定河之上游支流，發源於内蒙古自治區興和縣，在今河北省涿鹿縣與懷來縣交界處匯入桑乾河。古稱修水、于延水，遼稱羊河。　居庸關：要塞，在今北京市昌平區西北。

[2]奉聖：州名。奉聖州即新州，治所在今河北省涿鹿縣。

八月，如秋山。[1]

[1]秋山：所謂“秋山”亦即秋獵，屆時皇帝的居留地即是秋捺鉢。聖宗以後，其主要地點在慶州（今內蒙古自治區巴林右旗索博日嘎鎮）西部諸山。

冬十月甲申朔，駐蹕蒲瑰阪。
是年，[1]放進士王熙載等二人及第。

[1]是年：【劉校】原本、南監本、北監本和殿本均作“是時”，中華點校本據《大典》卷五二四九改。今從改。

十二年春正月癸丑朔，潞陰鎮水，[1]漂溺三十餘村，詔疏舊渠。[2]甲寅，以同政事門下平章事耶律碩老爲惕隱。詔復行在五十里內租。[3]乙卯，幸延芳淀。[4]戊午，蠲宜州賦調。[5]庚申，郎君耶律鼻舍等謀叛，伏誅。壬戌，以南院大王耶律景爲上京留守，封漆水郡王。霸州民李在宥年百三十有三，賜束帛、錦袍、銀帶，[6]月給羊酒，仍復其家。

[1]潞陰鎮：遼置，屬析津府。治所在今北京市通州區東南四十里潞縣鎮。本書卷四〇《地理志四》：本漢泉山之霍村鎮。遼每季春，弋獵於延芳淀，居民成邑，就城故潞陰鎮，後改爲縣。在京東南九十里。
[2]詔疏舊渠：【劉校】“疏”原本作“數”，中華修訂本據

《大典》卷五二四九引《遼史・聖宗紀》及南監本、北監本、殿本改。中華點校本逕改。今從改。

[3]行在：皇帝出行時所在之地，遼爲行國，皇帝一年四季居無定所，皆在遷徙中渡過。其行在又稱"行宮"，契丹語爲"捺鉢"。

[4]延芳淀：位於今北京市通州區西。遼時廣數百畝，中多菱芡、鶩雁之屬。遼帝每年春季則弋獵於此。

[5]蠲（juān）：減免。

[6]束帛：捆爲一束的五匹帛。古代用爲聘問、饋贈的禮物。《周禮・春官・大宗伯》"孤執皮帛"，漢鄭玄注："皮帛者，束帛而表以皮爲之。"賈公彦疏："束者十端，每端丈八尺，皆兩端合卷，總爲五匹。"

二月甲申，免南京被水戶租賦。己丑，高麗來貢。甲午，免諸部歲輸羊及關征。庚子，回鶻來貢。

三月丁巳，高麗遣使請所俘人畜，詔贖還。戊午，幸南京。丙寅，遣使撫諭高麗。己巳，涿州木連理。壬申，如長春宮觀牡丹。是月，復置南京統軍都監。

夏四月辛卯，幸南京。壬辰，樞密直學士劉恕爲南院樞密副使。戊戌，以景宗石像成，幸延壽寺飯僧。

五月甲寅，詔北皮室軍老不任事者免役。[1]戊午，如炭山清暑。庚辰，武定軍節度使韓德沖秩滿其民請留，[2]從之。

[1]皮室軍：契丹軍名。皮室，意爲"金剛"。初爲阿保機所置，稱"腹心部"。後有南、北、左、右皮室及黃皮室等，皆掌精甲。

[2]武定軍：遼代軍號。治奉聖州（今河北省涿鹿縣）。　韓德沖：韓匡嗣第六子。曾任户部使、威勝軍節度使，官至太尉。

六月辛巳朔，詔州縣長吏有才能無過者，減一資考任之。癸未，可汗州刺史賈俊進新曆。[1]庚子，録囚。[2]甲辰，詔龍、鳳兩軍老疾者代之。是月，太白、歲星相犯。

[1]可汗州：治所在今河北省懷來縣。
[2]録囚：【劉校】"録"字，原本爲一字空白。中華修訂本據《大典》卷五二四九引《遼史·聖宗紀》及南監本、北監本和殿本補。中華點校本徑改。今從。

秋七月辛亥朔，日有食之。甲寅，遣使視諸道禾稼。辛酉，南院樞密使室昉爲中京留守，加尚父。丙寅，女直遣使來貢。戊辰，觀穫。庚午，詔契丹人犯十惡者依漢律。[1]己卯，以翰林承旨邢抱朴參知政事。

[1]十惡：《唐律疏議》卷一《名例》所開列的"其數甚惡"的十類罪過，有謀反、謀大逆、謀叛、惡逆、不道、大不敬、不孝、不睦、不義和内亂。

八月庚辰朔，詔皇太妃領西北路烏古等部兵及永興宮分軍，[1]撫定西邊；以蕭撻凜督其軍事。[2]乙酉，宋遣使求和，不許。戊子，以國舅帳尅蕭徒骨爲夷离畢。[3]乙未，下詔戒諭中外官吏。丁酉，録囚，雜犯死罪以下釋之。[4]

　　[1] 皇太妃：即齊妃，太宗第二子罨撒葛之妻。景宗即位，進封罨撒葛爲“齊王”。保寧四年（972）閏二月戊申，罨撒葛薨，“追册爲皇太叔”，故其妻稱“皇太妃”。《長編》卷五五宋真宗咸平六年（1003）秋七月己酉遼降人李信言：“［承天太后］蕭氏有姊二人，長適齊王，王死，自稱齊妃，領兵三萬屯西鄙驢駒兒河。嘗閲馬，見蕃奴達覽阿勸姿貌甚美，因召侍帳中。蕭氏聞之，繫達覽阿勸，抶以沙囊四百而離之。踰年，齊妃請於蕭氏，願以爲夫，蕭氏許之，使西捍達靼，盡降之，因謀帥其觸奔骨曆紮國，結兵以篡蕭氏。蕭氏知之，遂奪其兵，命領幽州。次適趙王，王死，趙妃因會飲寘毒蕭氏，爲婢所發，蕭氏酖殺之。”骨曆紮即卷九二《蕭奪剌傳》之北阻卜耶覩刮。　　永興宮：太宗德光宮分。

　　[2] 蕭撻凛（？—1004）：亦作蕭闥覽。字駝寧，蕭思温之再從侄。保寧初，爲宿直官。統和四年（986），以諸軍副部署，從樞密使耶律斜軫敗繼業於朔州。十一年，與東京留守蕭恒德伐高麗，破之。後攻西夏、阻卜皆有功。二十二年，攻宋，進至澶淵，未接戰，中伏弩卒。本書卷八五有傳。

　　[3] 國舅帳：遼朝有大國舅司，掌乙室已、拔里二帳之事。世宗以其舅氏爲國舅別部，剌只撒古魯應掌國舅別部。

　　[4] 死罪以下：較死罪爲輕的罪刑，即笞、杖、徒、流之罪。

　　九月壬子，室韋、党項、吐谷渾等來貢。[1]辛酉，宋復遣使求和，不許。壬戌，行拜奥禮。癸酉，阻卜等來貢。

　　[1] 党項：中國古代族名。又稱党項羌，唐以後主要活動於靈、慶、銀、夏等州，即今甘肅、寧夏、陝西和內蒙古等省區交界

地區。

　　冬十月乙酉，獵可汗州之西山。乙巳，詔定均稅法。丁未，大理寺置少卿及正。

　　十一月戊申朔，行再生禮。[1]鐵驪來貢。詔諸部所俘宋人有官吏、儒生、抱器能者、諸道軍有勇健者具以名聞。庚戌，詔郡邑貢明經、茂材異等。[2]甲寅，詔南京決滯獄。己未，官宋俘衛德升等六人。

　　[1]再生禮：契丹傳統禮儀之一。據本書卷一一六《國語解》載，依契丹故俗，此種禮儀每隔十二年舉行一次，而且祇有皇帝、太后、太子及夷离堇得行此禮。這是與選汗儀式同時舉行的禮儀，禮儀十分煩瑣。先期，候選者入一帳中，"再生母后"入帳搜索，並與在場衆人反復問答。

　　[2]明經：常舉分秀才、明經、進士、明法、明書和明算等科。唐初，秀才科等級最高，到唐太宗時，此科幾至廢絕，士人的趨向才開始轉變爲明經、進士兩科。明經主要試帖經、經義及時務策。

　　茂材異等：初爲漢代選舉人才名目。《漢書·武帝本紀》載，元封五年（前106）夏四月，初置刺史部十三州，名臣文武欲盡，詔曰："蓋有非常之功，必待非常之人，故馬或奔踶而致千里，士或有負俗之累而立功名。夫泛駕之馬，跅弛之士，亦在御之而已。其令州、郡察吏、民有茂材、異等可爲將、相及使絕國者。"《宋史》卷一五六《選舉志二》載，仁宋初制"茂材異等科，以待布衣之被舉者"。遼有茂材異等科，在宋之先。

　　十二月戊寅朔，日有食之。詔並奚王府奧理、墮隗、梅只三部爲一，[1]其二剋各分爲部，以足六部之數。

甲申，賜南京統軍司貧戶耕牛。戊子，高麗進妓樂，卻之。庚寅，禁遊食民。癸巳，女直以宋人浮海賂本國及兀惹叛來告。丁未，幸南京。

是年，放進士呂德懋等二人及第。

[1]奚王府：奚部族官府名。奚原分五部，阿保機降伏五部奚之後設置墮瑰部，而成六部。其首領仍稱奚王，設奚大王府，作爲治理六部奚的機構。詳本書卷三三《營衛志·部族下》。 奧理：【劉校】據中華點校本校勘記："《營衛志下》及《百官志二》並作奧里。"

十三年春正月壬子，幸延芳淀。甲寅，置廣靈縣。[1]丁巳，增泰州、遂城等縣賦。[2]庚申，詔諸道勸農。癸亥，長寧軍節度使蕭解里秩滿，[3]民請留，從之。庚午，如長春宮。

[1]廣靈縣：遼置，亦稱廣陵縣，屬蔚州。今屬山西省。
[2]泰州：此指保州（今河北省保定市）之舊稱。 遂城：治所在今河北省保定市徐水區西。
[3]長寧軍：川州軍號。川州治所在今遼寧省朝陽縣。據《嘉慶重修一統志·承德府》：白川州故城在"朝陽縣東北六十七里。遼置川州，會同中改爲白川州，治咸康縣。……今縣境東北之四角阪有廢城週二里餘，蒙古名卓索喀喇城。城內有遼開泰二年《佛頂尊勝陀羅尼石幢記》。爲白川州官吏所建，知即故白川州地"。

二月丁丑朔，[1]女直遣使來貢。甲辰，高麗遣李周楨來貢。

[1]二月丁丑朔:【劉校】據中華點校本校勘記,"朔"字原闕,依本書卷四四《朔考》補。

三月癸丑,夏國遣使來貢。戊辰,武清縣百餘人入宋境剽掠,[1]命誅之,還其所獲人畜財物。

[1]武清縣:治所在今天津市武清區。

夏四月己卯,參知政事邢抱樸以母憂去官,起復。丙戌,詔諸道民户應曆以來脅從爲部曲者,[1]仍籍州縣。甲午,如炭山清暑。

[1]部曲:其身份是賤口,但高於奴婢。部曲對主人有很強的人身隸屬關係,他們祇注家籍,而不隸籍州縣。他們中的很大一部分是隨從、僕役、私家武裝之類,並不從事生産勞動。

五月壬子,高麗進鷹。乙亥,北、南、乙室三府請括富民馬以備軍需,[1]不許,給以官馬。

[1]乙室:契丹部族名。遙輦氏阻午可汗時始置爲部。隸南府,駐守西南境。

六月丙子朔,啟聖軍節度使劉繼琛秩滿,[1]民請留,從之。丁丑,詔減前歲括田租賦。甲申,以宣徽使阿没里私城爲豐州。[2]丙戌,詔許昌平、懷柔等縣諸人請業荒地。[3]

[1]啟聖軍：儀坤州軍號。德光生母應天皇太后出生地，治所在今内蒙古自治區翁牛特旗西北。【劉注】一説治所在今内蒙古自治區敖漢旗雙廟鄉五十家子村古城址。

[2]宣徽使：遼朝官名。遼設北、南宣徽，分隸北、南樞密院之下。宣徽北院使常執行軍事使命。此外，宣徽使還掌領朝會、宴饗、禮儀、祭祀及御前祗應之事。 豐州：【劉注】據孫進己、馮永謙編《東北歷史地理》下册，遼代豐州州治在今内蒙古自治區翁牛特旗烏丹鎮東北的古城址。

[3]昌平、懷柔：舊縣名。昌平縣治所在今北京市昌平區，懷柔縣治所在今北京市懷柔區。

秋七月乙巳朔，女直遣使來貢。丁巳，兀惹烏昭度、渤海燕頗等侵鐵驪，[1]遣奚王和朔奴等討之。壬戌，詔蔚、朔等州龍衛、威勝軍更戍。[2]

[1]兀惹部：亦曰烏惹部。遼西北部族名。 烏昭度：【劉校】據中華點校本校勘記："下文十七年六月、二十二年九月及卷七〇《屬國表》並作烏昭慶。" 渤海：指渤海國亡後的殘餘勢力。

[2]朔州：治所在今山西省朔州市。 龍衛、威勝等軍：遼漢軍名號。

八月丙子，夏國遣使進馬。壬辰，詔修山澤祠宇、先哲廟貌，以時祀之。

九月戊午，以南京太學生員浸多，特賜水磑莊一區。丁卯，奉安景宗及皇太后石像于延芳淀。

冬十月乙亥，置義倉。[1]辛巳，回鶻來貢。甲申，高麗遣李知白來貢。戊子，兀惹歸款，詔諭之。庚子，鼻骨德來貢。

[1]置義倉：按本書卷五九《食貨志上》："統和十三年詔諸道
置義倉。"義倉即各地爲備荒而設置的糧倉。《隋書》卷四六《長
孫平傳》："平見天下州縣多罹水旱，百姓不給，奏令民間每秋家出
粟麥一石已下，貧富差等，儲之閭巷，以備凶年，名曰義倉。"遼
倣此於諸道置義倉。

十一月乙巳，阿薩蘭回鶻遣使來貢。辛酉，遣使册
王治爲高麗國王。[1]戊辰，高麗遣童子十人來學本
國語。[2]

[1]遣使册王治爲高麗國王：《高麗史》卷三《成宗世家》（丙
申）十五年（統和十四年，996）春三月："契丹遣翰林學士張幹、
忠正軍節度使蕭熟葛來册王曰：'漢重呼韓，位列侯王之上；周尊
熊繹，世開土宇之封。朕法古爲君，推恩及遠。惟東溟之外域，順
北極以來王，歲月屢遷，梯航靡倦。宜舉真封之禮，用旌內附之
誠。爰采彝章，敬敷寵數。咨爾高麗國王王治，地臨鯷壑，勢壓蕃
隅；繼先人之茂勳，理君子之舊國。文而有禮，智以識機。能全事
大之儀，盡協酌中之體。鴨江西限，曾無恃險之心；鳳扆北瞻，克
備以時之貢。言念忠敬，宜示封崇。升一品之貴階，正獨坐之榮
秩。仍疏王爵，益表國恩，册爾爲開府儀同三司尚書令高麗國王。
於戲！海岱之表，汝惟獨尊；辰卞之區，汝惟全有。守兹富貴，戒
彼滿盈，無庸小人之謀，勿替大君之命。敬修乃事，用合朝經。俾
爾國人，同躋壽域。永揚休命，可不美哉。'幹等至西郊，築壇傳
册，王備禮受册，大赦。"
[2]高麗遣童子十人來學本國語：《高麗史》卷三《成宗世家》
亦記載此事：（乙未）十四年（遼統和十三年，995）"遣童子十人

於契丹，習其語”。

十二月己卯，鐵驪遣使來貢鷹、馬。辛巳，夏國以敗宋人遣使來告。

是年，放進士王用極等二人。

十四年春正月己酉，漁於潞河。[1]丁巳，蠲三京及諸州稅賦。丙寅，夏國遣使來貢。庚午，以宣徽使阿沒里家奴閻貴爲豐州刺史。

[1]潞河：源出今河北省張家口市宣化區，流經北京市密雲區、通州區，經天津市匯於衛河入海。

二月庚寅，回鶻遣使來貢。

三月壬寅，高麗王治表乞爲婚，許以東京留守、駙馬蕭恒德女嫁之。[1]庚戌，高麗復遣童子十人來學本國語。甲寅，韓德威奏討党項捷。甲子，詔安集朔州流民。

[1]嫁之：【劉校】原本作“家之”。中華點校本據南監本、北監本和殿本改。今從改。

夏四月甲戌，東邊諸糺各置都監。[1]庚寅，如炭山清暑。己亥，鑿大安山取劉守光所藏錢。[2]是月，奚王和朔奴、東京留守蕭恒德等五人以討兀惹不克，削官。改諸部令穩爲節度使。[3]

[1]東邊諸乣：【劉注】據中華點校本校勘記，乣字，本史所見並同。《金史》屢見，俱作乣。應從《金史》。凡研究遼、金、元史者，誰也避不開"乣"字。遼代之前，字書中無"乣"字，這是漢籍中混入的契丹大字。遼代契丹大字墓誌中經常出現"乣"字，例如在契丹大字《耶律昌允墓誌銘》第二行音譯的漢語借詞官名午（左）夬（千）光乣（牛）机（衛）夲光（上）将（將）灵（軍）。乣是漢字"牛"的韻母，讀iou。

[2]大安山：位於今北京市房山區境內。　劉守光所藏錢：【劉校】據中華點校本校勘記，畢沅《續通鑑》作"劉仁恭所藏錢"。《拾遺》亦稱"大安山藏錢"，《唐書》《御覽》俱作"劉仁恭事"。非劉守光。

[3]令穩：契丹官名。小部落首領。

五月癸卯，詔參知政事邢抱朴決南京滯獄。庚戌，朔州威勝軍一百七人叛入宋。

六月辛未，如炭山清暑。鐵驪來貢。乙酉，回鶻來貢。己丑，高麗遣使來問起居。後至無時。

秋七月戊午，回鶻等來貢。

閏月丁丑，五院部進穴地所得金馬。[1]

[1]五院部：契丹部族名。原爲迭剌部一部分。太祖阿保機以迭剌部強大難制，析爲五院部和六院部。

冬十月丙辰，命劉遂教南京神武軍士劍法，[1]賜袍帶錦幣。戊午，烏昭度乞內附。[2]

[1]神武軍：遼燕京禁軍名號。據《長編》卷五五宋真宗咸平

六年（1003）七月己酉記李信云："國中所管幽州漢兵，謂之神武、控鶴、羽林、驍武等，約萬八千餘騎。"其中"羽林""控鶴"是唐、五代禁軍舊有的名號。因此可以斷定李信所説的遼燕京的"漢兵"就是戍衛京城的禁軍。

［2］烏昭度：人名。兀惹部部酋。

十一月甲戌，詔諸軍官毋非時畋獵妨農。[1]乙酉，奉安景宗及太后石像於乾州。是月，回鶻阿薩蘭遣使爲子求婚，不許。

［1］妨農：【劉校】原本作"放農"，中華點校本據南監本、北監本和殿本改。今從改。

十二月甲寅，以南京道新定税法太重，減之。甲子，撻凜誘叛酋阿魯敦等六十人斬之，封蘭陵郡王。幸南京。

是年，放進士張儉等三人。[1]

［1］張儉（？—1053）：宛平（今北京市）人。舉進士第一，受到聖宗常識，太平六年（1026）爲南院樞密使。聖宗不豫，受遺詔輔立太子，是爲興宗，拜太師、中書令，加尚父，封陳王。在相位二十餘年。本書卷八〇有傳。

十五年春正月庚午，幸延芳淀。丙子，以河西党項叛，詔韓德威討之。庚辰，詔諸道勸民種樹。癸未，兀惹長武周來降。戊子，女直遣使來貢。己丑，詔南京決滯囚。乙未，免流民税。

二月丙申朔，如長春宮。戊戌，勸品部富民出錢以贍貧民。[1]庚子，徙梁門、遂城、泰州、北平民於內地。[2]丙午，夏國遣使來貢。甲寅，問安皇太后。丙辰，韓德威奏破党項捷。丁巳，詔品部曠地令民耕種。

[1]品部：契丹部族名。屬太祖二十部之列。隸北府，屬西北路招討司。

[2]梁門：即梁門口。後周有梁門口寨。宋太平興國六年（981），置靜戎軍，治所在今河北省保定市徐水區。　內地：契丹稱其原住地爲"內地"。

三月乙丑朔，党項來貢。戊辰，募民耕灤州荒地，[1]免其租賦十年。己巳，夏國破宋兵，遣使來告。己卯，封夏國王李繼遷爲西平王。壬午，通括宮分人户，[2]免南京逋税及義倉粟。甲申，河西党項乞內附。庚寅，兀惹烏昭度以地遠，乞歲時免進鷹、馬、貂皮，詔以生辰、正旦貢如舊，餘免。癸巳，宋主炅殂，[3]子恒嗣位。[4]甲午，皇太妃獻西邊捷。

[1]灤州：契丹分平州地置，治義豐（今河北省灤州市）。

[2]宮分人户：亦稱宮户、宮分户。他們是隸屬宮分而不隸州縣的人户。宮分人户有宮籍，多是統治者的私奴。宮籍是世襲的，未經統治者宣佈廢除，子孫則世代爲宮分人户。遼亡之後，諸宮衛機構雖已不存，但那些宮户、宮分人的身份並未改變，他們仍隸宮籍。於是，金朝始有宮籍監之設，用以管理這些宮户，並依照新機構的名稱，稱他們爲"宮籍監户"或"監户"。

[3]宋主炅：即宋太宗趙炅。本名趙匡義，後避其兄名諱而改

名趙光義，即位後改此名。

　　[4]恒：宋真宗名。

　　夏四月乙未朔，罷奚五部歲貢麕。戊戌，錄囚。壬
寅，發義倉粟振南京諸縣民。丙午，廣德軍節度使韓德
凝有善政，秩滿，其民請留，從之。己酉，幸南京。丁
巳，致奠于太宗皇帝廟。己未，如炭山清暑。

　　五月甲子朔，日有食之。己巳，詔平州決滯獄。[1]
是月，敵烈八部殺詳穩以叛，[2]蕭撻凜追擊，獲部族
之半。

　　[1]平州：唐置，治所在今河北省盧龍縣。

　　[2]詳穩：【劉注】契丹小字官名的音譯。本書卷一一六
《國語解》：“詳穩，諸官府監治之官。”

　　六月丙申，鐵驪來貢。壬子，夏國遣使來謝封册。
　　秋七月戊辰，党項來貢。辛未，禁吐谷渾別部鬻馬
於宋。丙子，高麗遣韓彥敬奉幣弔越國公主之喪。[1]辛
卯，詔南京疾決獄訟。

　　[1]越國公主（976—997）：景宗第三女延壽女。生母爲睿智
皇后。下嫁蕭恒德。年二十一以疾終。

　　八月丁酉，獵于平地松林，[1]皇太后誡曰：“前聖有
言：欲不可縱。吾兒爲天下主，馳騁田獵，萬一有銜橛
之變，[2]適遺予憂。其深戒之！”

[1]平地松林：西遼河上游中古時期生態良好，有茂密的松林，稱"平地松林"。《新五代史》卷七三《四夷附録第二》引胡嶠《陷虜記》説："自上京東去四十里至真珠寨，始食菜。明日東行，地勢漸高，西望平地松林，鬱然數十里，遂入平川，多草木。"

[2]銜橛之變：指車馬傾覆的危險。亦喻意外發生的事故。

九月丙寅，罷東邊戍卒。庚午，幸饒州，[1]致奠太祖廟。戊子，蕭撻凛奏討阻卜捷。

[1]饒州：據《讀史方輿紀要》卷一八，該州在"臨潢西南二百三十里"。【劉注】據孫進己、馮永謙編《東北歷史地理》下册所載，遼代饒州州治在今内蒙古自治區林西縣小城子鄉西拉木倫河北岸的西櫻桃溝村黄土坑屯東古城址。

冬十月壬辰朔，駐蹕馳山，罷奚王諸部貢物。乙未，賜宿衛時服。丁酉，禁諸山寺毋濫度僧尼。戊戌，弛東京道魚濼之禁。[1]戊申，以上京獄訟繁冗，詰其主者。辛酉，録囚。

[1]東京道：遼以遼陽府（今遼寧省遼陽縣）爲東京，其轄下的地區又稱東京道。

十一月壬戌朔，録囚。丙戌，幸顯州。[1]戊子，謁顯陵。[2]庚寅，謁乾陵。是月高麗王治薨，侄誦遣王同穎來告。[3]

[1]顯州：治所在今遼寧省北鎮市。

〔2〕顯陵：東丹王耶律倍及世宗陵寢。其址在顯州（今遼寧省北鎮市）。大同元年（947）世宗以其父東丹王耶律倍生前愛醫巫閭山水奇秀，因葬於此。應曆元年（951）穆宗葬世宗於顯陵西山。

〔3〕王誦（？—1010）：高麗國王。遼統和十五年（997）十一月其叔治卒，誦繼位。十六年，遼遣使冊誦爲高麗國王。二十八年高麗西京留守康肇弑其主誦，擅立誦從兄詢。

十二月乙巳，鉤魚土河。[1]己酉，駐蹕馳山。壬子，夏國遣使來貢。甲寅，遣使祭高麗王治，詔其侄權知國事。丙辰，録囚。

是年，放進士陳鼎等二人。

〔1〕鉤魚：鑿冰捕魚。　土河：即老哈河，源出永安山（又稱馬盂山，即今河北省平泉縣柳溪鎮光頭山），流經今内蒙古自治區東部赤峰地區，與西拉木倫河匯合。

（李錫厚注　劉鳳翥校）

遼史　卷一四

本紀第十四

聖宗五

十六年春正月乙丑，如長濼。[1]

[1] 長濼：遼時湖泊名。又作長泊，亦稱魚兒濼，是遼春捺鉢的地點，在長春州（治所在今吉林省前郭爾羅斯蒙古族自治縣塔虎城）境內。宋大中祥符六年（遼開泰二年，1013），晁迥使遼，回來後向宋廷報告此行至長泊所見遼帝四時捺鉢活動的情況。

二月庚子，夏國遣使來貢。[1] 丙午，以監門衛上將軍耶律喜羅爲中臺省左相。[2]

[1] 夏國（1038—1227）：以党項民族爲主體建立的政權。1038年，元昊叛宋稱帝，建立大夏王朝，傳十代，至1227年爲蒙古所滅。元昊稱帝以前，作爲北宋境內的地方割據政權，已經具有獨立性。史稱西夏，先後與遼、北宋及金、南宋並立於中國境內。境土包括今寧夏回族自治區全部、甘肅省大部、陝西省北部以及青海

省、内蒙古自治區的部分地區。

　　[2]中臺省：東丹國宰輔機構。設左、右大相及左、右次相。

　　三月甲子，女直遣使來貢。[1]乙亥，鼻骨德酋長
來貢。[2]

　　[1]女直：本作女真，因避遼興宗耶律宗真名諱，改稱女直。
遼時居東北東部。在南者入遼籍，稱熟女真，或合蘇館女真；在北
者不入遼籍，稱生女真。

　　[2]鼻骨德：又作蟞古德、鼻古德，遼時黑龍江流域部族名。
聖宗時分置伯斯鼻古德部與撻馬鼻古德部，均屬東北路統軍司。所
在地相當於今黑龍江省富錦市至俄國境内哈巴羅夫斯克（伯力）沿
江一帶。

　　夏四月癸卯，振崇德宮所隸州縣民之被水者。[1]丁
未，罷民輸官俸，給自内帑。己酉，祈雨。乙卯，如木
葉山。[2]

　　[1]崇德宮：承天太后宮分。有正户六千，蕃漢轉户一萬。轄：
乾、川、雙、貴德四州及潞縣（在上京地區）一縣。

　　[2]木葉山：山名。契丹語稱“大”爲“木葉”。“木葉山”可
以泛指任何“大山”，也可專指某一大山爲“木葉山”。此處專指
永州境内一座山，契丹人視此山爲神山，其地在今内蒙古自治區翁
牛特旗新蘇莫蘇木的西拉木倫河與老哈河匯合處一帶。“上建契丹
始祖廟，奇首可汗在南廟，可敦（可汗之妻）在北廟，繪塑二聖并
八子神像。”詳見本書卷三七《地理志一》永州條。

五月甲子，祭白馬神。丁卯，祠木葉山，告來歲南伐。庚辰，鐵驪來貢。[1]乙酉，還上京。婦人年踰九十者賜物。

[1]鐵驪：族名。遼置鐵驪國王府，以統其眾。其地當今黑龍江省東部松花江流域。

六月戊子朔，致奠於祖、懷二陵。[1]是月，清暑炭山。[2]

[1]祖陵：遼太祖耶律阿保機的葬所。位於祖州西五里，其地在今内蒙古自治區巴林左旗查干哈達蘇木石房子嘎查。　懷陵：遼太宗、穆宗之陵。其址位於懷州境内。大同元年（947）遼置懷州奉陵軍，治所在今内蒙古自治區巴林右旗幸福之路蘇木崗根嘎查古城址。州隸永興宫。

[2]炭山：山名。據《新五代史》卷七二《四夷附録第一》："漢城在炭山東南灤河上，有鹽鐵之利，乃後魏滑鹽縣也。其地可植五穀，阿保機率漢人耕種，爲治城郭、邑屋、廛市如幽州制度，漢人安之，不復思歸。"另據本書卷四一《地理志·西京道》，炭山在歸化州，即武州（今河北省張家口市宣化區）。

秋七月丁巳朔，録囚，聽政。
八月丁亥朔，東幸。
九月丁巳朔，駐蹕得勝口。[1]
冬十一月，遣使册高麗國王誦。[2]

[1]得勝口：據《日下舊聞考》卷一三四《京畿·昌平州》：

"翠平口在昌平北二里，舊名得勝口，金大定二十五年五月改名。"
（《元混一方輿勝覽》）得勝口又名"德勝口"。乾隆《清一統志》
卷七："德勝口在昌平州北二十里，又名翠屏口。北去鴈門口五里，
又東有賢莊口。"

[2]高麗：指王建創建的高麗王朝（918—1392）。統治地域在
今朝鮮半島，首都在開京（今朝鮮開城市）。　王誦（？—1010）：
高麗國王。遼統和十五年（997）十一月其叔治卒，誦繼叔位。二
十八年高麗西京留守康肇弒其主誦，擅立誦從兄詢。《高麗史》卷
三《穆宗世家》（己亥）二年（統和十七年，999）冬十月，"契丹
遣右常侍劉績來加册王尚書令"。

十二月丙戌朔，[1]宋國王休哥薨，[2]輟朝五日。進封
皇弟恒王隆慶爲梁國王、南京留守，[3]鄭王隆祐爲吳
國王。[4]

[1]十二月丙戌朔：【劉校】原本無"朔"字，據中華點校本
校勘記，依本書卷四四《朔考》補。

[2]休哥：即耶律休哥（？—998）。字遜寧，出身皇族，應曆
末，爲惕隱。乾亨元年（979），與耶律斜軫分左右翼，擊敗宋軍於
高梁河。是年冬，休哥率本部兵從韓匡嗣等戰於滿城。匡嗣敗績。
休哥整兵進擊，擊退宋軍。詔總南面戍兵，爲北院大王。聖宗即
位，太后稱制，令休哥總南面軍務，多有戰功。統和四年（986），
封宋國王。本書卷八三有傳。

[3]隆慶：即耶律隆慶（？—1016）。遼聖宗耶律隆緒同母弟。
統和中進封爲梁國王，拜南京留守，手握重兵，稱雄一方。統和十
七年（999）南征，隆慶率軍爲先鋒，至瀛州（今河北省河間市），
與宋將范廷召相遇，隆慶命蕭柳迎戰，將宋軍擊潰，並圍而殲之。
十九年（1001），他復敗宋人於行唐（今河北省行唐縣）。他的權

勢、地位不斷上升，威脅皇權。《宋朝事實類苑》卷七七引《乘軺錄》稱其"調度之物，悉侈於隆緒"。

[4]隆祐（？—1012）：景宗第三子。小字高七，一字胡都。乾亨初封鄭王。至是徙王吳，更王楚。開泰初改王齊。曾任西南面招討使、北院樞密使。【劉注】隆祐，《契丹國志》卷一四："齊國王隆裕，番名高七，母曰蕭氏，景宗第三子。"又據劉鳳翥、唐彩蘭、青格勒編著《遼上京地區出土的遼代碑刻彙輯》所收《秦晉國大長公主墓誌銘》，大長公主次女"適齊國王隆裕"。《宋會要輯稿》第七六九五頁亦作"隆裕"。這都説明"隆祐"應作"隆裕"。

是年，放進士楊又玄等二人。[1]

[1]楊又玄：【劉校】原本、南監本和北監本均作"楊又立"，據中華點校本校勘記："《大典》五二四九同。《紀》開泰七年十一月作'又玄'，殿本作'又玄'。太平二年十月，百、殿兩本並作又玄。核其事蹟，確是一人。按《道德經》'玄之又玄'，似取名所本，據改。下同。"今從改。

十七年春正月乙卯朔，如長春宮。
夏四月，如炭山清暑。
六月，兀惹烏昭慶來。[1]

[1]兀惹：部族名。本書卷四六《百官志二》："兀惹部，亦曰烏惹部。" 烏昭慶：人名。本書卷一三《聖宗紀四》作"烏昭度"。

秋七月，以伐宋詔諭諸道。

九月庚辰朔，幸南京。己亥，南伐。癸卯，射鬼箭。[1]北院樞密使魏王耶律斜軫薨，[2]以韓德讓兼知北院樞密使事。[3]

[1]射鬼箭：契丹人的巫術、刑罰。皇帝出征及祭祀先帝時，都要行這種巫術。取死囚一人，置於所要前往之方向，以亂箭射殺，名爲射鬼箭。契丹人認爲，以此可以祓除不祥。班師歸來則以俘虜射鬼箭。後來則以此作爲刑罰的一種。

[2]北院樞密使：即契丹樞密院之樞密使。爲北面官之最高官職，掌軍事、部族。詳本書卷四五《百官志一》。　耶律斜軫（？—999）：于越曷魯之孫。字韓隱。保寧初受命節制西南面諸軍，仍援河東。改南院大王。乾亨元年（979）秋，宋軍攻下河東，乘勝襲燕，高梁河一戰，他與耶律休哥分左右翼夾擊，大敗宋軍。統和初，承天皇太后蕭綽稱制，益見委任，爲北院樞密使。四年（986）宋軍三路來攻，斜軫指揮擊退西路來攻的宋軍，以功加守太保。本書卷八三有傳。

[3]韓德讓（942—1011）：韓匡嗣第四子。統和初年承天稱制，韓德讓以南院樞密使的身份“總宿衛事”。統和十七年（999）北院樞密使、魏王耶律斜軫病故，承天太后以韓德讓兼知北院樞密使事，至此，遼朝的蕃漢軍政大權就集於其一身了。統和二十二年（1004），承天太后賜韓德讓姓耶律，徙封晉王，並且仍舊爲大丞相，事無不統。次年十一月又詔德讓“出宮籍，屬於橫帳”。二十八年更名耶律隆運。本書卷八二有傳。

冬十月癸酉，攻遂城，[1]不克。遣蕭繼遠攻狼山鎮石砦，破之。次瀛州，[2]與宋軍戰，擒其將康昭裔、宋順，[3]獲兵仗、器甲無算。進攻樂壽縣，[4]拔之。次遂城，敵衆臨水以拒，縱騎兵突之，殺戮殆盡。

是年，放進士初錫等四人及第。

[1]遂城：縣名。治所在今河北省保定市徐水區。

[2]瀛州：治所在今河北省河間市。

[3]康昭裔：河南洛陽（今河南省洛陽市）人。亦作康保裔。
後周時曾屢立戰功，開寶中又從諸將破契丹於石嶺關。端拱初授淄
州團練使，徙定州、天雄軍駐泊部署。真宗即位，領彰國軍節度，
出爲並代都部署，徙知天雄軍，復爲高陽關都部署。《宋史》卷四
四六有傳。本傳稱："契丹兵大入，諸將與戰於河間，保裔選精銳
赴之，會暮，約詰朝合戰。遲明，契丹圍之數重，左右勸易甲馳突
以出，保裔曰：'臨難無苟免。'遂決戰。二日，殺傷甚衆，蹴踐塵
深二尺，兵盡矢絕，援不至，遂沒焉。時車駕駐大名，聞之震悼，
廢朝二日，贈侍中。以其子繼英爲六宅使、順州刺史，繼彬爲洛苑
使，繼明爲內園副使，幼子繼宗爲西頭供奉官，孫惟一爲將作監主
簿。""方保裔及契丹血戰，而援兵不至，惟張凝以高陽關路鈐轄領
先鋒，李重貴以高陽關行營副都部署率衆策應，遇契丹兵交戰，保
裔爲敵所覆，重貴與凝赴援，腹背受敵，自申至寅力戰，敵乃退。"
以上所載康保裔作戰的地點與《遼史》記載相同，唯《宋史》不
記此役發生之具體年、月、日。《宋史》稱康保裔戰沒，而《遼
史》則記其被俘，並受遼官職，《遼史》記載可信。《長編》卷四
六咸平三年（1000）正月甲申："先是范廷召自中山分兵擊敵求援
於高陽關都部署、馬軍都虞候、彰國節度使康保裔，保裔即領兵赴
之。至瀛州西南裴村，而廷召後陣已與敵遇，使來趣兵，保裔選精
銳與之。會日暮，約以詰旦合戰。及夕，廷召潛師以遁，保裔不之
覺。遲明，敵騎圍之數重，左右請易甲而逃。保裔曰：'臨難無苟
免，此吾効死之日矣。'遂大呼決戰，凡數十合，兵盡矢窮，士卒
以勁弩擊敵，殺傷甚衆。所蹴踏塵深二尺而救兵不至，保裔沒焉。

敵遂自德、棣濟河，掠淄、齊而去。上既聞保裔死，其部曲畏誅，聲言保裔投賊。密詔駕前走馬承受榆次夏守贇察之。守贇變服入軍中廉問，既得其實，於是優詔贈侍中，以其子寄班供奉官繼英爲六宅使順州刺史，餘五子及孫悉加寵秩。”保裔降遼是事實，並非“部曲畏誅，聲言保裔投賊”。夏守贇調察結果，不但無助於釐清真象，反而掩蓋了康保裔降敵的事實。

[4]樂壽縣：治所在今河北省獻縣。　進攻樂壽縣：《長編》卷四五咸平二年（999）十月末：“契丹寇定州，次懷遠驛。詔遣南作坊使李繼宣領兵三千往襲之，至則敵已壞橋，繼宣梁木而度，追奔五十餘里。敵又焚常山、中度二橋，繼宣復領兵趨焉，契丹聞之，拔寨遁去。繼宣銳於擊敵，數詣都部署傅潛請行，潛每抑之，不令遠襲，以故無功。”

十八年春正月，還次南京，賞有功將士，罰不用命者。詔諸軍各還本道。

二月，幸延芳淀。[1]

[1]延芳淀：位於今北京市通州區西。遼時廣數百畝，中多菱芡、鶩雁之屬。遼帝每年春季則弋獵於此。

夏四月己未，駐蹕于清泉淀。

五月丁酉，清暑炭山。

六月，阻卜叛酋鶻碾之弟鐵剌不率部衆來附，[1]鶻碾無所歸，遂降，詔誅之。

[1]阻卜：即達旦、韃靼。元人諱言達旦，而稱達旦爲阻卜。詳王國維《觀堂集林》卷一四《達旦考》。

秋七月，駐蹕於湯泉。

九月乙亥朔，駐蹕黑河。[1]

[1]黑河：河流名。據本書卷三七《地理志一·慶州》："在州西二十。有黑山、赤山、太保山、老翁嶺、饅頭山、興國湖、轄失濼、黑河。"【劉注】遼代黑河即發源於今內蒙古自治區巴林右旗索博日嘎鎮埋王溝的查干沐淪（蒙古語"白河"的音譯）河。清代忌諱"黑"，故改稱黑河為白河。

冬十一月甲戌朔，授西平王李繼遷子德昭朔方軍節度使。[1]

[1]德昭：即李德昭（981—1031），《宋史》卷一一五《西夏傳》作"德明"，遼避穆宗及景宗諱，改為德昭。西夏李繼遷之子。1004年嗣位。1005年，遼冊封他為西平王。次年，宋授為定難軍節度使，封西平王。死後其子元昊追諡光聖皇帝，廟號太宗。

十二月，回鶻來貢。[1]

是年，放進士南承保等三人及第。

[1]回鶻：中國北方與西北古代民族名。原為鐵勒，8世紀40年代，骨咄禄毗伽可汗曾建立了回紇汗國。公元840年左右，回紇汗國崩潰。除一部分人南下附屬唐朝外，其餘分三支向西北遷徙，和西域原住的同族人匯合，而先後建成高昌回鶻、河西回鶻（甘州回鶻）和喀喇汗王朝（黑汗王朝）三個政權。回鶻西遷後，和中原諸王朝仍然保持着密切關係。甘州回鶻對五代、北宋朝貢不絕；高昌回鶻曾同時為遼朝及北宋的屬國。

十九年春正月辛巳，以祗候郎君班詳穩觀音爲奚六部大王。[1]甲申，回鶻進梵僧名醫。

[1]奚六部大王：遼對歸附以後的奚族首領的稱呼。奚本來祗有五部，阿保機降伏五部奚之後設置墮瑰部，而成六部。詳本書卷三三《營衛志·部族下》。

三月乙亥，夏國遣李文貴來貢。乙酉，西南面招討司奏党項捷。[1]壬辰，皇后蕭氏以罪降爲貴妃。[2]賜大丞相韓德讓名德昌。[3]

[1]西南面招討司：契丹軍事機構名。設招討使一人，駐西京大同（今山西省大同市），負責對西夏的防務。
[2]皇后蕭氏：統和四年（986）聖宗納蕭氏爲皇后。
[3]賜大丞相韓德讓名德昌：據《韓匡嗣墓誌》及《韓德昌墓誌》，匡嗣幼子（第九子）名德昌，死於乾亨五年（983）。以亡弟名賜其兄，有悖情理。

夏四月乙巳，幸吳國王隆祐第視疾。丙午，問安皇太后。

五月癸酉，清暑炭山。丙戌，册蕭氏爲齊天皇后。[1]庚寅，以千拽剌詳穩耶律王奴爲乙室大王。[2]辛卯，以青牛白馬祭天地。[3]

[1]齊天皇后（982—1032）：聖宗皇后。姓蕭氏，小字菩薩哥，睿智皇后弟隗因之女。其母是韓匡嗣之女。年十二，選入掖庭。統和十九年（1001），册爲齊天皇后。生皇子二，皆早卒。開

泰五年（1016），宮人耨斤生興宗，后養爲子。興宗即位後，耨斤自立爲皇太后。齊天皇后被害，年五十。追尊仁德皇后。與欽哀皇后並祔慶陵。本書卷七一有傳。

　　[2]乙室：契丹部族名。遙輦氏阻午可汗時始置爲部。隸南府，駐守西南之境。

　　[3]以青牛白馬祭天地：契丹祭祀天地用青牛白馬，表示不忘祖先。本書卷三七《地理志一·上京道》：“相傳有神人乘白馬，自馬盂山浮土河而東，有天女駕青牛車由平地松林泛潢河而下。至木葉山，二水合流，相遇爲配偶，生八子。其後族屬漸盛，分爲八部。每行軍及春秋時祭，必用白馬青牛，示不忘本云。”

　　六月乙巳，以所俘宋將康昭裔爲昭順軍節度使。[1]戊午，夏國奏下宋恒、環、慶等三州，[2]賜詔褒之。

　　[1]昭順軍：爲遼遙授官職。五代後唐境內有昭順軍，後周改保信軍，宋因之。治廬州（今安徽省合肥市）。

　　[2]恒：恒州。古州名。東魏時僑置恒州，後爲蘆板寨城（今山西省原平縣境內）。　環：環州。治所在今陝西省環縣。　慶：慶州。治所在今甘肅省慶陽市。

　　秋七月丙戌，以東京統軍使耶律奴瓜爲南府宰相。[1]

　　[1]宰相：契丹部族官名。契丹可汗之下有北、南二府，各部族則分屬二府，分設宰相，故北宰相亦稱北府宰相，南宰相亦稱南府宰相。　耶律奴瓜：字延寧，太祖異母弟南府宰相蘇之孫。本書卷八五有傳。

八月庚戌，達盧骨部來貢。[1]

[1]達盧骨：部族名。又作達魯古。女真之一部，該部有城，稱達盧古城，位於拉林河以西地區。一説位於今吉林省前郭爾羅斯蒙古族自治縣興隆堡附近。

九月己巳朔，問安皇太后。戊子，駐蹕昌平。[1]庚寅，西南面招討司奏討吐谷渾捷。[2]辛卯，幸南京。

[1]昌平：縣名。治所在今北京市昌平區。
[2]吐谷渾：古代部族名。即吐渾。據《新五代史》卷七四《四夷附録第三》，吐渾"自後魏以來，名見中國，居於青海之上。當唐至德中，爲吐蕃所攻，部族分散，其内附者，唐處之河西。其大姓有慕容、拓拔、赫連等族。懿宗時，首領赫連鐸爲陰山府都督，與討龐勛，以功拜大同軍節度使。爲晉王所破，其部族益微，散處蔚州界中"。"晉高祖立，割雁門以北入于契丹，於是吐渾爲契丹役屬，而苦其苛暴"。

冬十月己亥，南伐。壬寅，次鹽溝。[1]徙封吳國王隆祐爲楚國王，留守京師。丁未，梁國王隆慶統先鋒軍以進。[2]辛亥，射鬼箭。壬子，以青牛白馬祭天地。甲寅，遼軍與宋兵戰於遂城，敗之。庚申，以黑白羊祭天地。丙寅，次滿城，[3]以泥淖班師。

[1]鹽溝：水名。又作閻溝，位於今北京市房山區良鄉鎮南。
[2]先鋒軍：作戰時衝鋒在先的軍隊。《武經總要》後集卷五《故事》載：唐太宗嘗選精鋭千餘騎爲奇兵，皆皂衣黑甲，分爲左

右隊。隊建大旗，令騎將秦叔寶、程咬金、尉遲敬德、翟長孫等分統之。每臨敵，太宗躬被黑甲，先鋒率之，候機而進，所向摧靡，常以少擊衆，賊徒氣懾。

[3]滿城：縣名。治所在今河北省保定市滿城區。

十一月庚午，射鬼箭。丙子，宋兵出淤口、益津關來侵，[1]偵候謀洼、虞人招古擊敗之。[2]己卯，觀漁儒門澱。

[1]淤口：即淤口關，位於今河北省霸州市東。　益津關：位於今河北省霸州市。

[2]虞人：古代掌山澤苑囿之官。《周禮・夏官・大司馬》：“虞人萊所田之野爲表。”賈公彦疏：“虞人者，若田在澤，澤虞；若田在山，山虞。”《左傳・昭公二十年》：“十二月，齊侯田於沛，招虞人以弓，不進。”杜預注：“虞人，掌山澤之官。”

閏月己酉，鼻骨德來貢。己未，減關市税。[1]

[1]關市税：即商業税。遼太平九年（1029）遼東地區因徵收過重的商税，引發渤海人反抗。

十二月庚辰，免南京、平州租税。[1]

[1]平州：唐置，治所在今河北省盧龍縣。

二十年春正月庚子，如延芳淀。癸丑，東方五色虹見。詔安撫西南面向化諸部。甲寅，夏國遣使貢馬、馳。辛酉，女直宰相夷离底來貢。

二月丁丑，女直遣其子來朝。高麗遣使賀伐宋捷。

三月甲寅，遣北府宰相蕭繼遠等南伐。壬戌，駐蹕鴛鴦濼。[1]

[1]鴛鴦濼：湖名。在今北京市延慶區境內。舊時周八十里。其水停積不流，自遼金以來，爲放飛之所。今名野鴨湖。

夏四月丙寅朔，文班太保達里底敗宋兵于梁門。[1]甲戌，南京統軍使蕭撻凛破宋軍於泰州。[2]乙酉，南征將校獻俘，賜爵賞有差。戊子，鐵驪遣使來貢。

[1]梁門：地名。太平興國六年（981），於梁門寨置靜戎軍，於遂城縣置威虜軍。時號“銅梁門，鐵遂城”，言其險固。景德初，改靜戎軍爲安肅軍，在今河北省保定市徐水區。
[2]泰州：此爲保州之舊稱。治清苑（今河北省保定市清苑區），後徙滿城（今河北省保定市滿城區）。

五月乙卯，幸炭山清暑。

六月，夏國遣劉仁勖來告下靈州。[1]

[1]靈州：治所在今寧夏回族自治區靈武市。據《宋史》卷四八五《夏國傳》宋真宗咸平五年（遼統和二十年，1002）三月，繼遷大集蕃部，攻陷靈州，以爲西平府。

秋七月甲午朔，日有食之。丁酉，以邢抱朴爲南院樞密使。[1]辛丑，高麗遣使來貢本國《地里圖》。

[1]南院樞密使：即漢人樞密院之樞密使。爲南面官最高官職。詳見本書卷四七《百官志三》。　邢抱朴（？—1004）：應州（今山西省應縣）人。保寧初，爲政事舍人、知制誥。統和四年（986），加戶部尚書，遷翰林學士承旨，與室昉同修《實録》。十二年，拜參知政事，改南院樞密使。二十二年（1004）卒，贈侍中。本書卷八〇有傳。

九月癸巳朔，謁顯陵，[1]告南伐捷。

[1]顯陵：東丹王耶律倍及世宗陵寢。在顯州（今遼寧省北鎮市）。大同元年（947）世宗以其父東丹王耶律倍生前愛醫巫閭山水奇秀，因葬於此。應曆元年（951）穆宗葬世宗於顯陵西山。

冬十月癸亥朔，至自顯陵。

十二月，奚王府五帳六節度獻七金山土河川地，[1]賜金幣。

是歲，南京、平州麥秀兩岐。放進士邢祥等六人及第。

[1]奚王府：奚部族官府名。奚原分五部，阿保機降伏五部奚之後設置墮瑰部，而成六部。其首領仍稱奚王，設奚大王府，作爲治理六部奚的機構。詳本書卷三三《營衛志·部族下》。　七金山土河川地：遼聖宗在其地建成中京。中京故址在今内蒙古自治區寧城縣大明城。

二十一年春正月，如鴛鴦濼。

三月壬辰，詔修《日曆》官毋書細事。[1]甲午，朝皇太后。戊午，鐵驪來貢。

[1]《日曆》：史官對朝政事務的按日記錄，也是史官纂修《實錄》和《國史》的依據。此制始於唐。宋代吳曾《能改齋漫錄》卷二《事始》載："唐順宗時宰相韋執誼監修國史，奏始令史官撰《日曆》，此《日曆》之始也。"宋代亦重《日曆》，《續資治通鑑長編》卷二九九元豐二年（1079）八月己未王存言："近制諸司供報事，直供編修《日曆》所，則起居注之職，除臣僚告謝詔事外，更無文字可備編錄，恐失置官之意。"

夏四月乙丑，女直遣使來貢。戊辰，兀惹、渤海、奧里米、越里篤、越里吉等五部遣使來貢。[1]是月，耶律奴瓜、蕭撻凜獲宋將王繼忠於望都。[2]

[1]越里吉：【劉校】"吉"原本作"古"。據中華點校本校勘記："按《屬國表》作越里吉，《紀》重熙六年八月作越棘，知'古'是吉之訛，據改。"今從改。

[2]王繼忠（？—1023）：宋降將。本書卷八一有傳。《宋史》卷二七九《王繼忠傳》載："［繼忠］開封人。真宗在藩邸，得給事左右，以謹厚被親信。即位，補內殿崇班，累遷至殿前都虞候，領雲州觀察使，出爲深州副都部署，改鎮、定、高陽關三路鈐轄兼河北都轉運使，遷高陽關副都部署，俄徙定州。咸平六年，契丹數萬騎南侵，至望都，繼忠與大將王超及桑贊等領兵援之。繼忠至康村，與契丹戰，自日昳至乙夜，敵勢小卻。遲明復戰，繼忠陣東偏，爲敵所乘，斷餉道，超、贊皆畏縮退師，竟不赴援。繼忠獨與

麾下躍馬馳赴，服飾稍異，契丹識之，圍數十重。士皆重創，殊死戰，且戰且行，旁西山而北，至白城，遂陷於契丹。真宗聞之震悼，初謂已死，優詔贈大同軍節度，賵賻加等，官其四子。景德初，契丹請和，令繼忠奏章，乃知其尚在。朝廷從之，自是南北戢兵，繼忠有力焉。歲遣使至契丹，必以襲衣、金帶、器幣、茶藥賜之，繼忠對使者亦必泣下。嘗附表懇請召還，上以誓書約各無所求，不欲渝之，賜詔諭意。契丹主遇繼忠甚厚，更其姓名爲耶律顯忠，又改名宗信，封楚王。"

五月庚寅朔，清暑炭山。丁巳，西平王李繼遷薨，[1]其子德昭遣使來告。

[1]李繼遷薨：據《宋史》卷四八五《夏國傳》，繼遷"景德元年（遼統和二十二年，1004）正月二日卒，年四十二"。

六月己卯，贈繼遷尚書令，遣西上閤門使丁振吊慰。[1]辛巳，黨項來貢。乙酉，阻卜鐵剌里率諸部來降。是月，修可敦城。[2]

[1]閤門使：官名。即古之擯相之職。唐末、五代凡取稟旨命、供奉乘輿、朝會遊宴及贊導三公、群臣、蕃國朝見、辭謝，糾彈失儀之事，由閤門使、副掌管。閤門使多以處武臣。參見《文獻通考·職官十二》。
[2]可敦城：即鎮州。故址在今蒙古國布爾根省青托羅蓋古城。陳得芝《耶律大石北行史地雜考》（《歷史地理》第二輯）說，遼朝統治漠北屬部的最高軍政機構是西北路招討司（又稱西北路都招討司），遼聖宗統和十二年（994），因西北"阻卜"諸部作亂，以

蕭撻凜爲西北路招討使，命隨皇太妃（齊王妃）出征，"屯西鄙臚駒兒河，西捍韃靼，盡降之"。蕭撻凜鑒於達旦諸部叛服不常，上表乞建三城以鎮之。統和二十二年（1004）三城完工，設置鎮、防、維三州。

秋七月庚戌，阻卜、烏古來貢。[1]甲寅，以奚王府監軍耶律室魯爲南院大王。[2]

[1]烏古：部族名。又稱嫗厥律、于厥律，居契丹西北。據《新五代史》卷七三《四夷附錄第二》："嫗厥律，其人長大，髡頭，酋長全其髮，盛以紫囊。地苦寒，水出大魚，契丹仰食。又多黑、白、黄貂鼠皮，北方諸國皆仰足。其人最勇，鄰國不敢侵。"

[2]南院大王：契丹部族官。遼朝析迭剌部爲五院部和六院部。五院部有知五院事，在朝曰北大王院；六院部有知六院事，在朝曰南大王院。北院大王和南院大王即是五院部和六院部的首領，握有兵權。　耶律室魯爲南院大王：【劉校】據中華點校本校勘記，本書卷八一本傳作"北院大王"，下文二十九年三月亦稱室魯爲"北院大王"，"南"字疑誤。

八月乙酉，阻卜鐵剌里來朝。丙戌，朝皇太后。
九月己亥，夏國李德昭遣使來謝吊贈。癸丑，幸女河湯泉，改其名曰松林。
冬十月丁巳朔，[1]駐蹕七渡河。[2]戊辰，以楚國王隆祐爲西南面招討使。

[1]丁巳朔：【劉校】原本無"朔"字，據中華點校本校勘記，依本書卷四四《朔考》補。

[2]七渡河：發源於今北京市懷柔區北部，至通州區流入北運河。

十一月壬辰，故于越耶律休哥之子道士奴、高九等謀叛，伏誅。丙申，通括南院部民。

十二月癸未，罷三京諸道貢。

二十二年春正月丁亥，如鴛鴦濼。

二月乙卯朔，女直遣使來貢。丙寅，南院樞密使邢抱樸薨，輟朝三日。

三月己丑，罷番部賀千齡節及冬至、重五貢。[1]乙未，西夏李德昭遣使上繼遷遺物。

[1]千齡節：遼以聖宗生日爲千齡節。

夏四月丁卯，朝皇太后。

五月，清暑炭山。

六月戊午，[1]以可敦城爲鎮州，軍曰建安。

[1]六月戊午：【劉校】據中華點校本校勘記，“午”原本作“子”。“南、北、殿各本同，惟《大典》五二四九作戊午。按本年六月甲寅朔，戊午初五日，據改”。今從改。

秋七月甲申，遣使封夏國李德昭爲西平王。丁亥，兀惹、蒲奴里、剖阿里、越里篤、奧里米等部來貢。

八月丙辰，黨項來貢。庚申，阻卜酋鐵剌里來朝。戊辰，鐵剌里求婚，不許。[1]丙子，駐蹕犬牙山。

[1]鐵剌里求婚，不許：【劉校】據中華點校本校勘記，本書卷七〇《屬國表》作"鐵剌里求婚，許之"。

九月己丑，以南伐諭高麗。丙午，幸南京。女直遣使獻所獲烏昭慶妻子。丁未，致祭于太宗皇帝廟。以北院大王磨魯古、太尉老君奴監北、南王府兵。庚戌，命楚國王隆祐留守京師。

閏月己未，南伐。[1]癸亥，次固安。以所獲諜者射鬼箭。甲子，以青牛白馬祭天地。丙寅，遼師與宋兵戰于唐興，[2]大破之。丁卯，蕭撻凛與宋軍戰於遂城，敗之。庚午，軍於望都。

[1]南伐：此爲景德元年（1004）閏月宋遼戰事。《九朝編年備要》卷七景德元年閏月："契丹大舉入寇。契丹主同其母蕭氏大舉寇邊，遣其統軍達蘭引兵掠威虜、安順軍，魏能、石普帥兵禦之，敗其前鋒。又攻北平寨，田敏等擊走之。遂東趨保州，攻城不克，乃與契丹主及其母合兵以攻定州，王超等陳於唐河以拒之。敵駐兵於陽城淀，又分兵圍岢嵐軍，守臣賈宗擊走之。"《宋史》卷七《真宗本紀》景德元年"閏月乙卯詔：河北吏民殺契丹者，所至援之。仍頒賞格"。癸酉，"威虜軍合兵大破契丹"。乙亥"契丹統軍撻覽率衆攻威虜、順安軍，三路都部署擊敗之，斬偏將，獲其輜重。又攻北平砦及保州，復爲州、砦兵所敗。撻覽與契丹主及其母並衆攻定州，宋兵拒於唐河，擊其游騎。契丹駐陽城淀，因王繼忠致書于莫州石普以講和。丙子，以天雄軍都部署周瑩爲駕前貝、冀路都部署，侍衛馬軍都指揮使葛霸爲駕前邢、洺路都部署。己卯，高繼勳率兵擊敗契丹數萬騎於岢嵐軍"。
[2]唐興：舊縣名。唐神龍元年（705）改武興縣，屬莫州。

394

後晉改宜川縣，不久復爲唐興縣，後周廢。治所在今河北省安新縣。

　　冬十月乙酉，以黑白羊祭天地。丙戌，攻瀛州,[1]不克。甲午，下祁州,[2]賚降兵。以酒脯祭天地。己酉，西平王李德昭遣使謝封册。

　　[1]攻瀛州:《長編》卷五八景德元年（1004）十月己酉載:"初，契丹自定州帥衆東駐陽城淀，遂緣胡盧河逾關南。是月丙戌，抵瀛州城下。勢甚盛，晝夜攻城，擊鼓伐木之聲，聞於四面。大設攻具，驅奚人負板秉燭、乘塘而上。知州、西京左藏庫使李延渥率州兵、強壯，又集貝、冀巡檢史普所部拒守，發礧石巨木擊之，皆累累而墜。逾十數日，多所殺傷。契丹主及其母又親鼓衆急擊，矢集城上如雨，死者三萬餘人，傷者倍之，竟弗能克，乃遁去。獲鎧甲、兵矢、竿牌數百萬，驛書以聞。"《九朝編年備要》卷七景德元年十月:"契丹寇瀛州，守臣李延渥敗之，敵衆死者三萬餘人，傷者倍之。乃解去。"《宋史》卷七《真宗本紀》載十月癸卯，"保、莫州、威虜、岢嵐軍及北平砦皆擊敗契丹"。十一月乙卯，"契丹攻瀛州，知州李延渥率兵敗之，殺傷十餘萬衆，遁去"。己未，"契丹逼冀州，知州王嶼擊走之"。庚午，"車駕北巡。司天言:日抱珥，黃氣充塞，宜不戰而却。癸酉，駐蹕韋城縣"。
　　[2]祁州:治今河北省安國市。

　　十一月癸亥，馬軍都指揮使耶律課里遇宋兵於洺州,[1]擊退之。甲子，東京留守蕭排押獲宋魏府官吏田逢吉、郭守榮、常顯、劉綽等以獻。[2]丁卯，南院大王善補奏宋遣人遺王繼忠弓矢，密請求和。[3]詔繼忠與使會，許和。庚午，攻破德清軍。[4]壬申，次澶淵。[5]蕭撻凜中伏弩死。乙亥，攻破通利軍。[6]丁丑，宋遣崇儀副使曹利用請和，[7]即遣飛龍使韓杞持書報聘。[8]

　　[1]洺州：治所在今河北省邯鄲市永年區。

　　[2]魏府：即大名府。唐魏州，爲天雄軍治，後唐曰興唐府。治所在今河北省大名縣。　　蕭排押（？—1023）：國舅少父房之後。字韓隱。統和初爲左皮室詳穩。四年（986），破宋將曹彬、米信兵於望都，與樞密使耶律斜軫收復山西所陷城邑。是冬攻宋，以功改南京統軍使。十三年歷北、南院宣徽使。十五年加政事令，遷東京留守。二十二年與宋和議成，爲北府宰相。兩度從聖宗征高麗。本書卷八八有傳。

　　[3]善補：即耶律善補。字瑤升，遼宗室。景宗即位，授千牛衛大將軍，遷大同軍節度使。後爲惕隱、南京統軍使、南府宰相、南院大王。凡征討，憚攻戰。年七十四卒。本書卷八四有傳。　　宋遣人遺王繼忠弓矢，密請求和：契丹諱言和議自己出，其實上月他們已向宋朝提出言和。《九朝編年備要》卷七景德元年（1004）十月：“契丹來議和。遣曹利用使其軍，與定約。初王繼忠戰敗陷敵，敵授以官。繼忠嘗爲敵言和好之利。至是雖大舉深入，復遣李興等以繼忠書詣莫州部署石普，且緘密奏一封進闕下。上覽奏，遂手詔諭繼忠，繼忠欲朝廷先遣使命，上未許。敵之攻瀛州也，繼忠遂附奏乞遣使議和，上乃命利用奉書往。至大名，王欽若疑敵不誠，留之不敢遣。敵尋復因張皓來請，乃詔督利用前去。”

　　[4]德清軍：治清豐，在今河南省清豐縣。

　　[5]澶淵：地名。位於今河南省濮陽市。

　　[6]通利軍：治黎陽，在今河南省浚縣東。

　　[7]曹利用（？—1029）：宋臣。字用之，趙州寧晉（今河北省寧晉縣）人。景德元年（1004），契丹進攻河北，真宗幸澶州，

射殺契丹大將蕭撻覽，契丹欲收兵去，使王繼忠議和。宋朝擇可使契丹者，時利用適奏事行在，遂授閤門祗候、崇儀副使，奉書詣契丹軍。《宋史》卷二九○《曹利用傳》記載其與契丹太后談判過程頗詳："利用馳至軍中，耶律隆緒母見利用車上，車軛設橫板，布食器，召與飲食，其從臣重行坐。飲食畢，果議關南地，利用拒之。遣其臣韓杞來報命，利用再使契丹。契丹母曰：'晉德我，畀我關南地，周世宗取之，今宜還我。'利用曰：'晉人以地界契丹，周人取之，我朝不知也。若歲求金帛以佐軍，尚不知帝意可否，割地之請，利用不敢以聞。'其政事舍人高正始遽前曰：'我引衆以來，圖復故地。若止得金帛歸，則愧吾國人矣。'利用曰：'子盍爲契丹熟計，使契丹用子言，恐連兵結釁，不得而息，非國利也。'契丹度不可屈，和議遂定，利用奉約書以歸。擢東上閤門使、忠州刺史，賜第京師。契丹遣使來聘，遂命利用迎勞之。"《九朝編年備要》卷七景德元年十一月："上親征至澶州。契丹之初入寇也，中外震駭，陳堯叟請幸蜀，王欽若請幸江南。上召寇准問之，准曰：'誰爲陛下畫此策者？'上曰：'卿姑斷其可否，勿問也。'准曰：'臣欲得獻策之人斬之以釁鼓，然後北伐耳。'遂定親征之議。准又以欽若多智，恐妄有疑沮，白上出之，命判天雄軍兼都部署。車駕之北巡也，敵攻天雄軍，孫全照却之，遂南陷德清軍。上駐蹕韋城，有告上宜且避其鋒者，上意稍惑，召准問之。准言：'陛下惟可進尺，不可退寸。'殿前都指揮使高瓊亦贊之。車駕至衛南，敵擁衆抵澶州，圍合三面，李繼隆等整兵成列，出禦之，敵騎將達蘭中弩死，敵大挫，退却不敢動。車駕至澶州將止，准固請渡河，瓊遂麾衛士進輦，至浮橋，瓊執撾築輦夫背，令亟行。既至，登北城門樓，張黃龍旗，諸軍皆呼萬歲，聲聞數十里。敵相視怖駭。是時利用之書已通敵，尋遣韓杞與利用偕來。"《宋史》卷七《真宗本紀二》：景德元年十一月"甲戌，王繼忠數馳奏請和，帝謂宰相曰：'繼忠言契丹請和，雖許之，然河冰已合，且其情多詐，不可不爲之備。'契丹兵至澶州北，直犯前軍西陣，其大帥撻覽耀兵出陣，俄中伏弩死。丙子，帝次澶州。渡河，幸北砦，禦城北樓，召諸將撫慰。鄆州得契丹諜者，斬之。戊寅，曹利用使契丹還。十二月庚辰朔，日有食之。契丹使韓杞來講和”。“甲申，契丹使姚東之來獻御衣、食物。乙酉，御行營南樓觀河，遂宴從官及契丹使。丙戌，遣使撫諭懷、孟、澤、潞、鄭、滑等州，放強壯歸農。遣監西京左藏庫李繼昌使契丹定和，戒諸將勿出兵邀其歸路”。“乙未，契丹使丁振以誓書來。丁酉，契丹兵出塞。戊戌，至自澶州”。

[8]飛龍使韓杞：【劉校】據中華點校本校勘記，按《長編》作“左飛龍使韓杞”。

十二月庚辰朔，日有食之，既。癸未，宋復遣曹利用來，以無還地之意，遣監門衛大將軍姚東之持書往報。[1]戊子，宋遣李繼昌請和，[2]以太后爲叔母，願歲輸銀十萬兩，絹二十萬匹。許之。即遣閣門使丁振持書報聘。己丑，詔諸軍解嚴。是月，班師。皇太后賜大丞相齊王韓德昌姓耶律，徙王晉。

是年，放進士李可封等三人。

[1]監門衛大將軍：【劉校】據中華點校本校勘記，《長編》作“右監門衛大將軍”。　姚東：【劉校】原作“姚東”，中華點校本據《長編》改。今從改。

[2]宋遣李繼昌請和：《長編》卷五八景德元年（1004）十二月癸未：“曹利用與韓杞至契丹寨，契丹復以關南故地爲言，利用輒沮之。且謂曰：‘北朝既興師尋盟，若歲希南朝金帛之資以助軍旅，則猶可議也。’其接伴政事舍人高正始遽曰：‘今茲引衆而來，本謀關南之地。若不遂所圖，則本國之人負愧多矣。’利用答以‘稟命專對，有死而已。若北朝不恤後悔，恣其邀求，地固不可得，

兵亦未易息也’。其國主及母聞之，意稍怠。但欲歲取金帛，利用許遺絹二十萬匹，銀一十萬兩，議始定。契丹復遣王繼忠見利用，且言：‘南北通和，實爲美事。國主年少，願兄事南朝。’又慮南朝或於緣邊開移河道，廣浚壕塹，別有舉動之意，因附利用密奏，請立誓，並乞遣近上使臣持誓書至彼。甲申，利用即與其右監門衛大將軍姚東之持國主書俱還，並獻御衣、食物，其郊勞館穀，並如韓杞之禮。命趙安仁接伴。東之談次，頗矜兵強戰勝。安仁曰：‘聞君多識前言，老氏云：“佳兵者，不祥之器。聖人不得已而用之。”勝而不美而美之者，是樂殺人。樂殺人者，不得志於天下。’東之自是不敢復談。東之又屢稱王繼忠之材。安仁曰：‘繼忠早事藩邸，聞其稍謹，不知其他也。’安仁敏於酬對，皆切事機。議者嘉其得體。乙酉，東之入對於行宮，中使受其書，書辭猶言曹利用所稱未合王繼忠前議。然利用固有成約，悉具繼忠密奏中矣。是日，上御行宮之南樓，觀大河，宴從官，召東之與焉。丙戌，東之入辭，命西京左藏庫使、獎州刺史李繼昌假左衛大將軍，持誓書與東之俱往報聘，金帛之數如利用所許，其他亦依繼忠所奏云。先是，上謂輔臣曰：‘韓杞與東之來，皆言其國母附達起居，而不述其主，此蓋母專其政，人不畏其主也。朕詢於利用，其言亦同。仍云：聞聽之間，蓋因其主不慧。如是，則繼昌之行，宜亦致書其母。可令潛以此意訪于東之。’既而利用言：‘東之云國母比欲致書，以南朝未有緘題，故寢而不議。若南朝許發簡翰，頗合便宜。’遂并致兩書，又各送衣服、茶藥、金器等以答東之所獻者。東之又言：‘收衆北歸，恐爲緣邊邀擊。’有詔諸路部署及諸州軍，勿輒出兵馬以襲契丹歸師。詔：‘昨所調京畿民車乘輦運芻粟，並令輸於澶州而罷遣之。其還京車乘，有司別爲規畫。’”

　　二十三年春正月戊午，還次南京。庚申，大饗將卒爵賞有差。

二月丙戌，復置榷場於振武軍。[1]丁巳，夏國遣使告下宋青城。辛酉，朝皇太后。以惕隱化哥爲南院大王，[2]行軍都監老君奴爲惕隱。乙丑，振党項部。丁卯，回鶻來貢。丁丑，改易州飛狐招安使爲安撫使。[3]

[1]振武軍：治金河，在今內蒙古自治區和林格爾縣上土城。

[2]惕隱：契丹官名。又稱梯里己，掌皇族政教。 化哥：即耶律化哥。字弘隱，孟父楚國王之後。乾亨初，爲北院林牙。統和四年（986），拜上京留守，遷北院大王。十六年，侵宋，爲先鋒，以功遷南院大王，尋改北院樞密使。開泰元年（1012），伐阻卜，以功封豳王。伐阻卜過程中掠阿薩蘭回鶻，諸蕃由此不附。聖宗使按之，削王爵。本書卷九四有傳。

[3]飛狐：縣名。治所在今河北省淶源縣。

夏四月丙戌，[1]女直及阿薩蘭回鶻各遣使來貢。[2]乙未，鐵驪來貢。己亥，党項來侵。

[1]四月丙戌：【劉校】原本作“四月丙成”，據南監本、北監本、殿本、馮氏《初校》改。中華點校本及修訂本徑改。

[2]阿薩蘭回鶻：即高昌回鶻，又稱阿廝蘭回鶻。“阿薩蘭”“阿廝蘭”均爲突厥語音譯，意思是“獅子”。是回鶻西遷、匯合後主要的一支，直到元代，它仍自認爲是回鶻的嫡系。其疆域東至今哈密烏納格什湖，西通天山西部，南接酒泉，北達天山北麓。首府設在喀拉和卓（今新疆維吾爾自治區吐魯番市東高昌古城遺址），陪都設在天山北麓別失八里（即北庭，今新疆維吾爾自治區吉木薩爾縣破城子）。其王早期稱阿薩蘭汗（意爲獅子王），較晚則稱亦都護。

五月戊申朔，宋遣孫僅等來賀皇太后生辰。乙卯，以金帛賜陣亡將士家。丙寅，高麗以與宋和，遣使來賀。

六月壬辰，清暑炭山。甲午，阻卜酋鐵剌里遣使賀與宋和。己亥，達旦國九部遣使來聘。[1]

[1]達旦：即韃靼。中國古代族名。唐末始見於史籍。分佈至廣，在南者，近塞，東起陰山，西逾黃河、額濟納河流域，至北宋中葉並散居青海附近。在《遼史》中也被稱爲阻卜。

秋七月癸丑，問安皇太后。戊午，党項來貢。辛酉，以青牛白馬祭天地。壬戌，烏古來貢。丁卯，女直遣使來貢。阿薩蘭回鶻遣使來請先留使者，皆遣之。

九月甲戌，遣太尉阿里、太傅楊六賀宋主生辰。

冬十月丙子朔，鼻骨德來貢。戊子，朝皇太后。甲午，駐蹕七渡河。癸卯，宋歲幣始至，後爲常。

十一月戊申，上遣太保合住、頒給使韓橁，[1]太后遣太師盆奴、政事舍人高正使宋賀正旦。[2]辛亥，觀漁桑乾河。[3]丁巳，詔大丞相耶律德昌出宮籍，屬於橫帳。[4]

十二月丙申，宋遣周漸等來賀千齡節。丁酉，復遣張若谷等來賀正旦。

[1]韓橁：【劉校】“橁”原本誤“簡”，據國家圖書館所存《韓橁墓誌》拓本改。

[2]使宋賀正旦：《長編》卷六一景德二年（1005）十二月

"庚子，契丹遣使保靜軍節度使耶律乾寧、左衞大將軍耶律昌主、副使宗正卿高正、右金吾衞將軍韓橁奉書禮來賀來年正旦"。

[3]桑乾河：源出今山西省朔州市。遼西京大同府近桑乾河上游，故聖宗獵於此。

[4]橫帳：契丹以玄祖之後爲皇族，分爲三房：孟父房、仲父房和季父房。季父房一係太祖阿保機子孫爲"橫帳"。本書卷一六《聖宗本紀七》：開泰八年冬十月癸巳，詔"橫帳、三房不得與卑小帳族爲婚；凡嫁娶，必奏而後行"。本書卷四五《百官志一》："玄祖伯子麻魯無後，次子巖木之後曰孟父房；叔子釋魯曰仲父房；季子爲德祖，德祖之元子是爲太祖天皇帝，謂之橫帳；次曰剌葛，曰迭剌，曰寅底石，曰安端，曰蘇，皆曰季父房。"【劉注】契丹小字"橫帳"爲 才万火，本義是"兄弟的"，即與皇帝稱兄道弟的，就是皇族。

二十四年春正月，如鴛鴦濼。

夏五月壬寅朔，幸炭山清暑。幽皇太妃胡輦於懷州，[1]囚夫人夷懶于南京，餘黨皆生瘞之。[2]

[1]皇太妃胡輦：按，中華點校本卷一三校勘記引陳漢章《索隱》謂"皇太妃"當作"王太妃"。其實，作"皇太妃"並不誤。此人即齊妃，太宗第二子罨撒葛之妻。景宗即位，進封罨撒葛爲"齊王"，保寧四年（972）閏二月戊申薨，"追册爲皇太叔"，故其妻稱"皇太妃"。　懷州：治所在今内蒙古自治區巴林左旗林東鎮幸福之路蘇木崗根嘎查。本書卷三七《地理志一》載："本唐歸誠州，以契丹降部置。武后萬歲通天初，歸誠州刺史孫萬榮與松漠都督李盡忠叛，寇營州。即此。後廢。《遼志》：廢歸誠州，太宗德光行帳牧放於此，後葬於西山，曰懷陵。因置懷州奉陵軍，其附郭縣曰扶餘縣，本渤海扶餘縣俘户也。"

[2]生瘗(yì):即活埋。遼朝特有的酷刑。據本書卷六一《刑
法志上》,太祖初年"權宜立法",即有此刑,與梟磔、射鬼箭、
炮擲、支解等刑一起"歸於重法,閑民使不爲變耳",即主要用來
鎮壓人民群衆的反抗鬥爭。

秋七月辛丑朔,南幸。

八月丙戌,改南京宫宣教門爲元和,外三門爲南
端,左掖門爲萬春,右掖門爲千秋。是月,沙州燉煌王
曹壽遣使進大食國馬及美玉,[1]以對衣、銀器等物賜之。

[1]燉煌王曹壽:【劉校】據中華點校本校勘記:"《宋史》
四九〇、《通考》三三五並作曹宗壽。此避興宗宗真名諱,省宗
字。" 大食國:當指中亞地區的某個穆斯林政權。大食是唐、宋
時期中國對阿拉伯人的專稱與對伊朗語地區穆斯林的泛稱。當時人
們還不知阿拉伯人、波斯人、穆斯林三者的區別,故統稱爲大食。
《遼史》有關於契丹遣嫁公主於大食王子等記載,其中大食顯然不
是指遠在西方的阿拉伯人而言,而應是來自中亞地區。

九月,幸南京。

冬十月庚午朔,帝率群臣上皇太后尊號曰睿德神略
應運啟化承天皇太后,[1]群臣上皇帝尊號曰至德廣孝昭
聖天輔皇帝。[2]大赦。

是年,放進士楊佶等二十三人及第。

[1]上皇太后尊號曰睿德神略應運啟化承天皇太后:【劉注】
《長編》卷六四宋真宗景德三年(1006)十二月載:"契丹上其國母
蕭氏燕燕號曰睿德神略應運啟化法道洪仁聖武開統承天皇太后。"

"尊號"中比《遼史》多"法道洪仁聖武開統"八個字。

[2]至德廣孝昭聖天輔皇帝:【劉注】《長編》卷六四宋真宗景德三年十二月作"洪文宣武至德廣道昭孝皇帝"。

二十五年春正月,建中京。[1]

[1]建中京:【劉注】《長編》卷六四景德三年(1006)十二月作"置中京於七金山下,其地本奚王牙帳地"。遼中京故址在今内蒙古自治區寧城縣大明城。

二月,如鴛鴦濼。
夏四月,清暑炭山。
六月,賜皇太妃胡輦死於幽所。
秋七月壬申,西平王李德昭母薨,遣使弔祭。甲戌,遣使起復。
九月,西北路招討使蕭圖玉討阻卜,[1]破之。

[1]蕭圖玉:北府宰相海璟之子。字兀衍。統和初,皇太后稱制,以戚屬入侍。十九年(1001),總領西北路軍事。後尚金鄉公主,拜駙馬都尉,加同政事令門下平章事。本書卷九三有傳。

冬十月丙申,駐蹕中京。
十二月己酉,振饒州饑民。[1]

[1]饒州:據《讀史方輿紀要》卷一八,該州在"臨潢西南二百三十里"。【劉注】據孫進己、馮永謙編《東北歷史地理》下册所載,遼代饒州州治在今内蒙古自治區林西縣小城子鄉西拉木倫河

北岸的西櫻桃溝村黃土坑屯東古城址。

二十六年春二月，如長濼。

夏四月辛卯朔，祠木葉山。

五月庚申朔，還上京。丙寅，高麗進龍鬚草席。[1]
己巳，遣使賀中京成。庚午，致祭祖、懷二陵。辛未，
駐蹕懷州。

[1]龍鬚草席：【靳注】指用龍鬚草製作的涼席。

秋七月，增太祖、太宗、讓國皇帝、世宗謚，仍謚
皇太弟李胡曰欽順皇帝。[1]

[1]李胡（912—960）：阿保機第三子。天顯五年（930）立爲
皇太弟，兼天下兵馬大元帥。遼太宗死後，應天皇太后反對世宗兀
欲而欲立李胡，失敗，母子被囚。穆宗時因參與其子喜隱謀反事而
下獄死。　欽順皇帝：【劉校】據中華修訂本校勘記，按“欽順”
當作“恭順”，陳大任避金章宗父完顔允恭名諱改。

冬十月戊子朔，幸中京。

十二月，蕭圖玉奏討甘州回鶻，[1]降其王耶剌里，
撫慰而還。

是年，放進士史克忠等一十三人。

[1]甘州回鶻：遊牧於甘州一帶的回鶻。9世紀中，回鶻的一
支西遷後，分佈在甘州、沙州、涼州、賀蘭山、秦州、合羅川（今

額濟納河）等地。其中以遊牧於甘州一帶的"甘州回鶻"最爲
強盛。

二十七年春正月，鉤魚土河。[1] 獵于瑞鹿原。

[1] 鉤魚：鑿冰捕魚。　土河：即老哈河，源出永安山（又稱
馬盂山，即今河北省平泉縣柳溪鎮光頭山），流經今内蒙古自治區
東部赤峰地區，與西拉木倫河匯合。

夏四月丙戌朔，駐蹕中京，營建宫室。庚戌，廢霸
州處置司。

秋七月甲寅朔，霖雨，潢、土、斡剌、陰涼四河皆
溢，[1] 漂没民舍。

[1] 潢：潢河。即今内蒙古自治區境内的西拉木倫，屬西遼
河上游。　陰涼河：即今内蒙古自治區赤峰市西南錫伯河。

八月甲申，北幸。
冬十一月壬子朔，行柴册禮。[1]

[1] 柴册禮：此禮源於中國傳統的"燔柴告天"，是古代天子
祭天之禮。據《爾雅·釋天》："祭天曰燔柴。"行禮時，積薪於壇，
取玉及牲置於柴上焚燒。此禮與契丹的再生禮合併舉行，是爲契丹
部落聯盟選汗和遼建國後新皇帝即位舉行的禮儀。相傳遙輦氏阻午
可汗始制此儀，遼朝建國後有所增飾。

十二月乙酉，南幸。皇太后不豫。戊子，肆赦。辛

卯，皇太后崩于行宫。[1]壬辰，遣使報哀于宋、夏、高麗。戊申，如中京。己酉，詔免賀千齡節。

[1]行宫：契丹語爲“捺鉢”。聖宗時，四時捺鉢皆有固定地點，冬捺鉢在廣平淀。承天太后死於廣平淀冬捺鉢。

是歲，御前引試劉二宜等三人。

（李錫厚注　劉鳳翥校）

遼史　卷一五

本紀第十五

聖宗六

　　二十八年春正月辛亥朔，[1]不受賀。甲寅，如乾陵。[2]癸酉，奉安大行皇太后梓宮於乾州菆塗殿。[3]

　　[1]二十八年：【劉校】原本作"一十八年"，明抄本、南監本、北監本和殿本均作"二十八年"。中華點校本及修訂本徑改。今從改。
　　[2]乾陵：遼景宗陵。其址位於乾州（今遼寧省北鎮市）。《武經總要》前集卷一六下《戎狄舊地》載乾州在醫巫閭山之南，"古遼澤之地，遼主景宗陵寢在焉。今置廣德軍節度，兼山陵都部署"。
　　[3]大行皇太后：未定謚號的承天皇太后。古代稱剛死而尚未定謚號的皇帝、皇后爲"大行皇帝""大行皇后"。《後漢書·安帝紀》："孝和皇帝，懿德巍巍，光於四海；大行皇帝不永天年。"李賢注引韋昭曰："大行者，不反之辭也。天子崩，未有謚，故稱大行也。""在殯"，死者入殮後停柩以待葬。

二月丙戌，宋遣王隨、王儒等來弔祭。[1]己亥，高麗遣魏守愚等來祭。[2]是月，遣左龍虎衛上將軍蕭合卓饋大行皇太后遺物于宋，[3]仍遣臨海軍節度使蕭虛列、左領軍衛上將軍張崇濟謝宋弔祭。

[1]王儒：【劉校】《羅校》謂：“王儒，《長編》作王曙。”《宋史》卷二八六有傳。

[2]高麗：指王建創建的高麗王朝（918—1392）。統治地域在今朝鮮半島，首都在開京（今朝鮮開城市）。

[3]蕭合卓（？—1025）：突呂不部人。字合魯隱。始爲本部吏。統和十八年（1000），使宋還，遷北院樞密副使。開泰三年（1014），爲左夷離畢。本書卷八一有傳。

三月癸卯，上大行皇太后謚爲聖神宣獻皇后。是月，宋、高麗遣使來會葬。

夏四月甲子，葬太后於乾陵。賜大丞相耶律德昌名曰隆運。[1]庚午，賜宅及陪葬地。

[1]隆運：耶律隆運（941—1011）即韓德讓。韓匡嗣子。統和初年承天太后稱制，韓德讓以南院樞密使的身份“總宿衛事”。統和十七年（999），北院樞密使、魏王耶律斜軫病故，承天太后以韓德讓兼知北院樞密使事，至此，遼朝的蕃漢軍政大權集其一身。統和二十二年（1004），承天太后又賜韓德讓姓耶律，徙封晉王，並且仍舊爲大丞相，事無不統。次年十一月，她又詔德讓“出宮籍，屬於橫帳”。二十八年更名耶律隆運。

五月己卯朔，如中京。辛卯，清暑七金山。乙巳，西北路招討使蕭圖玉奏伐甘州回鶻，[1]破肅州，盡俘其民。詔修土隗口故城以實之。丙午，高麗西京留守康肇弒其主誦，擅立誦從兄詢，[2]詔諸道繕甲兵，以備東征。

[1]蕭圖玉：北府宰相海璘之子。字兀衍。統和初皇太后稱制，以戚屬入侍。十九年（1001）總領西北路軍事。後尚金鄉公主，拜駙馬都尉，加同政事令門下平章事。本書卷九三有傳。　甘州回鶻：河西回鶻中主要的一支。到北宋初年，整個河西回鶻的勢力分佈，除甘、沙二州外，還有涼（今甘肅省武威市）、肅（今甘肅省酒泉市）、秦（今甘肅省天水市）三州以及賀蘭山（時在西夏境內）、合羅川（今額濟納河，時在西夏境內）等地。到明代，這一部分人被稱爲撒里畏吾爾（黃頭回鶻），一般即認爲是今甘南地區裕固族的先民。

[2]誦（979—1009）：高麗國王。遼統和十五年（997）十一月，其叔治卒，誦繼叔位，十六年，遼遣使册誦爲高麗國王。　康肇弒其主誦：事發上一年。“康肇”亦作“康兆”。據《高麗史》卷三《穆宗世家》，（己酉）十二年（統和二十七年，1009）正月壬申，西京都巡檢使康兆領甲卒而至，遂謀廢立。二月戊子，請王出御龍興歸法寺。己丑，日色如張紅幕，兆兵闌入宮門，王知不免，與太后號泣出御法王寺。俄而俞義等奉院君而至，遂即位。兆廢王爲讓國公，遣兵殺金致陽父子及庚行簡等七人。王出自宣仁門，侍臣初皆步從，至是始有騎而從者。至歸法寺，解御衣，換食而進。兆召還沆等供職，王謂沆曰：“頃府庫災而變起所忽，皆由予不德，夫復何怨。但願歸老於鄉，卿可奏新君且善輔佐。”遂向忠州。太后欲食，王親奉盤盂，太后欲御馬，王親執轡。行至積城縣，兆使人弒之。以王自刎聞。取門扇爲棺，權厝於館。王在位十二年，壽三十。契丹是通過女真人得知高麗王誦遇弒的。《高麗史》卷四《顯宗世家》顯宗元年（統和二十八年，1010）五月甲申，

女真訴於契丹。契丹主謂群臣曰："高麗康兆弑君，大逆也，宜發兵問罪。"　從兄詢：【劉校】原本誤作"從兄誦"，中華點校本徑改。今從改。另參中華點校本卷一一五《二國外記》校勘記，《宋史》卷四八七《高麗傳》作"誦卒，弟詢權知國事"。另據中華修訂本校勘記："據《高麗史》及《宣和奉使高麗圖經》卷二《世次》，詢當爲誦之從弟。"

　　秋八月戊申，振平州饑民。[1]辛亥，幸中京。丙寅，謁顯、乾二陵。[2]丁卯，自將伐高麗，遣使報宋。以皇弟楚國王隆祐留守京師，[3]北府宰相、駙馬都尉蕭排押爲都統，[4]北面林牙僧奴爲都監。[5]

　　[1]平州：唐置，治所在今河北省盧龍縣。

　　[2]顯陵：東丹王耶律倍及世宗陵寢。在顯州（今遼寧省北鎮市）。大同元年（947）世宗以其父東丹王耶律倍生前愛醫巫閭山水奇秀，因葬於此。應曆元年（951）穆宗葬世宗於顯陵西山。

　　[3]隆祐（？—1012）：景宗第三子。小字高七，一字胡都。乾亨初封鄭王。至是徙王吳，更王楚。開泰初改王齊。曾任西南面招討使、北院樞密使。【劉注】隆祐，《契丹國志》卷一四"齊國王隆裕，番名高七，母曰蕭氏，景宗第三子"。又據劉鳳翥、唐彩蘭、青格勒編著《遼上京地區出土的遼代碑刻彙輯》所收《秦晉國大長公主墓誌銘》，大長公主次女"適齊國王隆裕"。《宋會要輯稿·蕃夷一·遼上》亦作"隆裕"。這都説明"隆祐"應作"隆裕"。

　　[4]宰相：契丹部族官名。契丹可汗之下有北、南二府，各部族則分屬二府，分設宰相，故北宰相亦稱北府宰相，南宰相亦稱南府宰相。　蕭排押（？—1023）：國舅少父房之後。字韓隱。統和初爲左皮室詳穩。四年（986），破宋將曹彬、米信兵於望都，與樞

密使耶律斜軫收復山西所陷城邑。是冬攻宋，以功改南京統軍使。十三年歷北、南院宣徽使。十五年加政事令，遷東京留守。二十二年與宋和議成，爲北府宰相。兩度從聖宗征高麗。本書卷八八有傳。

[5]林牙：契丹官名。掌文翰，相當於翰林學士。

九月乙酉，遣使册西平王李德昭爲夏國王。[1]辛卯，遣樞密直學士高正、引進使韓杞宣問高麗王詢。[2]

[1]李德昭（981—1031）：即李德明。遼避景宗諱，改德明爲德昭。西夏李繼遷之子。年二十四嗣位。1005年，遼册封他爲西平王。次年，宋授定難軍節度使，封西平王。死後子元昊追諡其爲光聖皇帝，廟號太宗。 夏國（1038—1227）：以党項民族爲主體建立的政權。公元1038年，元昊叛宋稱帝，建立大夏王朝，傳十代，至1227年爲蒙古所滅。元昊稱帝以前，其作爲北宋境内的地方割據政權，已經具有獨立性。先後與遼、北宋及金、南宋並立於今中國境内。境土包括今寧夏回族自治區全部、甘肅省大部、陝西省北部以及青海省、内蒙古自治區的部分地區。

[2]契丹遣使宣問高麗王詢：《高麗史》卷四《顯宗世家》載：顯宗元年（統和二十八年，1010）冬十月癸丑，“契丹遣給事中高正、閤門引進使韓杞來告興師。參知政事李禮均、右僕射王同穎如契丹請和”。

冬十月丙午朔，女直進良馬萬匹，[1]乞從征高麗，許之。王詢遣使奉表乞罷師，不許。[2]

[1]女直：本作女真，因避遼興宗耶律宗真名諱，改稱女直。遼時居東北東部。在南者入遼籍，稱熟女真，或合蘇館女真；在北

者不入遼籍，稱生女真。

[2]王詢遣使奉表乞罷師：《高麗史》卷四《顯宗世家》載：顯宗元年（統和二十八年，1010）九月，"遣左司員外郎金延保如契丹秋季問候。左司郎中王佐暹、將作丞白日昇如契丹東京修好"。

十一月乙酉，大軍渡鴨涤江，[1]康肇拒戰，敗之，退保銅州。[2]丙戌，肇復出，右皮室詳穩耶律敵魯擒肇及副將李立，[3]追殺數十里，獲所棄糧餉、鎧仗。戊子，銅、霍、貴、寧等州皆降。[4]排押至奴古達嶺，遇敵兵，戰敗之。辛卯，王詢遣使上表請朝，[5]許之。禁軍士俘掠。以政事舍人馬保祐爲開京留守，安州團練使王八爲副留守。遣太子太師乙凜將騎兵一千，送保祐等赴京。壬辰，守將卓思正殺遼使者韓喜孫等十人，領兵出拒，保祐等還。遣乙凜領兵擊之，思正遂奔西京。圍之五日不克，駐蹕城西。高麗禮部郎中渤海陀失來降。庚子，遣排押、盆奴等攻開京，遇高麗兵，敗之。王詢棄城遁去，遂焚開京，至清江，[6]還。

[1]鴨涤江：即鴨綠江。《高麗史》卷四《顯宗世家》顯宗元年（統和二十八年，1010）十一月辛卯，"契丹主自將步騎四十萬渡鴨綠江，圍興化鎮。楊規、李守和等固守不降"。

[2]銅州：【劉校】據中華點校本校勘記，本書卷一一五《高麗外記》同，《高麗史》卷四作"通州"。

[3]擒肇：擒康肇。"康肇"又作"康兆"。《高麗史》卷四《顯宗世家》顯宗元年（統和二十八年，1010）十一月己亥，"康兆與契丹戰于通州，敗績就擒"。　右皮室詳穩耶律敵魯擒肇及副將李立：【劉校】敵魯，據中華點校本校勘記，本書卷八八本傳作

"的琭"，"右皮室詳穩"作"左皮室詳穩"；李立，本書卷八八《耶律的琭傳》及同卷《耶律盆奴傳》並作"李玄蘊"。

[4]銅、霍、貴、寧：此四州皆在江東高麗境內。

[5]王詢遣使上表請朝：《高麗史》卷四《顯宗世家》顯宗元年（統和二十八年，1010）十一月甲戌，"次楊州，遣何拱辰及戶部員外郎高英起奉表往丹營請和"。

[6]清江：《高麗史》卷四《顯宗世家》顯宗元年（統和二十八年）十一月壬子，"丹兵至清水江，安北都護府使工部侍郎朴暹棄城遁，州民皆潰"。

二十九年春正月乙亥朔，班師，[1]所降諸城復叛。至貴州南峻嶺谷，大雨連日，[2]馬馳皆疲，甲仗多遺棄，霽乃得渡。己丑，次鴨淥江。[3]庚寅，皇后及皇弟楚國王隆祐迎於來遠城。[4]壬辰，詔罷諸軍。己亥，次東京。[5]

[1]班師：《高麗史》卷四《顯宗世家》顯宗二年（統和二十九年，1011）正月乙酉，"丹兵退"。

[2]大雨連日：【劉校】"連"原本爲"速"，明抄本、南監本、北監本、殿本均作"連"。中華點校本及修訂本徑改。今從改。

[3]次鴨淥江：《高麗史》卷四《顯宗世家》顯宗二年（統和二十九年）正月癸卯，"契丹主渡鴨綠江引去"。

[4]來遠城：位於鴨綠江西岸，築成後，成爲這一帶遼軍統帥部所在地。遼在東部邊境上是夾江設防的，而非盡在西岸設防。江東與來遠城隔江相望的開州也是遼所築。《武經總要》前集卷一六下《戎狄舊地》載："開州，渤海古城也。遼主東討，新羅國都其城，要害，建爲州，仍曰開遠軍，西至來遠城一百二十里，西南至吉州七十里，東南至石城六十里。遼中庚戌年討新羅國，得要害

地，築城以守之，即中國大中祥符三年也，東至新羅新化鎮四十里，南至海三十里。西至保州四十里。"依據這一記載，開州初建爲開遠軍，屬新羅。庚戌年（遼統和二十八年，宋大中祥符三年，1010），遼聖宗親自率軍東討，得到了開遠軍這一"要害地"，又建城守之。按：創建來遠等城的時間，是在統和十二年。《高麗史》卷三《成宗世家》（甲午）十三年（遼統和十二年，994）春二月，蕭遜寧致書曰："近奉宣命：'但以彼國信好早通，境土相接，雖以小事大，固有規儀，而原始要終，須存悠久。若不設於預備，慮中阻於使人。遂與彼國相議，便於要衝路陌創築城池者。尋准宣命，自便斟酌，擬於鴨江西里，創築五城，取三月初擬到築城處，下手修築，伏請大王預先指揮，從安北府至鴨江東，計二百八十里踏行穩便田地，酌量地里遠近，並令築城，發遣役夫，同時下手。其合築城數，早與回報。所貴交通車馬，長開貢覲之途，永奉朝廷，自協安康之計。'"

〔5〕東京：遼五京之一。故址在今遼寧省遼陽市。

二月己酉，謁乾、顯二陵。戊午，所俘高麗人分置諸陵廟，餘賜內戚、大臣。

三月己卯，大丞相晉國王耶律隆運薨。庚辰，皇弟楚國王隆祐權知北院樞密使事，[1]樞密直學士高正爲北院樞密副使。庚寅，南京、平州水，振之。己亥，以北院大王耶律室魯爲北院樞密使，[2]封韓王，北院郎君耶律世良爲北院大王，[3]前三司使劉慎行參知政事兼知南院樞密使事。[4]

〔1〕北院樞密使：即契丹樞密院之樞密使。爲北面官之最高官職，掌軍事、部族。詳本書卷四五《百官志一》。

　[2]北院大王：契丹部族官。初名迭剌部夷离堇，太祖析迭剌部爲五院部和六院部。太宗會同元年（938）改夷离堇爲大王。北院大王和南院大王即是五院部和六院部的首領，握有兵權。

　[3]耶律世良（？—1016）：六院部人。小字斡。統和末爲北院大王。開泰初加檢校太尉、同政事門下平章事。拜北院樞密使。四年（1015）伐高麗，爲副部署。都統劉慎行逗留失期，執還京師，世良獨進兵。本書卷九四有傳。

　[4]三司使：唐宋以鹽鐵、度支、户部爲三司，主理財賦。其長官爲三司使。《通鑑》卷二六五唐昭宣帝天祐三年（906）三月戊寅："以朱全忠爲鹽鐵、度支、户部三司都制置使。三司之名始於此。"遼代在南京設三司使司。此外，在上京設鹽鐵使司，東京設户部使司，中京設度支使司，西京設計司。　劉慎行：河間（今河北省河間市）人。官至北府宰相、監修國史。其子三嘏、四端俱尚主，次子劉二玄又是遼聖宗之弟秦晉國王隆慶之妃的第三任丈夫。重熙七年（1038）十二月，六子劉六符出任參知政事。曾多次出使宋朝，在與宋朝辦理交涉中，以強硬著稱。本書卷八六有傳。

　　夏四月，清暑老古堝。

　　五月甲戌朔，詔已奏之事送所司附《日曆》。[1]又詔帳族有罪黥墨，[2]依諸部人例。乙未，以劉慎行爲南院樞密使，[3]南府宰相邢抱質知南院樞密使事。

　[1]《日曆》：史官對朝政事務的按日記録，是史官纂修《實録》《國史》的依據。此制始於唐。宋代吳曾《能改齋漫録》卷二《事始》載："唐順宗時宰相韋執誼監修國史，奏始令史官撰《日曆》，此《日曆》之始也。"宋代亦重《日曆》，《續資治通鑑長編》卷二九九元豐二年（1079）八月己未王存言："近制諸司供報事，直供編修《日曆》所，則起居注之職，除臣僚告謝詔事外，更無文

字可備編録，恐失置官之意。"

[2]帳族：契丹貴族。包括遙輦九帳、横帳（皇族）及國舅帳等成員。　黥墨：古代肉刑之一。也稱墨刑、黥刑。在犯人臉上刺字後塗以墨。起源甚早。《三國志·魏志·毛玠傳》稱："漢法所行黥墨之刑，存於古典。"此外，黥墨也施於士卒。

[3]南院樞密使：即漢人樞密院之樞密使。爲南面官最高官職。詳見本書卷四七《百官志三》。

　　六月庚戌，升蔚州、利州爲觀察使。乙卯，韓王耶律室魯薨。丙辰，以南院大王化哥爲北院樞密使。[1]丁巳，詔西北路招討使、駙馬都尉蕭圖玉安撫西鄙。置阻卜諸部節度使。[2]

[1]化哥：即耶律化哥。字弘隱，孟父楚國王之後。乾亨初，爲北院林牙。統和四年（986），拜上京留守，遷北院大王。十六年，侵宋，爲先鋒，以功遷南院大王，尋改北院樞密使。（按《聖宗本紀》統和二十三年以化哥爲南院大王，二十九年改任北院樞密使。）開泰元年（1012），伐阻卜，以功封豳王。伐阻卜過程中掠阿薩蘭回鶻，諸蕃由此不附。聖宗使按之，削王爵。本書卷九四有傳。

[2]阻卜：即達旦、韃靼。元人諱言達旦，而稱達旦爲阻卜。詳王國維《觀堂集林》卷一四《達旦考》。

　　是秋，獵於平地松林。[1]

[1]平地松林：西遼河上游中古時期生態良好，有茂密的松林，稱"平地松林"。《新五代史》卷七三《四夷附録第二》引胡嶠

《陷虜記》說："自上京東去四十里,至真珠寨,始食菜。明日東行,地勢漸高,西望平地松林,鬱然數十里,遂入平川,多草木。"

冬十月庚子朔,[1]駐蹕廣平淀。[2]甲寅,贈大丞相晉國王耶律隆運尚書令,謚文忠。

[1]十月庚子朔:【劉校】原本"朔"字原闕,中華點校本據本書卷四四《曆象志下·朔考》補。今從。

[2]廣平淀:在永州東南三十里,爲遼中期以後冬捺鉢所在地。詳本書卷三二《營衛志中》。【劉注】廣平淀在今内蒙古自治區翁牛特旗東北。

十一月庚午朔,幸顯州。[1]

[1]顯州:治所在今遼寧省北鎮市。

十二月庚子朔,[1]復如廣平淀。癸丑,以知南院樞密使事邢抱質年老,詔乘小車入朝。是月,置歸、寧二州。[2]

是年,御試,放高承顔等二人及第。

[1]十二月庚子朔:【劉校】原本"朔"字原闕,中華點校本據本書卷四四《曆象志下·朔考》補。今從。

[2]歸州:《嘉慶重修一統志·奉天府》:"歸州故城在蓋平縣西南九十里。遼初置州,後廢。統和二十九年復置,治歸勝縣,屬東京道。金廢州,降縣爲鎮,隸復州。今有土堡曰歸州城,週一里有奇,即其故址。"州城故址在今遼寧省蓋州市歸州街道歸州村。

寧州：治所在今遼寧省瓦房店市永寧鎮。

　　開泰元年春正月己巳朔，宋遣趙湘、符成翰來賀。[1]癸未，長白山三十部女直酋長來貢，乞授爵秩。甲申，駐蹕王子院。丙戌，望祠木葉山。[2]丁亥，女直太保蒲撚等來朝。戊子，獵於買曷魯林。[3]庚寅，祠木葉山。辛卯，曷蘇館大王曷里喜來朝。[4]

　　[1]符成翰：【劉校】據中華點校本校勘記，《長編》卷七六、卷八二作“符承翰”。
　　[2]祠：祭祀。　木葉山：山名。契丹語稱“大”爲“木葉”。“木葉山”可以泛指任何“大山”，也可專指某一大山爲“木葉山”。此處專指永州境內一座山，契丹人視此山爲神山，其地在今内蒙古自治區翁牛特旗新蘇莫蘇木的西拉木倫河與老哈河匯合處一帶。“上建契丹始祖廟，奇首可汗在南廟，可敦（可汗之妻）在北廟，繪塑二聖并八子神像。”詳見本書卷三七《地理志一》永州條。
　　[3]買曷魯林：【劉校】據中華點校本校勘記，本書卷六八《遊幸表》作“賈曷魯林”。
　　[4]曷蘇館：即熟女真。《松漠紀聞》卷上稱：“居混同江之南者謂之熟女真，以其服屬契丹也。江之北爲生女真，亦臣於契丹。”

　　二月壬子，駐蹕瑞鹿原。
　　三月甲戌，以蔚州爲觀察，[1]不隸武定軍。[2]乙亥，如葦濼。丁丑，詔封皇女八人爲郡主。[3]乙酉，詔卜日行拜山、大射柳之禮。[4]命北宰相、駙馬、蘭陵郡王蕭寧，樞密使、司空邢抱質督有司具儀物。丁亥，皇弟楚國王隆祐徙封齊國王，留守東京。

[1]蔚州：治所在今河北省蔚縣。

[2]武定軍：遼代軍號。治奉聖州（今河北省涿鹿縣）。

[3]郡主：唐制，太子之女爲郡主。宋沿唐制，而宗室女亦得封郡主。宋代歐陽修《歸田録》卷二：“宗室女封郡主者，謂其夫爲郡馬。”遼封宗室女爲郡主，亦是沿襲唐制。

[4]拜山：又作祭山，遙輦胡剌可汗制祭山儀。詳本書卷四九《禮志一·吉儀》。　大射柳：射柳是遼朝的一種禮儀。《長編》卷一一〇宋仁宗天聖九年（1031）六月丁丑載：契丹“每謁木葉山即射柳枝，諢子唱番歌，前導彈胡琴和之，已事而罷”。此外，祈雨也射柳。金初接待宋使，亦以射柳作爲一種遊樂項目，元朝、明朝也有此類活動。

　　夏四月庚子，高麗遣蔡忠順來，乞稱臣如舊，[1]詔王詢親朝。[2]壬寅，夏國遣使進良馬。已酉，祀風伯。辛酉，以前孟父房敞穩蕭佛奴爲左夷离畢。[3]

[1]乞稱臣：【劉校】“乞”原本誤爲“寇”。明抄本、北監本、南監本和殿本作“乞”。馮氏《初校》云：“‘乞’，《百》作‘寇’，《南》作‘叩’，非。”中華點校本及修訂本徑改。今從改。

[2]詔王詢親朝：《高麗史》卷四顯宗三年（開泰元年，1012）四月，“契丹詔王親朝”。

[3]孟父房：契丹以玄祖之後爲皇族，分爲三房：孟父房、仲父房和季父房。本書卷四五《百官志一》：“玄祖伯子麻魯無後，次子巖木之後曰孟父房。”　夷离畢：契丹官名。爲執政官，相當於副宰相參知政事。後來官分南、北，北面官有夷离畢院，主要掌刑政。

五月戊辰朔，還上京。詔裴玄感、邢祥知禮部貢舉，放進士史簡等十九人及第。以駙馬蕭紹宗爲鄭州防禦使。[1]乙亥，以邢抱質爲大同軍節度使。[2]

[1]蕭紹宗（996—1038）：【劉注】字克構，契丹語小名匹里。遼重熙八年（1039）《蕭紹宗墓誌銘》載，"曾祖諱胡毛里，贈韓王。祖諱守興，駙馬都尉、贈楚國王。烈考諱繼遠，上京留守、兼政事令、駙馬都尉、蘭陵郡王，贈宋王。母秦晉國大長公主。未冠歲，尚秦國長公主。釋褐，授鄭州防禦史、駙馬都尉。次加左威衛大將軍，遷授林牙。改殿前副點檢，昇宣徽北院使，加永清軍節度使，同政事門下平章事，職如故。出授武定軍節度使，入拜太子太傅，同知諸行宮都部署司事"。"改宣徽南院使，移大國舅都鈐轄。再授宣徽南院使，兼侍中，仍賜忠勤匡佐四字功臣"。興宗嗣位之始，授樞密使。"再嘉宣績，式示均勞，出授遼興軍節度使，封陳王，進封魯王"。未幾，復加吳王，加守太傅。其墓誌銘存今河北省平泉市博物館。 防禦使：原爲唐官名。在遼爲防禦州的長官，官階低於團練使而高於刺史。

[2]大同軍：治雲州，在今山西省大同市。

六月，駐蹕上京。
七月丙子，以耶律遂貞爲遼興軍節度使，[1]遂正北院宣徽使，[2]張昭瑩南院宣徽使，耶律受益上京副留守，寇卿彰德軍節度使。[3]命耶律釋身奴、李操充賀宋生辰國信使、副，蕭涅袞、齊泰賀宋正旦使、副。進士康文昭、張素臣、郎玄達坐論知貢舉裴玄感、邢祥私曲，秘書省正字李萬上書，辭涉怨訕，皆杖而徒之，萬役陷河冶。

　　[1]耶律遂貞：即韓制心。小字可汗奴。韓德讓之侄，聖宗齊天皇后表弟。太平中歷中京留守、惕隱、南京留守，徙王燕，遷南院大王。本書卷八二有傳。

　　[2]遂正：【劉注】即耶律遂正（976—1027）。本姓韓。據《耶律遂正墓誌銘》，其曾祖韓知古，祖父韓匡嗣，考諱德威。"初授衛將軍，次硬寨監軍。權東京留守，遷上京留守，改中京留守。復授遼興軍節度使。所至之鄉，化而成俗。或延賓介，或恤刑名。事簡民安，政清吏肅。悉去強豪，錢如粟而馬如羊。太平七年三月二十四日薨於遼興軍廨宇"。享年五十三歲。其墓誌銘存遼上京博物館。　北院宣徽使：遼朝官名。遼設北、南宣徽，分隸北、南樞密院之下。北院宣徽使常執行軍事使命。

　　[3]彰德軍：治相州，在今河南省安陽市。

　　八月丙申朔，[1]鐵驪那沙等送兀惹百餘户至賓州，[2]賜絲絹。是日，那沙乞賜佛像、儒書。詔賜護國仁王佛像一，《易》《詩》《書》《春秋》《禮記》各一部。己未，高麗王詢遣田拱之奉表稱病不能朝，詔復取六州地。[3]是月，齊國王隆祐薨，輟朝五日。[4]

　　[1]八月丙申朔：【劉校】原本無"朔"字，中華點校本據本書卷四四《曆象志下·朔考》補。今從。

　　[2]鐵驪：族名。遼置鐵驪國王府，以統其衆。地當今黑龍江省東部松花江流域。

　　[3]六州：《高麗史》卷四《顯宗世家》壬子三年（開泰元年，1012）六月甲子，"遣刑部侍郎田拱之如契丹夏季問候，且告王病不能親朝。丹主怒，詔取興化、通州、龍州、鐵州、郭州、龜州等六城"。按：此六州原系女真故地，遼以賜高麗。

　　[4]輟（chuò）朝：中止臨朝聽政。

冬十月辛亥，如中京。

閏月丁卯，贈隆祐守太師，諡仁孝。

十一月甲午朔，[1]文武百官加上尊號曰弘文宣武尊道至德崇仁廣孝聰睿昭聖神贊天輔皇帝。大赦，改元開泰。改幽都府爲析津府，[2]薊北縣爲析津縣，[3]幽都縣爲宛平縣，[4]覃恩中外。己亥，賜夏國使、東頭供奉官曹文斌、呂文貴、竇珪祐、守榮、武元正等爵有差。癸卯，前遼州錄事張庭美六世同居，[5]儀坤州劉興亂四世同居，[6]各給復三年。甲辰，西北招討使蕭圖玉奏七部太師阿里底因其部民之怨，殺本部節度使霸暗並屠其家以叛，阻卜執阿里底以獻，而沿邊諸部皆叛。

[1]十一月：【劉校】原本誤作“十月”，中華點校本據《大典》卷五二四九及前後文改。今從改。

[2]析津府：府治在今北京城內。

[3]析津縣：析津府附郭縣。治所在城內。

[4]宛平縣：析津府附郭縣。治所在城內。

[5]遼州：遼有二遼州，一屬西京道，治所在今山西省左權縣；另一遼州屬東京道，治所在今遼寧省新民市公主屯鎮濱塔村古城址。

[6]儀坤州：德光生母應天皇太后出生地。治所在今內蒙古自治區翁牛特旗西北。【劉注】一說治所在今內蒙古自治區敖漢旗雙廟鄉五十家子村古城址。

十二月丙寅，奉遷南京諸帝石像於中京觀德殿，景宗及宣獻皇后于上京五鸞殿。[1]壬申，振奉聖州饑民。庚辰，賜皇弟秦晉國王隆慶鐵券。[2]癸未，劉晨言殿中高可垣、中京留守推官李可舉治獄明允，詔超遷之。甲申，詔諸道水菑饑民質男女者，起來年正月，日計傭錢十文，價折傭盡，遣還其家。歸州言其居民本新羅所遷，[3]未習文字，請設學以教之，詔允所請。貴德、龍化、儀坤、雙、遼、同、祖七州，至是有詔始征商。己丑，詔諸鎮建宣敕樓。

[1]宣獻皇后：承天太后的諡號。

[2]隆慶：即耶律隆慶（？—1016）。聖宗同母弟。統和中進封爲梁國王，拜南京留守，手握重兵，稱雄一方。統和十七年（999）南征，隆慶率軍爲先鋒，至瀛州（今河北省河間市），與宋將范廷召相遇，隆慶命蕭柳迎戰，將宋軍擊潰，並圍而殲之。十九年（1001），他復敗宋人於行唐（今屬河北省）。他的權勢、地位不斷上升，威脅皇權。《宋朝事實類苑》卷七七引《乘軺録》稱其"調度之物，悉侈於隆緒"。　鐵券：即鐵契。《續古今考》卷五："後世賜鐵券，謂不死。"《續資治通鑑長編》卷七九大中祥符五年（1012）冬十月己酉載："以主客郎中、知制誥王曾爲契丹國主生辰使，宮苑使、榮州刺史高繼勳副之。""契丹使邢祥接伴，祥詫其國中親賢賜鐵券，曾折之曰：'鐵券者，衰世以寵權臣，用安反側，豈所以待親賢耶？'祥愧不復語。"《宋朝事實類苑》卷九："祥符中王沂公奉使契丹，館伴邢祥頗肆談辨，深自衒鬻，且矜賜鐵券。公曰：'鐵券蓋勳臣有功高不賞之懼，賜之以安反側耳。何爲輒及？'邢祥大沮。"

[3]新羅：朝鮮半島古國。公元4世紀成爲半島東南部的強國。7世紀中滅百濟和高句麗，不久，統一半島大部。至9世紀衰落，公元935年爲王氏高麗所取代。

二年春正月癸巳朔，以裴玄感爲翰林承旨，邢祥給事中，石用中翰林學士，呂德推樞密直學士，張儉政事舍人，[1]邢抱質加開府儀同三司、守司空兼侍中，王繼忠中京留守、檢校太師，[2]戶部侍郎劉涇加工部尚書，駙馬蕭紹宗加檢校太師，耶律控溫加政事令，[3]封幽王。[4]丁未，如瑞鹿原。北院樞密使耶律化哥封豳王。以馬氏爲麗儀，耿氏淑儀，[5]尚寢白氏昭儀，尚服李氏順儀，尚功艾氏芳儀，尚儀孫氏和儀。己未，錄囚。烏古、敵烈叛，[6]右皮室詳穩延壽率兵討之。是月，達旦國兵圍鎮州，[7]州軍堅守，尋引去。

[1]張儉（？—1053）：宛平（今北京市）人。舉進士第一，受到聖宗賞識，太平六年（1026），爲南院樞密使。聖宗不豫，受遺詔輔立太子，即後之興宗，拜太師、中書令，加尚父，徙王陳。在相位二十餘年。本書卷八〇有傳。

[2]王繼忠（？—1023）：宋降將。本書卷八一有傳。《宋史》卷二七九《王繼忠傳》載：“［繼忠］開封人。真宗在藩邸，得給事左右，以謹厚被親信。即位，補內殿崇班，累遷至殿前都虞候，領雲州觀察使，出爲深州副都部署，改鎮、定、高陽關三路鈐轄兼河北都轉運使，遷高陽關副都部署，俄徙定州。咸平六年，契丹數萬騎南侵，至望都，繼忠與大將王超及桑贊等領兵援之。繼忠至康村，與契丹戰，自日昳至乙夜，敵勢小卻。遲明復戰，繼忠陣東偏，爲敵所乘，斷餉道，超、贊皆畏縮退師，竟不赴援。繼忠獨與麾下躍馬馳赴，服飾稍異，契丹識之，圍數十重。士皆重創，殊死戰，且戰且行，旁西山而北，至白城，遂陷於契丹。真宗聞之震悼，初謂已死，優詔贈大同軍節度，贈賻加等，官其四子。景德初，契丹請和，令繼忠奏章，乃知其尚在。朝廷從之，自是南北戰

兵，繼忠有力焉。歲遣使至契丹，必以襲衣、金帶、器幣、茶藥賜之，繼忠對使者亦必泣下。嘗附表懇請召還，上以誓書約各無所求，不欲渝之，賜詔諭意。契丹主遇繼忠甚厚，更其姓名爲耶律顯忠，又改名宗信，封楚王。"

[3] 政事令：遼朝南面宰相。遼世宗天禄四年（950）建政事省之前，漢人宰相無定稱；建政事省之後，南宰相稱"政事令"，且多由契丹貴族擔任。

[4] 幽王：【劉校】當作"麀王"。據中華點校本校勘記："卷九四《耶律化哥傳》，化哥字弘隱，弘隱即控温，開泰元年伐阻卜，後封麀王。此與下文化哥封麀王爲重出。"

[5] 耿氏淑儀（984—1063）：【劉注】祖諱崇美，考諱紹忠，母耶律氏。生而端麗，合於法相。年二十一，進御於寢。生子耶律宗願。聖宗死後，出家爲尼，法諱圓瀆。死後謚寂善大師。葬於譽州東赤崖（今内蒙古自治區紮魯特旗烏日根塔拉農場）。其墓誌銘現存紮魯特旗文物管理所。墓誌録文載劉鳳翥、唐彩蘭、青格勒編《遼上京地區出土的遼代碑刻彙輯》（社會科學文獻出版社 2009 年版）。

[6] 烏古：部族名。又稱嫗厥律、于厥律，居契丹西北。據《新五代史》卷七三《四夷附録第二》："嫗厥律，其人長大，髡頭，酋長全其髮，盛以紫囊。地苦寒，水出大魚，契丹仰食。又多黑、白、黄貂鼠皮，北方諸國皆仰足。其人最勇，鄰國不敢侵。"

[7] 達旦：即韃靼。中國古代族名。唐末始見於史籍。分佈至廣，在南者，近塞，東起陰山，西逾黄河、額濟納河流域，至北宋中葉並散居青海附近。在《遼史》中也被稱爲阻卜。　鎮州：本古可敦城。故址在今蒙古國布爾根省青托羅蓋古城。統和二十二年（1004）置鎮州，建安軍。陳得芝《耶律大石北行史地雜考》（《歷史地理》第二輯）説：遼朝統治漠北屬部的最高軍政機構是西北路招討司（又稱西北路都招討司），遼聖宗統和十二年（994），因西北"阻卜"諸部作亂，以蕭撻凜爲西北路招討使，命隨皇太妃

（齊王妃）出征，“屯西鄙臚駒兒河，西捍轄剌，盡降之”。蕭撻凛鑒於達旦諸部叛服不常，上表乞建三城以鎮之。統和二十二年（1004）三城完工，設置鎮、防、維三州。

二月丙子，詔以麥務川爲象雷縣，[1]女河川爲神水縣，[2]羅家軍爲閭山縣，[3]山子川爲富庶縣，[4]習家砦爲龍山縣，[5]阿覽峪爲勸農縣，[6]松山川爲松山縣，[7]金甸子爲金原縣。[8]壬午，遣北院樞密副使高正按察諸道獄。

[1]象雷縣：【劉注】據孫進己、馮永謙編《東北歷史地理》下册（黑龍江人民出版社2013年版），象雷縣故址應在今内蒙古自治區寧城縣與遼寧省朝陽市間求之，大體方位已定，確址待考。

[2]神水縣：【劉注】據孫進己、馮永謙編《東北歷史地理》下册，遼代神水縣故址在今遼寧省朝陽縣南雙廟鄉一帶。

[3]閭山縣：【劉注】據孫進己、馮永謙編《東北歷史地理》下册，閭山縣城址待考，應於今遼寧省朝陽市之西、内蒙古自治區寧城縣之東求之。

[4]富庶縣：【劉注】據孫進己、馮永謙編《東北歷史地理》下册，遼代富庶縣故址在今遼寧省喀喇沁左翼蒙古族自治縣公營子鎮公營子村。此古城址曾出土印文爲“富庶縣印”的銅印。此印現存遼寧省博物館。

[5]龍山縣：【劉注】據孫進己、馮永謙編《東北歷史地理》下册，龍山縣故址爲潭州依郭，與州同城，在今遼寧省喀喇沁左翼蒙古族自治縣白塔子村。

[6]勸農縣：【劉注】據孫進己、馮永謙編《東北歷史地理》下册，遼代勸農縣故址在今内蒙古自治區寧城縣五化鄉得力胡同村。

[7]松山縣：【劉注】據孫進己、馮永謙編《東北歷史地理》

下册，遼代松山縣爲松山州的依郭，與州同城，故址在今内蒙古自
治區赤峰市松山區城子鄉城子村。

　　[8]金原縣：【劉注】據中華點校本校勘記，本書卷三九《地
理志三》與《金史·地理志》並作“金源縣”。又據孫進己、馮永
謙編《東北歷史地理》下册，遼代金源縣故址在今遼寧省建平縣朱
碌科鄉房身村。

　　　三月壬辰朔，化哥以西北路略平，[1]留兵戍鎮州，
赴行在。[2]

　　[1]西北路略平：【劉校】“路”原本誤爲“潞”。《羅校》云：
“‘路’，元本誤‘潞’。”據大典本、明抄本、南監本、北監本和殿
本改。中華點校本及修訂本徑改。

　　[2]行在：皇帝出行時所在之地，遼朝是行國，“行在”即是
其朝廷所在地，契丹語稱“捺鉢”。

　　　夏四月甲子，拜日。[1]詔從上京請，以韓斌所括瞻
國、撻魯河、奉、豪等州户二萬五千四百有奇，[2]置長
霸、興仁、保和等十縣。[3]丙子，如緬山。

　　[1]拜日：契丹故俗。本書卷四九《禮志一》記載，遼朝皇帝
有拜日儀。此外，本書卷五三《禮志六》“皇后生辰儀”也記載：
“臣僚昧爽朝。皇帝、皇后大帳前拜日，契丹、漢人臣僚陪拜。”契
丹拜日在宋人詩中多有反映。劉攽有詩云：“飲冰重見古人心，絕
幕仍當暮雪深。朝出穹廬隨拜日，夜鳴刁斗候橫參。胡兒射鴈爭娛
客，羌女聽箛卻走林。聞説虜情親博望，一言珍重萬黄金。”（《彭
城集》卷一三《次韻和張舍人使北歸》）他的另一首詩，也言及

契丹人拜日："朔雪如沙萬里程，幽陰戴斗正嚴凝。終軍何必功橫草，沈尹無煩夕飲冰。茗粥邇來誇湩酪，氊裘仍自愧綿繒。歲寒拜日穹廬外，想見東南瑞氣升。"（《彭城集》卷一三《王仲至使北》）

[2]撻魯河：【劉注】今吉林省的洮兒河。　奉：奉州。治所當在今内蒙古自治區通遼市或其相鄰地區。　豪：豪州。治所在今遼寧省彰武縣小南洼村古城址。

[3]長霸：【劉注】縣名。治所在今内蒙古自治區巴林左旗查干哈達蘇木石房子嘎查古城。清人顧祖禹《讀史方輿紀要》謂：祖州城"東爲州廨，又南，則東爲長霸縣，西爲咸寧縣，俱在州城内"。長霸縣衙署在祖州城内，居民則居住在祖州城外。　興仁：縣名。治所在今内蒙古自治區巴林左旗林東鎮。興仁縣衙署在上京漢城之東門内。居民散住在上京城外。　保和：縣名。治所在今内蒙古自治區巴林左旗林東鎮南古城。保和縣衙署在上京漢城西南隅。縣民居於上京城外的南部。

五月辛卯朔，復命化哥等西討。

六月辛酉朔，遣中丞耶律資忠使高麗，[1]取六州舊地。

[1]耶律資忠：字沃衍，小字札剌，系出仲父房。博學，工辭章。開泰中，授中丞。初，高麗臣服，遼取女直六州地賜高麗。後與高麗交惡，遼聖宗詔資忠前往索還六州舊地。高麗無歸地意。三年（1014），再使高麗，被留。資忠每懷君親，輒有著述，號《西亭集》。返回後，出知來遠城事，歷保安、昭德二軍節度使。本書卷八八有傳。《高麗史》卷四顯宗四年（遼開泰二年，1013）三月戊申載："契丹使左監門衛大將軍耶律行平來，責取興化等六城。"秋七月戊申又載："契丹使耶律行平復來索六城。"顯宗六年夏四月

庚申又載：“契丹使將軍耶律行平來又索六城，拘留不遣。”此耶律行平即《遼史》中的耶律資忠。行平（資忠）直至開泰九年（1020）纔被高麗放回。《高麗史》卷四《顯宗世家》於庚申年（開泰九年，1020）三月癸丑載：“歸契丹使耶律行平。”

　　秋七月壬辰，烏古、敵烈皆復故疆。乙未，西南招討使、政事令斜軫奏，[1]党項諸部叛者皆遁黄河北模赧山，[2]其不叛者曷黨、烏迷兩部因據其地，今復西遷，詰之則曰逐水草。不早圖之，後恐為患。又聞前後叛者多投西夏，[3]西夏不納。詔遣使再問西遷之意，若歸故地，則可就加撫諭。使不報，上怒，欲伐之。遂詔李德昭：“今党項叛，我欲西伐，爾當東擊，毋失掎角之勢。”仍命諸軍各市肥馬。丁酉，以惕隱耶律滌洌為南府宰相，[4]太尉五哥為惕隱。[5]癸卯，鉤魚曲溝。[6]戊申，詔以敦睦宫子錢振貧民。[7]己酉，化哥等破阻卜酋長烏八之衆。丁卯，封皇子宗訓大内惕隱。[8]

　　[1]斜軫：【劉注】按西南面招討使、北院樞密使耶律斜軫統和十七年（999）已死，此處記載有誤。另據中華修訂本校勘記，此處所記“斜軫”，疑其為“蕭排押”。二人皆字韓隱，且均曾任西南面招討使，故易致混淆。
　　[2]党項：中國古代族名。又稱党項羌，唐以後主要活動於靈、慶、銀、夏等州，即今甘肅、寧夏、陝西和内蒙古等省區交界地區。其接近契丹境内者，為其役屬。
　　[3]西夏：即夏國（1038—1227）。以党項民族為主體建立的政權。1038年，元昊叛宋稱帝，建立大夏王朝，傳十代，至公元1227年為蒙古所滅。元昊稱帝以前，作為北宋境内的地方割據政

權，已經具有獨立性。故遼亦稱之爲夏國或西夏。　又聞前後叛者：【劉校】北監本作“又爲前後叛者”。“聞”原本誤爲“問”，大典本、明抄本、南監本和殿本均作“聞”。中華點校本及修訂本徑改“問”爲“聞”。今從改。

[4]惕隱：契丹官名。又稱梯里己，掌皇族政教。

[5]五哥爲惕隱：【劉校】據中華點校本校勘記，“五哥即吳哥，漢名宗訓。惕隱即大內惕隱。此與下文封宗訓大內惕隱爲重出”。

[6]鉤魚：鑿冰捕魚。

[7]敦睦宮：孝文皇太弟宮分。　子錢：貸給他人用以取利之錢。此外，利息也稱爲子錢。這裏是指聖宗詔令以敦睦宮放高利貸所得之利息振濟貧民。

[8]宗訓：即本書卷六四《皇子表》所記聖宗第四子吳哥，字洪隱。僕隗氏生。

八月壬戌，遣引進使李延弘賜夏國王李德昭及義成公主車馬。[1]己丑，耶律資忠使高麗還。

[1]義成公主：西夏首領李繼遷之妻。統和四年（986）遼以王子帳節度使耶律襄之女汀封義成公主下嫁。

冬十月己未朔，畋麃井之北。命耶律阿嘗等使宋賀生辰。[1]辛酉，駐蹕長灤。[2]丙寅，詳穩張馬留獻女直人知高麗事者。上問之，曰：“臣三年前爲高麗所虜，爲郎官，故知之。自開京東馬行七日，有大砦，廣如開京，旁州所貢珍異，皆積於此。勝、羅等州之南，亦有二大砦，所積如之。若大軍行由前路，取曷蘇館女直北直渡鴨淥江，並大河而上，至郭州與大路會，高麗可取而有也。"上納之。

[1]耶律阿營：【劉校】據中華點校本校勘記："營，《大典》五二四九作管，《長編》作果。管、果音近，應作阿管。"

[2]長濼：遼時湖泊名。又稱長泊，在長春州（治所在今吉林省前郭爾羅斯蒙古族自治縣塔虎城）境內。

十一月甲午，錄囚。癸丑，樞密使幽王化哥以西征有罪，削其官封，出爲大同軍節度使。

十二月甲子，以北院大王耶律世良爲北院樞密使，封岐王。以宰臣劉晟監修國史，[1]牛璘爲彰國軍節度使，[2]蕭孝穆爲西北路招討使。[3]

放進士鮮於茂昭等六人及第。

[1]劉晟：即劉慎行。

[2]彰國軍：治應州，在今山西省應縣。

[3]蕭孝穆（？—1043）：小字胡獨堇，淳欽皇后弟阿古只五世孫。統和二十八年（1010）累遷西北路招討都監。開泰元年（1012）冬進軍可敦城，敗阻卜結五群牧長謀叛，拜北府宰相。太平九年（1029）平定大延琳謀反，改東京留守。興宗即位，復爲南京留守。本書卷八七有傳。　西北路：【劉校】原本誤爲"曲北路"，明抄本、南監本、北監本和殿本均作"西北路"。中華點校本及修訂本徑改。今從改。

三年春正月己丑，錄囚。阻卜酋長烏八來朝，封爲王。乙未，如渾河。[1]丁酉，女直及鐵驪各遣使來貢。

是夕，彗星見西方。丙午，畋潢河濱。[2]壬子，帝及皇后獵瑞鹿原。

[1]渾河：即桑乾河。以其水渾濁，故名。
[2]潢河：河流名。即今內蒙古自治區境內的西拉木倫河，屬西遼河上游。

二月戊午，詔增樞密使以下月俸。甲子，遣上京副留守耶律資忠復使高麗取六州舊地。

三月庚子，遣耶律世良城招州。[1]戊申，南京、奉聖、平、蔚、雲、應、朔等州置轉運使。[2]

[1]招州：軍號綏遠軍，隸西北路招討司。遼開泰三年（1014）以女直戶置，治所在今蒙古國後杭愛省鄂爾渾河上游河東、烏歸湖西古城。一說即今祖赫雷姆（遼皮被河城）附近西赫雷姆城。爲上京道邊防城。後廢。
[2]轉運使：唐以後主管徵解錢谷及財政等事務的中央或地方官職。轉運使之名始於唐。宋太祖鑒於五代藩臣擅有財賦。自乾德以後始置諸路轉運使，以總利權。太宗至道中詔諸路轉運使並兼按察使，兼領考察地方官吏、維持治安、清點刑獄、舉賢薦能等職責。宋真宗景德四年（1007）以前，轉運使實際上已成爲一路之最高行政長官。遼在境內南部各地設都轉運使司，各以使領之，掌管地方財政及徵解錢谷等事務。

夏四月戊午，詔南京管內毋淹刑獄，以妨農務。癸亥，烏古叛。乙亥，沙州回鶻曹順遣使來貢。[1]丙子，以西北路招討都監蕭孝穆爲北府宰相。

[1]沙州回鶻：唐宣宗大中五年（851）至宋仁宗景祐三年
（1036）的沙州地方政權。安史之亂時，吐蕃乘虛進攻隴右、河西，
德宗貞元三年（787）沙州被吐蕃攻陷，直至唐宣宗大中二年
（848），沙州漢族人民在張議潮領導下舉行起義，趕走吐蕃鎮將，
河西地區纔復歸唐朝。大中五年（851）朝廷定在沙州置歸義軍，
以張議潮爲歸義軍節度使、十一州觀察使。但僖宗（873—888）
後，沙州歸義軍所轄唯瓜、沙二州。唐亡時，張氏自立“金山國”。
數年後，曹氏代替張氏掌握沙州地方政權，仍稱歸義軍節度使，向
五代、北宋諸政權奉表入貢。唐莊宗時回鶻來朝，沙州留後曹義金
亦遣使附回鶻以來，故有“沙州回鶻”之稱。至宋景祐三年（一
説景祐二年）亡於西夏。

五月乙酉朔，清暑緬山。

六月乙亥，合拔里、乙室二國舅爲一帳，[1]以乙室
夷離畢蕭敵烈爲詳穩以總之。甲申，封皇姪胡都古爲廣
平郡王。[2]

[1]乙室：契丹部族名。遙輦氏阻午可汗時始置爲部。隸南府，
駐守西南境。

[2]皇姪胡都古：【劉注】遼聖宗三弟耶律隆祐之子，漢名耶
律宗業。

是夏，詔國舅詳穩蕭敵烈、東京留守耶律團石等討
高麗，造浮梁于鴨淥江，城保（宣義）、〔宣〕（定遠）
等州。[1]

[1]城保（宣義）、〔宣〕（定遠）：分別指保州（宣義軍）和

宣州（定遠軍）。原本作“城保、宣義、定遠等州”。保州，據本書卷三八《地理志二》：“保州宣義軍，節度。高麗置州，故縣一，曰來遠。聖宗以高麗王詢擅立，問罪不服，統和末，高麗降。開泰三年取其保、定二州，於此置榷場。隸東京統軍司。”“宣州，定遠軍，刺史。開泰三年徙漢户置。隸保州。”

秋七月乙酉朔，如平地松林。壬辰，詔政事省、樞密院，[1]酒間授官釋罪，毋即奉行，明日覆奏。

[1]政事省：遼官署名。後改稱中書省，爲南面官宰輔機構。

八月甲寅朔，[1]幸沙嶺。

[1]甲寅朔：【劉校】“甲”原本誤爲“日”，明抄本、南監本、北監本和殿本均作“甲”。中華點校本及修訂本徑改。今從改。

九月丁酉，八部敵烈殺其詳穩稍瓦，皆叛，詔南府宰相耶律吾剌葛招撫之。辛亥，釋敵烈數人，令招諭其衆。壬子，耶律世良遣使獻敵烈俘。

冬十月甲寅朔，幸中京。丙子，以旗鼓拽剌詳穩題里姑爲奚六部大王。[1]

放進士張用行等三十一人及第出身。

[1]拽剌：契丹語“走卒”謂之“拽剌”，後爲軍官名。有掌旗鼓者，稱“旗鼓拽剌”，還有專司偵候、探報等職者。　題里姑爲奚六部大王：【劉校】據中華修訂本校勘記：“此事又見於下文開泰四年九月，本書卷六九《部族表》亦繫於四年九月，疑此係一事

重出。"

四年春正月乙酉，如瑞鹿原。丙戌，詔耶律世良再伐迪烈得。戊子，命詳穩拔姑潴水瑞鹿原，[1]以備春蒐。[2]丁酉，獵馬蘭淀。壬寅，東征。[3]東京留守善寧、平章涅里袞奏，已總大軍及女直諸部兵分道進討，遂遣使齎密詔軍前。

[1]潴水（zhū）：蓄水。【劉校】"潴"原本作"溺"。中華點校本據《大典》卷五二四九改。今從改。

[2]春蒐：古代帝王春獵。

[3]東征：《高麗史》卷四《顯宗世家》載，（乙卯）顯宗六年（開泰四年，1015）春正月癸卯，"契丹兵圍興化鎮，將軍高積餘、趙弋等擊却之，甲辰，又侵通州"。（丙辰）七年秋七月甲辰都兵馬使奏："將軍高積餘、中郎將徐肯、郎將守岩等三千一百八人曾於通州之役殺獲甚多，請不拘存没增職一級。"

二月壬子朔，如薩堤灤。于闐國來貢。[1]

[1]于闐：塞克族於古代西域地區建立的政權，地當今新疆維吾爾自治區和田地區。自漢至唐，皆入貢中原政權。安史之亂，絕不復至。後晉天福中，其王李聖天自稱唐之宗屬，遣使來貢。後晉高祖册聖天爲大寶于闐國王。宋初訖於宣和，朝享不絕。塞克族，古稱塞種。其語言屬印歐語系東伊朗語族。近代發現的于闐文書使用同慶、天興、中興、天壽等年號，或采用唐代官稱，或並用漢文、于闐文，或夾用漢字，足見于闐塞克族深受唐代政治、文化影響。

　　夏四月癸丑，以林牙建福爲北院大王。甲寅，蕭敵烈等伐高麗還。丙辰，曷蘇館部請括女直王殊只你戶舊無籍者，會其丁入賦役，從之。樞密使貫寧奏大破八部迪烈得，詔侍御撒刺獎諭，代行執手之禮。[1]丙寅，耶律世良等上破阻卜俘獲數。戊辰，駐蹕沿柳湖。己巳，女直遣使來貢。壬申，耶律世良討烏古，[2]破之。甲戌，遣使賞有功將校。世良討迪烈得至清泥堝。時于厥既平，[3]朝廷議内徙其衆，于厥安土重遷，遂叛。世良懲創，既破迪烈得，輒殲其丁壯。[4]勒兵渡曷剌河，進擊餘黨，斥候不謹，[5]其將勃括聚兵稠林中，擊遼軍不備。遼軍小卻，結陣河曲。勃括是夜來襲。翌日，遼後軍至，勃括誘于厥之衆皆遁，世良追之，軍至險阨。勃括方阻險少休，遼軍偵知其所，世良不亟掩之，勃括輕騎遁去。獲其輜重及所誘于厥之衆，併遷迪烈得所獲轄麥里部民，[6]城臚朐河上以居之。[7]是月，蕭楊哥尚南平郡主。

　　[1]執手之禮：契丹皇帝對立功將士的一種禮遇。本書卷一一六《國語解》："執手禮：將帥有克敵功，上親執手慰勞；若將在軍，則遣人代行執手禮。優遇之意。"

　　[2]世良：【劉校】"世"原本爲"出"，各本均作"世"。中華點校本及修訂本徑改。今從改。

　　[3]于厥：部族名。即烏古。

　　[4]輒殲其丁壯：【劉校】"輒"原本爲"轉"，明抄本、南監本、北監本和殿本均作"輒"。中華點校本及修訂本徑改。今從改。

　　[5]斥候不謹：言偵察不夠周密。斥候即偵察、候望之意。

[6]轄麥里：【劉校】“轄”原本誤爲“輨”。馮氏《初校》
云：“‘轄’，《百》作‘輨’，非。”大典本、明抄本、南監本、北
監本和殿本均作“轄”。中華點校本及修訂本徑改。今從改。

[7]臚（lú）朐（qú）河：黑龍江支流。即今克魯倫河。據
《水道提綱》卷二五：“克魯倫河即臚朐河，源出肯忒山東南百餘里
支峰西南麓。”其幹流位於今蒙古國境內，向東注入中國呼倫湖。

五月辛巳，命北府宰相劉晟爲都統，樞密使耶律世
良爲副，殿前都點檢蕭屈烈爲都監以伐高麗。[1]晟先攜
家置邊郡，致緩師期，追還之。以世良、屈烈總兵進
討。[2]以耶律德政爲遼興軍節度使，蕭年骨烈天城軍節度
使。[2]李仲舉卒，詔賵恤其家。

[1]殿前都點檢：官名。五代後周世宗設置殿前司，以都點檢、
副都點檢爲正副長官，位在都指揮使之上，爲禁軍統帥。宋初廢。
遼設殿前都點檢，爲南面軍官，當係模倣周制。
[2]天城軍：祖州軍號。

六月庚戌，上拜日如禮。以麻都骨世勳，易衣馬爲
好。以上京留守耶律八哥爲北院樞密副使。
秋七月，上又拜日，遂幸秋山。[1]

[1]秋山：即秋捺鉢，主要活動是狩獵，聖宗以後，其主要地
點在慶州（今內蒙古自治區巴林右旗索博日嘎鎮）西部諸山。

自八月射鹿至於九月，復自癸丑至於辛酉，連獵于
有柏、碎石、太保、響應、松山諸山。[1]丁卯，與夷离

畢、兵部尚書蕭榮寧定爲交契，以重君臣之好。丙子，以旗鼓拽剌詳穩題里姑爲六部奚王。[2]

[1]松山：位於今内蒙古自治區赤峰市西南。

[2]奚王：對奚部族首領的稱呼。據《五代會要》卷二八《奚》："奚，本匈奴別種，即東胡之地，人物風俗與突厥同。族有五姓：一曰阿會部，管縣六；二曰啜米部，管縣四；三曰奥質部，管縣六；四曰奴皆部，管縣四；五曰黑訖支部，管縣三；每部有刺史，每縣有令，酋長號奚王。"此奚王是被契丹降伏以後的奚部族酋長。《新五代史》卷七四《四夷附録第三》所記奚各部名稱與《五代會要》略有不同：奚"分爲五部：一曰阿薈部，二曰啜米部，三曰粵質部，四曰奴皆部，五曰黑訖支部。後徙居琵琶川，在幽州東北數百里。地多黑羊，馬逾前蹄堅善走，其登山逐獸，下上如飛"。奚本來祇有五部，阿保機降伏五部奚之後設置墮瑰部，而成六部。詳本書卷三三《營衛志·部族下》。

冬十月，駐蹕撻剌割瀦。

十一月庚申，詔汰東京僧，[1]及命上京、中京泊諸宮選精兵五萬五千人以備東征。

[1]詔汰東京僧：【劉注】此事非在開泰四年（1015）十一月，據中華點校本校勘記："按《大典》八七〇六，此事在開泰五年十一月。"

十二月，南巡海徼。還，幸顯州。

五年春正月丁未，北幸。庚戌，耶律世良、蕭屈烈與高麗戰于郭州西，[1]破之，斬首數萬級，盡獲其輜重。

乙卯，師次南海軍，耶律世良薨於軍。癸酉，駐蹕雪林。

[1]耶律世良、蕭屈烈與高麗戰于郭州西：《高麗史》卷四《顯宗世家》七年（丙辰，開泰五年，1016）春正月庚戌："契丹耶律世良、蕭屈烈侵郭州。我軍與戰，死者數萬人，獲輜重而歸。"
　郭州：【靳注】高麗地名。朝鮮尹廷琦《東寰録·徐熙六城》載："郭州，今郭山。"即今朝鮮平安北道郭山郡。

二月己卯，阻卜長來朝。辛巳，如薩堤濼。庚寅，以前東京統軍使耶律韓留爲右夷离畢。戊戌，皇子宗真生。[1]

[1]宗真：即遼興宗。

三月乙卯，鼻骨德長撒保特、賽剌等來貢。[1]辛酉，諸道獄空，詔進階賜物。丙寅，以前北院大王耶律敬温爲阿紥割只。[2]辛未，党項魁可來降。

[1]鼻骨德：又作鱉古德、鼻古德，遼時今黑龍江流域部族名。聖宗時分置伯斯鼻古德部與撻馬鼻古德部，均屬東北路統軍司。所在地相當於今黑龍江省富錦市至俄羅斯境内哈巴羅夫斯克（伯力）沿江一帶。
[2]阿紥割只：本書卷四五《百官志一》稱其"所掌未詳。遙輦故官，後並樞密院"。

夏四月乙亥，振招州民。戊寅，以左夷离畢蕭合卓爲北院樞密使，曷魯寧爲副使。庚辰，清暑孤樹淀。

五月甲子，尚書蕭姬隱坐出使後期，削其官。丁卯，以耿元吉爲户部使。[1]

[1]耿元吉：【劉注】應是耿崇美後人，但缺乏相關資料。

六月，以政事舍人吳克昌按察霸州刑獄。丁丑，回鶻獻孔雀。

秋七月甲辰，獵於赤山。

八月丙子，幸懷州，有事於諸陵。戊寅，還上京。

九月癸卯，皇弟南京留守秦晉國王隆慶來朝，上親出迎勞至實德山，因同獵於松山。乙丑，駐蹕杏堝。[1]

[1]杏堝：阿保機初俘漢民，置木葉山下，因建城於此以遷之，初名杏堝新城。復以遼西户益之，更名新州。統和八年（990），改曰武安州。【劉注】杏堝在今内蒙古自治區敖漢旗豐收鄉白塔子村古城。

冬十月甲午，封秦晉國王隆慶長子查割中山郡王，[1]次子遂哥樂安郡王。[2]

[1]查割（1003—1062）：【劉注】本書卷六四《皇子表》作“查葛”，乃契丹語同名異譯。漢名宗政，字去回。封爵爲魏國王。其生平詳載《耶律宗正墓誌銘》。墓誌原石現存遼寧省北鎮市文物管理處。墓誌拓本和録文載劉鳳翥、唐彩蘭、青格勒編著《遼上京地區出土的遼代碑刻彙輯》（社會科學文獻出版社 2009 年版）。

[2]遂哥（1005—1064）：【劉注】漢名宗允，字保信。清寧初

拜南宰相，位在宰相上。封爵爲鄭王。其生平詳載《耶律宗允墓誌銘》。墓誌原石現存遼寧省北鎮市文物管理處。墓誌拓本和録文載《遼上京地區出土的遼代碑刻彙輯》。

十一月辛丑朔，[1]以參知政事馬保忠同知樞密院事、監修國史。丁巳，以北面林牙蕭隈洼爲國舅詳穩。

[1]十一月辛丑朔：【劉校】原本無"朔"字，中華點校本據本書卷四四《曆象志下·朔考》補。今從。

十二月乙酉，秦晉國王隆慶還，至北安薨。[1]訃聞，上爲哀慟，輟朝七日。丁酉，宋遣張遜、王承德來賀千齡節。

是歲，放進士孫傑等四十八人及第。

[1]北安：《御批通鑒輯覽》卷八一宋宣和四年（1122）三月："金尼瑪哈（粘罕）敗遼奚王于北安州。"注："遼置，金曰興州。故城在今熱河南喀喇河屯。"即今河北省承德市雙灤區灤河鎮。【劉注】據河北省文物研究所鄭紹宗所長調查，遼代北安州州城故址在今河北省灤平縣縣城。

六年春正月癸卯，如錐子河。

二月甲戌，以公主賽哥殺無罪婢，駙馬蕭圖玉不能齊家，降公主爲縣主，削圖玉同平章事。丁丑，[1]詔國舅帳詳穩蕭隗洼將本部兵東征高麗，其國舅司事以都監攝之。庚辰，以南面林牙涅合爲南院大王。

[1]丁丑：【劉校】原本奪"丁"，中華修訂本據《大典》卷五二四九引《遼史·聖宗紀》及南監本、北監本和殿本補。今從。

三月乙巳，如顯州，葬秦晉國王隆慶。有事於顯、乾二陵。追册隆慶爲太弟。[1]

[1]追册：【劉校】"册"原本誤爲"州"，明抄本、南監本、北監本和殿本均作"册"。中華點校本及修訂本徑改。今從改。

夏四月辛卯，封隆慶少子謝家奴爲長沙郡王，[1]以樞密使漆水郡王耶律制心權知諸行宮都部署事。[2]壬辰，禁命婦再醮。丙申，如敘陘。

[1]長沙郡王：【劉校】"沙"原本誤爲"以"，明抄本、南監本、北監本和殿本均作"沙"。中華點校本及修訂本徑改。今從改。
[2]耶律制心：【劉注】據中華點校本校勘記："即上文開泰元年七月之耶律遂貞。耶律，下文亦作韓。本姓韓，賜姓耶律。……《遼文匯》六《韓橁墓誌》稱'諱遂貞，賜名直心'，直心即制心。"

五月戊戌朔，命樞密使蕭合卓爲都統，[1]漢人行宮都部署王繼忠爲副，殿前都點檢蕭屈烈爲都監以伐高麗。翌日，賜合卓劍，俾得專殺。丙午，錄囚。己酉，設四帳都詳穩。甲寅，以南京統軍使蕭惠爲右夷离畢。乙卯，祠木葉山、潢河。乙丑，駐蹕九層臺。

[1]命樞密使蕭合卓爲都統：【劉校】原本"命"字原脫，中

華點校本依上文例補。今從。

六月戊辰朔，德妃蕭氏賜死，葬兔兒山西。後數日，大風起塚上，晝暝，[1]大雷電而雨不止者踰月。是月，南京諸縣蝗。

[1]晝暝：【劉校】原本作“晝撲”，中華修訂本據《大典》卷五二四九引《遼史・聖宗紀》及南監本、北監本、殿本改。今從改。按，明抄本作“晝夜”。

秋七月辛亥，如秋山。遣禮部尚書劉京、翰林學士吳叔達、知制誥仇正己、起居舍人程翥、吏部員外郎南承顏、禮部員外郎王景運分路按察刑獄。辛酉，以西南路招討請，置寧仁縣於勝州。[1]

[1]勝州：治所在今內蒙古自治區托克托縣，位於大青山南麓、黃河上中游分界處北岸的土默川平原上。

九月庚子，還上京，以皇子屬思生，[1]大赦。丁未，以駙馬蕭璉、節度使化哥、知制誥仇正己、楊佶充賀宋生辰正旦使、副。乙卯，蕭合卓等攻高麗興化軍不克，還師。

[1]皇子屬思：不見載本書卷六四《皇子表》。

冬十月丁卯，南京路饑，輙雲、應、朔、弘等州粟振之。[1]

　辛未，獵鏵子河。庚寅，駐蹕達離山。

　十一月乙卯，建州節度使石匡弼卒。[2]

[1]弘州：治所在今河北省陽原縣。

[2]建州：地當今遼寧省朝陽市西八十里處。《武經總要》前集卷一六下《戎狄舊地》：“建州，胡中地，今號保靜軍節度，本遼西之地，德光立爲州。嗣王即位，三關之地復爲周世宗所取，時江南諸國欲牽制中原，遣使齎金幣泛海至契丹國，乞出師南牧，卒不能用其謀。入蕃人使舟棹、水師悉留之，建州、雙州、霸州並置營居之，號通吳軍。東南至器仗山三十里，東北至霸州九十里，南至渝州五十里，西南至小陵河十里。”【劉注】遼代後期建州州治爲今遼寧省朝陽縣大平房鄉黃花灘村古城址。

　十二月丁卯，上輕騎還上京。戊子，宋遣李行簡、張信來賀千齡節。[1]翌日，宋馮元、張綸來賀正旦。[2]

[1]張信：【劉校】據中華點校本校勘記，《長編》卷九〇作“張佶”。《宋史》三〇八有傳。

[2]宋使賀千齡節及賀正旦：《長編》卷九〇天禧元年（開泰六年，1017）九月甲寅：“以兵部員外郎龍圖閣待制李行簡爲契丹國主生辰使，佐騏驥使、宜州刺史張佶副之，太子中允直龍圖閣馮元爲正旦使，內殿崇班閤門祇候張綸副之。”

（李錫厚注　劉鳳翥校）

遼史　卷一六

本紀第十六

聖宗七

　　七年春正月甲辰，如達離山。
　　二月乙丑朔，拜日，[1]如渾河。[2]

　　[1]拜日：契丹故俗。本書卷四九《禮志一》記載，遼朝皇帝
有拜日儀。此外，本書卷五三《禮志六》"皇后生辰儀"也記載：
"臣僚昧爽朝。皇帝、皇后大帳前拜日，契丹、漢人臣僚陪拜。"契
丹拜日在宋人詩中多有反映。劉攽有詩云："飲冰重見古人心，絶
幕仍當暮雪深。朝出穹廬隨拜日，夜鳴刁斗候橫參。胡兒射鴈爭娛
客，羌女聽箛卻走林。聞説虜情親博望，一言珍重萬黄金。"（《彭
城集》卷一三《次韻和張舍人使北歸》）他的另一首詩，也言及
契丹人拜日："朔雪如沙萬里程，幽陰戴斗正嚴凝。終軍何必功橫
草，沈尹無煩夕飲冰。茗粥邇來誇渾酪，氈裘仍自愧綿繒。歲寒拜
日穹廬外，想見東南瑞氣升。"　（《彭城集》卷一三《王仲至
使北》）
　　[2]渾河：即桑乾河。以其水渾濁，故名。

三月辛丑，命東北越里篤、剖阿里、奧里米、蒲奴里、鐵驪等五部歲貢貂皮六萬五千，[1]馬三百。丙午，烏古部節度使蕭普達討叛命敵烈，[2]滅之。

[1]鐵驪：族名。遼置鐵驪國王府，以統其眾。地當今黑龍江省東部松花江流域。　五部：即五國部，遼東北部族名。越里篤、剖阿里、奧里米、蒲奴里和越里吉，統稱五國部。

[2]烏古：部族名。又稱嫗厥律、于厥律，居契丹西北。據《新五代史》卷七三《四夷附錄第二》："嫗厥律，其人長大，髡頭，酋長全其髮，盛以紫囊。地苦寒，水出大魚，契丹仰食。又多黑、白、黃貂鼠皮，北方諸國皆仰足。其人最勇，鄰國不敢侵。"

夏四月，拜日。丙寅，振川、饒二州饑。[1]辛未，振中京貧乏。[2]癸酉，禁匿名書。壬辰，以三司使呂德懋爲樞密副使。[3]

[1]川：川州，即白川州。遼代州名。據《嘉慶重修一統志‧承德府》，舊城在朝陽縣（今遼寧省朝陽市）東北六十七里。初置川州，會同中改爲白川州。【劉注】遼代川州，前期治所爲今遼寧省北票市南八家子鄉四家板村古城址；後期治所爲今遼寧省北票市黑城子鎮駐地黑城子村古城址。　饒：即饒州。據《讀史方輿紀要》卷一八，該州在"臨潢西南二百三十里"。【劉注】據孫進己、馮永謙編《東北歷史地理》下冊所載，遼代饒州州治在今內蒙古自治區林西縣小城子鄉西拉木倫河北岸的西櫻桃溝村黃土坑屯東古城址。

[2]中京：即今內蒙古自治區寧城縣大明城。

[3]三司使：唐宋以鹽鐵、度支、戶部爲三司，主理財賦。其

長官爲三司使。《通鑑》卷二六五唐昭宣帝天祐三年（906）三月戊寅："以朱全忠爲鹽鐵、度支、户部三司都制置使。三司之名始于此。"遼代在南京設三司使司。此外，在上京設鹽鐵使司，東京設户部使司，中京設度支使司，西京設計司。

閏月壬子，以蕭進忠爲彰武軍節度使兼五州制置。[1]戊午，吐蕃王並里尊奏，[2]凡朝貢，乞假道夏國，[3]從之。

[1]彰武軍：霸州軍號。後升興中府，治所在今遼寧省朝陽市。

[2]吐蕃：原爲中國古代藏族政權名。公元七至九世紀在青藏高原建立。吐蕃政權崩潰以後，宋元及明初史籍稱青藏高原上的土著族、部爲吐蕃。

[3]夏國（1038—1227）：以党項民族爲主體建立的政權。公元1038年，元昊叛宋稱帝，建立大夏王朝，傳十代，至1227年爲蒙古所滅。元昊稱帝以前，作爲北宋境内的地方割據政權，已經具有獨立性。史稱西夏，先後與遼、北宋及金、南宋並立於當時中國境内。境土包括今寧夏回族自治區全部、甘肅省大部、陝西省北部以及青海省、内蒙古自治區的部分地區。

五月丙寅，皇子宗真封梁王，[1]宗元永清軍節度使，[2]宗簡右衛大將軍，[3]宗愿左驍衛大將軍，[4]宗偉右衛大將軍，[5]皇姪宗範昭義軍節度使，[6]宗熙鎮國軍節度使，[7]宗亮絳州節度使，[8]宗弼濮州觀察使，[9]宗奕曹州防禦使，[10]宗顯、宗肅皆防禦使。[11]以張儉守司徒兼政事令。[12]

[1]梁王：遼中期以後皇位繼承人的封號。開泰七年（1018），時年三歲，宗真即受封爲梁王。聖宗早年亦曾受封爲梁王，這表明，宗真作爲皇位繼承人的地位，已經確定。

[2]宗元（？—1063）：因避興宗諱，改重元，小字孛吉只，亦作孛己只，聖宗次子。太平三年（1023）封秦國王。聖宗死後，欽愛皇后稱制，曾密謀立重元。重元以所謀告於興宗，封爲皇太弟。賜以金券誓書。道宗即位，冊爲皇太叔，爲天下兵馬大元帥，復賜金券。清寧九年（1063）與其子涅魯古謀亂，失敗自殺。本書卷一一二有傳。【劉校】中華修訂本校勘記云："太平元年三月戊戌'皇子勃己只生'即重元之契丹語名，知其太平元年始生，則此處'宗元'或有訛誤。" 永清軍：治貝州，今河北省南宮市。

[3]宗簡：即別古特，字撒懶。重熙中累遷契丹行宮都部署，封柳城郡王。另有宗訓：即吳哥，字洪隱。聖宗第四子，封燕王。開泰二年爲惕隱，出爲南京留守。薨於南京。

[4]宗愿（1009—1072）：【劉注】據劉鳳翥編著《契丹文字研究類編》（中華書局2014年版）所載漢字《寂善大師墓誌銘》、漢字《耶律宗愿墓誌銘》和契丹小字《耶律弘用墓誌銘》拓本照片和錄文，耶律宗愿是遼聖宗第六子，母爲耿淑儀（《皇子表》誤作姜氏），契丹語小名侯古，第二個名訛里本。漢名宗愿，字德恭。初授左驍衛大將軍、檢校太保。興宗即位，授建雄軍節度使，轉右宣徽使。道宗即位，授中京留守，判大定尹事。轉上京留守、臨潢府尹事。封混同郡王。咸雍八年（1072）閏七月十七日薨於位，享年六十四歲。葬於門山之膴原（今内蒙古自治區紮魯特旗烏日根塔拉農場）。

[5]宗偉：可能是聖宗第五子狗兒。字屠魯昆，太平元年拜南府宰相。暴疾薨於上京。

[6]宗範：【劉注】據《契丹國志》卷一八和本書卷六四《皇子表》以及《蕭興言墓誌銘》，宗範是聖宗三弟齊國王耶律隆裕之子。契丹語名合禄。歷龍化州節度使、燕京留守，封韓王。他是蕭

興言的岳父。　昭義軍：治潞州，在今山西省長治市。遼昭義軍節度使屬遙授。

　　[7]宗熙：【劉注】劉鳳翥編著《契丹文字研究類編》（中華書局2014年版）所載漢字《永清公主墓誌銘》謂："父宗熙，齊國王第三子。帝以連其近戚，初封裕彰郡王，次進封衛王。"據本書卷六四《皇子表》齊國王隆祐（隆裕）第三子契丹語名貼不。　鎮國軍：治華州（今陝西省華縣），另外陝州也設鎮國軍。此兩地均不在遼境。

　　[8]絳州：治所在今山西省新絳縣，不在遼境內，絳州節度使爲遙授。

　　[9]濮州：治所在今山東省鄄城縣北，不在遼朝境內，濮州觀察使屬遙授。

　　[10]曹州：治所在今山東省曹縣西北，不在遼境內，曹州防禦使屬遙授。　防禦使：原爲唐官名。在遼爲防禦州的長官，官階低於團練使而高於刺史。

　　[11]宗肅：【劉校】原本、南監本、北監本和殿本均作"宗蕭"，今從馮氏《初校》和中華點校本改。

　　[12]張儉（？—1053）：宛平人。舉進士第一，受到聖宗賞識，太平六年（1026）爲南院樞密使。聖宗不豫，受遺詔輔立太子，是爲興宗，拜太師、中書令，加尚父，徙王陳。在相位二十餘年。本書卷八〇有傳。　政事令：遼朝南面宰相。遼世宗天祿四年（950）建政事省之前，漢人宰相無定稱；建政事省之後，南面宰相稱"政事令"，且多由契丹貴族擔任。

　　六月丙申，[1]品打魯瑰部節度使勃魯里至鼻灑河，遇微雨，忽天地晦冥，大風飄四十三人飛旋空中，良久乃墮數里外。勃魯里幸獲免。一酒壺在地乃不移。

[1]六月丙申：【劉校】"六月"二字原脱。據中華點校本校勘記，依本書卷四四《曆象志下·朔考》，五月壬戌朔，六月壬辰朔，丙申已入六月。據補。

　　八月丙午，[1]行大射柳之禮。[2]庚申，以耶律留寧、吳守達使宋賀生辰，[3]蕭高九、馬貽謀使宋賀正旦。加平章蕭弘義開府儀同三司、尚父兼政事令。

[1]八月丙午：【劉校】據中華點校本校勘記，"八月丙午"四字夾於上文六月與下文七月之間，六月壬辰朔，丙午是十五日，"八月"二字疑衍，或是八月一段應在七月、九月之間。

[2]射柳：遼朝的一種禮儀。《長編》卷一一〇宋仁宗天聖九年（1031）六月丁丑載：契丹"每謁木葉山即射柳枝，諢子唱酱歌，前導彈胡琴和之，已事而罷"。此外，祈雨也射柳。金初接待宋使，亦以射柳作爲一種遊樂項目，元朝、明朝也有此類活動。

[3]吳守達：據傅樂煥《宋遼聘使表》，應是"吳叔達"之誤（見《遼史叢考》第 189 頁）。

　　秋七月甲子，詔翰林待詔陳升寫《南征得勝圖》於上京五鸞殿。[1]丁卯，蒲奴里部來貢。

[1]五鸞殿：遼上京臨潢府三大殿之一。

　　九月庚申朔，[1]蒲昵國使奏本國與烏里國封壤相接，數侵掠不寧，賜詔諭之。戊辰，詔內外官，因事受賕，事覺而稱子孫僕從者，禁之。庚午，錄囚。括馬給東征軍。是月，駐蹕土河川。[2]

[1]九月庚申朔：【劉校】"朔"字原闕，中華點校本據本書卷四四《曆象志下·朔考》補。今從。

[2]土河川：即老哈河。

冬十月，名中京新建二殿曰延慶，曰永安。壬寅，以順義軍節度使石用中爲漢人行宮都部署。[1]丙辰，詔以東平郡王蕭排押爲都統，[2]殿前都點檢蕭虛列爲副統，[3]東京留守耶律八哥爲都監，伐高麗。[4]仍諭高麗守吏，能率衆自歸者，厚賞；堅壁相拒者，追悔無及。

[1]順義軍：遼代軍號。治朔州（今山西省朔州市）。 漢人行宮都部署：行宮官。遼在北南面官系統中，分別設契丹行宮都部署和漢人行宮都部署，其上則有諸行宮都部署。行宮都部署完全是倣中原王朝官制設置的，它不同於專管斡魯朵事務的某宮都部署的宮官。宋朝皇帝巡幸亦有行宮，且亦有行宮都部署之設。後避英宗趙曙名諱，改稱行宮都總管。詳本書卷四七《百官志三》。

[2]蕭排押（？—1023）：字韓隱，國舅少父房之後。統和初爲左皮室詳穩。四年（986），破宋將曹彬、米信兵於望都，與樞密使耶律斜軫收復山西所陷城邑。是冬攻宋，以功改南京統軍使。十三年歷北、南院宣徽使。十五年加政事令，遷東京留守。二十二年與宋和議成，爲北府宰相。兩度從聖宗征高麗。本書卷八八有傳。

[3]殿前都點檢：官名。五代後周世宗設置殿前司，以都點檢、副都點檢爲正副長官，位在都指揮使之上，爲禁軍統帥。宋初廢。遼設殿前都點檢，爲南面軍官，當係模倣周制。【劉校】殿前都點檢，原本作"殿前邵點檢"，據南監本、北監本、殿本改。中華點校本及修訂本徑改。

[4]高麗：指王建創建的高麗王朝（918—1392）。統治地域在今朝鮮半島，首都在開京（今朝鮮開城市）。

十一月壬戌，以呂德懋知吏部尚書，楊又玄知詳覆院，[1]劉晟爲霸州節度使，北府宰相劉慎行爲彰武軍節度使。[2]庚辰，禁服用明金、縷金、貼金。戊子，幸中京。

[1]楊又玄：【劉校】原本作“楊人玄”，中華修訂本據明抄本、南監本、北監本和殿本及下文太平二年（1022）十月改。今從改。　詳覆院：科舉考試進行覆試的專門機構。唐有覆試，但無專門機構。《通典》卷一五《選舉三》載：“［開元］二十五年二月，制：‘明經每經帖十，取通五以上，免舊試一帖；仍按問大義十條，取通六以上，免試經策十條；令答時務策三道，取粗有文理者與及第。其進士停小經，準明經帖大經十帖，取通四以上，然後準例試雜文及策，考通與及第。其明經中有明五經以上，試無不通者；進士中兼有精通一史，能試策十條得六以上者：奏聽進止。其應試進士等，唱第訖，具所試雜文及策，送中書、門下詳覆。’”

[2]劉慎行：河間（今河北省河間市）人。其父劉景，穆宗應曆初，遷右拾遺、知制誥，爲翰林學士。景宗即位，以劉景爲南京副留守，與留守韓匡嗣子德讓共理京事。慎行官至北府宰相、監修國史。開泰四年（1015）伐高麗，慎行爲都統，樞密使耶律世良爲副，慎行挈家邊上，致緩師期，追還之。本書卷八六有傳。　劉晟爲霸州節度使，北府宰相劉慎行爲彰武軍節度使：【劉校】據中華點校本校勘記，劉慎行即劉晟，彰武軍即霸州，係一事重出。

十二月丁酉，宋遣呂夷簡、曹瑋來賀千齡節。[1]是月，蕭排押等與高麗戰于茶、陀二河，遼軍失利，[2]天雲、右皮室二軍没溺者衆，遙輦帳詳穩阿果達、客省使酌古、渤海詳穩高清明、天雲軍詳穩海里等皆死之。[3]

[1]曹璋：據傅樂煥《宋遼聘使表》應是"曹琮"之誤（見《遼史叢考》第189頁）。曹琮，《宋史》卷二五八有傳。

[2]蕭排押等與高麗戰于茶、陀二河，遼軍失利：據卷八〇《耶律八哥傳》："七年，上命東平王蕭排押帥師伐高麗，八哥爲都監，至開京，大掠而還。濟茶、陀二河，高麗追兵至。諸將皆欲使敵渡兩河擊之，獨八哥以爲不可，曰：'敵若渡兩河，必殊死戰，乃危道也；不若擊於兩河之間。'排押從之，戰，敗績。"另據卷八八《蕭排押傳》："七年，再伐高麗，至開京，敵奔潰，縱兵俘掠而還。渡茶、陀二河，敵夾射，排押委甲仗走，坐是免官。"綜上所述，遼軍是在攻陷開京以後北返途中在茶、陀二河間遇高麗軍伏擊。二河應在開京以北不遠處。《高麗史》卷四《顯宗世家》顯宗九年（遼開泰七年，1018）十二月戊戌："契丹蕭遜寧以兵十萬來侵，王以平章事姜邯贊爲上元帥，大將軍姜民瞻副之。帥兵至興化鎮，大敗之。遜寧引兵直趨京城，民瞻追及於慈州，又大敗之。"

[3]遙輦帳：遙輦九可汗宮賬，亦稱宮衛。唐開元二十三年（735），可突於殘黨泥禮殺李過折，立阻午可汗，傳九世，至公元907年阿保機建國。遙輦九可汗繼位後各建宮衛，遼朝立國後，有遙輦九帳大常袞司之設，掌遙輦九世宮分之事務。　客省：官署名。會同元年（938）置，掌接待諸國使節。設官有都客省、客省使、左右客省使等。

放進士張克恭等三十七人及第。[1]

[1]張克恭等三十七人：【劉注】《王澤墓誌銘》稱："開泰七年，登進士第。"此年中進士的三十七人中，除了張克恭外，還有王澤。

八年春正月，宋遣陳堯佐、張群來賀。[1]壬戌，鐵

驪來貢。建景宗廟於中京。封沙州節度使曹順爲燉煌
郡王。[2]

[1]宋遣張群來賀：張群，據傅樂煥《宋遼聘使表》應是“張
君平”之誤（見《遼史叢考》第189頁）。張君平，《宋史》卷三
二六有傳。

[2]燉煌：這里是指唐、五代間的一個割據政權。唐置河西節
度使，治涼州（今甘肅省武威市），統涼、甘、肅、伊、西、瓜、
沙七州。唐德宗間，吐蕃陷涼州，大曆中河西軍移治沙州（今甘肅
省敦煌市）。貞元中又爲吐蕃所陷。大中間，沙州人張義潮率所屬
十州地歸唐，因改置歸義軍，至宋初復陷於西夏。

二月丁未，以前南院樞密使韓制心爲中京留守，[1]
漢人行宮都部署王繼忠南院樞密使。[2]丙辰，祭風伯。

[1]南院樞密使：即漢人樞密院之樞密使。爲南面官最高官職。
詳見本書卷四七《百官志三》。　韓制心：契丹名耶律遂貞，小字
可汗奴。韓德讓之侄，聖宗齊天皇后表弟。太平中歷中京留守、惕
隱、南京留守，徙王燕，遷南院大王。本書卷八二有傳。

[2]王繼忠（？—1023）：遼之將領、宋之降將。本書卷八一
有傳。《宋史》卷二七九《王繼忠傳》載：“［繼忠］開封人。真宗
在藩邸，得給事左右，以謹厚被親信。即位，補內殿崇班，累遷至
殿前都虞候，領雲州觀察使，出爲深州副都部署，改鎮、定、高陽
關三路鈐轄兼河北都轉運使，遷高陽關副都部署，俄徙定州。咸平
六年，契丹數萬騎南侵，至望都，繼忠與大將王超及桑贊等領兵援
之。繼忠至康村，與契丹戰，自日昳至乙夜，敵勢小卻。遲明復
戰，繼忠陣東偏，爲敵所乘，斷餉道，超、贊皆畏縮退師，竟不赴
援。繼忠獨與麾下躍馬馳赴，服飾稍異，契丹識之，圍數十重。士

皆重創，殊死戰，且戰且行，旁西山而北，至白城，遂陷於契丹。真宗聞之震悼，初謂已死，優詔贈大同軍節度，賵賻加等，官其四子。景德初，契丹請和，令繼忠奏章，乃知其尚在。朝廷從之，自是南北戢兵，繼忠有力焉。歲遣使至契丹，必以襲衣、金帶、器幣、茶藥賜之，繼忠對使者亦必泣下。嘗附表懇請召還，上以誓書約各無所求，不欲渝之，賜詔諭意。契丹主遇繼忠甚厚，更其姓名爲耶律顯忠，又改名宗信，封楚王。"

　　三月己未，以契丹弘義宮使赫石爲興聖宮都部署，[1]前遙恩拈部節度使控骨里積慶宮都部署，[2]左祗候郎君耶律罕四捷軍都監。[3]乙亥，東平王蕭韓寧、東京留守耶律八哥、國舅平章事蕭排押、林牙要只等討高麗還，[4]坐失律，數其罪而釋之。己卯，詔加征高麗有功渤海將校官。壬午，閱飛龍院馬。[5]癸未，回跋部太師踏剌葛來貢。[6]丙戌，置東京渤海承奉官都知押班。

[1]弘義宮：遼太祖阿保機宮分。　　興聖宮：聖宗宮分。

[2]積慶宮：世宗宮分。

[3]四捷軍：【劉注】遼代對宋降者編制的兵種。本書卷一一六《國語解》稱："遼以宋降者分立二部：一曰四捷軍；一曰歸聖軍。"

[4]東平王蕭韓寧、東京留守耶律八哥、國舅平章事蕭排押、林牙要只等討高麗還：《高麗史》卷四《顯宗世家》載：己未（開泰八年，1019）"二月己丑朔，丹兵過龜州，邯贊等邀戰，大敗之，生還者僅數千人"。【劉校】據中華點校本校勘記，依本書卷八八《蕭排押傳》所載，排押字韓隱，開泰五年進王東平。"隱""寧"二字音近，蕭韓寧即蕭排押，重出。　　林牙：契丹官名。掌文翰，

相當於翰林學士。

[5]飛龍院:【劉注】遼代養馬的機構。

[6]回跋部:遼朝時期女真部族名。當時東北地區有大量的女真人,分佈在南部者稱"熟女真";中部地區則有回跋女真,隸屬咸州(今遼寧省開原市老城)兵馬司;其在北者則是"生女真"。

夏四月戊子朔,如緬山。

五月壬申,以駙馬蕭克忠爲長寧軍節度使。[1]乙亥,遷寧州渤海户于遼、土二河之間。[2]己卯,曷蘇館惕隱阿不葛、宰相賽剌來貢。

[1]長寧軍:川州軍號。據《嘉慶重修一統志·承德府》:"白川州故城在朝陽縣東北六十七里。遼置川州,會同中改爲白川州,治咸康縣。……今縣境東北之四角阪有廢城,週二里餘,蒙古名卓索喀喇城,城内有遼開泰二年《佛頂尊勝陀羅尼石幢記》。爲白川州官吏所建,知即故白川州地。"

[2]寧州:【劉注】據孫進己、馮永謙編《東北歷史地理》下册(黑龍江人民出版社2013年版),遼代寧州州治爲今遼寧省瓦房店市上城子鄉西陽臺村古城址。

六月戊子,録征高麗戰殁將校子弟。己丑,以左夷离畢蕭解里爲西南面招討使,[1]御史大夫蕭要只爲夷离畢。己亥,惕隱耶律合葛爲南府宰相,南面林牙耶律韓留爲惕隱。癸卯,弛大擺山猿嶺採木之禁。乙巳,以南皮室軍校等討高麗有功,[2]賜金帛有差。

[1]夷离畢:契丹官名。爲執政官,相當於副宰相參知政事。

後來官分南、北，北面官有夷离畢院，主要掌刑政。

[2]皮室軍：契丹軍名。皮室，意爲“金剛”。初爲阿保機所置，稱“腹心部”。後有南、北、左、右皮室及黃皮室等，皆掌精甲。

秋七月己未，征高麗戰歿諸將，詔益封其妻。庚申，以東北路詳穩耶律獨迭爲北院大王。[1]辛酉，肴里、涅哥二奚軍征高麗有功，[2]皆賜金帛。癸亥，詔阻卜依舊歲貢馬千七百，[3]馳四百四十，貂鼠皮萬，青鼠皮二萬五千。戊辰，觀稼。己巳，回跋部太保麻門來貢。庚午，觀市，曲赦市中繫囚。[4]命解寧、馬翼充賀宋生辰使、副。[5]

[1]北院大王：五院部在朝曰北大王院。北院大王和南院大王即是五院部和六院部的首領，握有兵權。

[2]肴里：【劉校】“肴”原本作“有”，明抄本、南監本、北監本和殿本均作“肴”。中華點校本和修訂本徑改。今從改。

[3]阻卜：即達旦、韃靼。元人諱言達旦，而稱達旦爲阻卜。詳王國維《觀堂集林》卷一四《達旦考》。

[4]曲赦：猶特赦。《通鑑》卷八三晉惠帝元康元年（291）八月“曲赦洛陽”，胡三省注曰：“不普赦天下而獨赦洛陽，故曰曲赦。”

[5]關於此次遣使賀宋生辰事，《長編》卷九四宋真宗天禧三年（1019）十一月庚辰載：“契丹遣使工部尚書蕭吉哩、副使尚書左丞馬翼來賀承天節。”

八月庚寅，遣郎君曷不呂等率諸部兵會大軍討高麗。

九月己巳，以石用中參知政事。[1]宋遣崔遵度、王應昌來賀千齡節。壬申，録囚。甲戌，復録囚。庚辰，曷蘇館惕隱阿不割來貢。壬午，駐蹕土河川。

[1]參知政事：始見於唐前期，宋初作爲副宰相，至真宗以後，其地位更與宰相同平章事等。遼朝參知政事的地位類似宋朝的參知政事，與同中書門下平章事一樣，都是中書省長官，都是宰相。

冬十月乙酉，詔諸道事無巨細已斷者，每三月一次條奏。戊子，遣耶律繼崇、鄭玄瑕賀宋正旦。[1]癸巳，詔橫帳、三房不得與卑小帳族爲婚；[2]凡嫁娶，必奏而後行。癸卯，以前北院大王建福爲阿紥割只。[3]甲辰，改東路耗里太保城爲咸州，[4]建節以領之。[5]

[1]遣耶律繼崇、鄭玄瑕賀宋正旦：【劉校】據中華點校本校勘記，繼崇，《長編》作“繼宗”。玄瑕，《長編》作“去瑕”。

[2]橫帳：季父房一系太祖阿保機子孫爲“橫帳”。本書卷四五《百官志一》：“玄祖伯子麻魯無後，次子巖木之後曰孟父房；叔子釋魯曰仲父房；季子爲德祖，德祖之元子是爲太祖天皇帝，謂之橫帳；次曰剌葛，曰迭剌，曰寅底石，曰安端，曰蘇，皆曰季父房。”三房：契丹以玄祖之後爲皇族，分爲三房：孟父房、仲父房和季父房。

[3]阿紥割只：本書卷四五《百官志一》稱其“所掌未詳。遙輦故官，後並樞密院”。

[4]咸州：治所在今遼寧省鐵嶺市東北。

[5]建節以領之：【靳校】“節”原本作“即”，中華點校本據

南監本、北監本和殿本改。今從改。

十一月甲寅，置雲州宣德縣。[1]

[1]雲州：治所在今山西省大同市。

十二月辛卯，駐蹕中京。乙巳，以廣平郡王宗業爲中京留守、大定尹，韓制心爲惕隱。[1]辛亥，高麗王詢遣使乞貢方物，詔納之。

[1]廣平郡王：【劉校】原本、南監本、北監本和殿本均作"廣平都王"，據馮氏《初校》改。

九年春正月，宋遣劉平、張元普來賀。
二月，如鴛鴦濼。[1]

[1]鴛鴦濼：湖名。在今北京市延慶區境內。舊時周八十里。其水停積不流，自遼金以來，爲飛放之所。今名野鴨湖。

五月庚午，耶律資忠使高麗還，[1]王詢表請稱藩納貢，歸所留王人只剌里。[2]只剌里在高麗六年，忠節不屈，以爲林牙。辛未，遣使釋王詢罪，並允其請。癸酉，以耶律宗教檢校太傅，[3]宗誨啟聖軍節度使，[4]劉晟太子太傅，仍賜保節功臣。

[1]耶律資忠：字沃衍，小字劄剌，係出仲父房。博學，工辭

章。開泰中授中丞。初，高麗臣服，遼取女直六部地賜高麗。後與高麗交惡，遼聖宗詔資忠前往索還六州舊地。高麗無歸地意。三年（1014）再使高麗，被留。資忠每懷君親，輒有著述，號《西亭集》。返回後，出知來遠城事，歷保安、昭德二軍節度使。本書卷八八有傳。《高麗史》卷四《顯宗世家》載，顯宗四年（遼開泰二年，1013）三月戊申，"契丹使左監門衛大將軍耶律行平來，責取興化等六城"。秋七月戊申，"契丹使耶律行平復來索六城"。顯宗五年（開泰三年，1014）夏四月庚申，"契丹使將軍耶律行平來，又索六城，拘留不遣"。此耶律行平即《遼史》中的耶律資忠。行平（資忠）直至開泰九年（1020）纔被高麗放回。《高麗史》卷四《顯宗世家》載，顯宗十一年三月癸丑，"歸契丹使耶律行平"。

　　[2]歸所留王人只剌里：【劉校】據中華點校本校勘記，按本書卷八八《耶律資忠傳》，資忠小字劄剌。只剌里即劄剌異譯。

　　[3]耶律宗教（991—1053）：【劉注】據1991年出土於遼寧省北寧市鮑家鄉高起村的《耶律宗教墓誌銘》記載，此人是興宗宗真之堂兄。"字希古，實孝成皇帝之諸孫，孝貞皇太叔之胤子。母曰蕭氏，故渤海聖王孫女，遲女娘子也。王機神高朗，宇韻宏坦。敏從政而多裕，樂爲善而秉彝。岐嶷含章，聯達著美。星潢稟潤，靈派本殊。天駟呈材，奇蹤自遠。開泰八年，始授王子郎君將軍。太平初，改授始平軍節度。五年，南面林牙。循東周之舊制，通達友邦；擢西楚之茂材，端居辭禁。七年，出領彰國軍節度使。俄換崇義節制。重熙元年，遷天德軍節度使。三之治其政如一，環封飲惠，載路興謠。七年，入爲南面契丹諸行宮副部署，明年，轉都部署、同中書門下平章事。時朝議以挹婁古壤，肅慎荒陬，思得懿親，以綏遐俗。十年，授東北路達領將軍。再歲，徵拜宣徽使。十四年，出知忠順軍節度使事。董戎關域，屢宣方邵之勳。謨謨廟堂，登贊皋夔之職。十五年，拜左夷离畢。其年冬，遷授大內惕隱。十七年，特封廣陵郡王。未幾，改遼興軍節度使。翌歲，判興中府。二十一年，移鎮顯州。王荷兩朝公爵之恩，承二紀展親之

寵。洎領是鎮，益施精力。親奉蒸嘗，致虔於聖寢。無舍晝夜，盡
智於公家。積勞成痏，靡登修數。”

[4]啟聖軍：儀坤州軍號。德光生母應天皇太后出生地，治所
在今內蒙古自治區翁牛特旗西北。【劉注】一說治所在今內蒙古自
治區敖漢旗雙廟鄉五十家子村古城址。

秋七月庚戌朔，日有食之，詔以近臣代拜救日。甲
寅，遣使賜沙州回鶻燉煌郡王曹順衣物。以查剌、耿元
吉、韓九、宋璋爲來年賀宋生辰正旦使、副。

九月戊午，以駙馬蕭紹宗平章事。丁卯，文武百僚
奉表上尊號，不許；表三上，廼從之。乙亥，沙州回鶻
燉煌郡王曹順遣使來貢。括諸道漢民馬賜東征軍。以夷
离畢延寧爲兵馬副都部署，總兵東征。是月，駐蹕金餅
濼。宋遣宋綬、駱繼倫賀千齡節。[1]

[1]駱繼倫：據傅樂煥《宋遼聘使表》應作“譚繼倫”（見
《遼史叢考》第189頁）。

冬十月戊寅朔，[1]以涅里爲奚王都監，突迭里爲北
王府舍利軍詳穩。郎君老使沙州還，詔釋宿累。國家舊
使遠國，多用犯徒罪而有才略者，使還，即除其罪。戊
子，西南招討奏党項部有宋犀族輸貢不時，[2]常有他意，
宜以時遣使督之。詔曰：“邊鄙小族歲有常貢，邊臣驕
縱徵斂無度，彼懷懼不能自達耳。第遣清慎官將示以恩
信，無或侵漁，自然效順。”復奏諦居迭烈德部言節度
使韓留有惠政，今當代，請留，上命進其治狀。辛丑，

如中京。壬寅，大食國遣使進象及方物，[3]爲子冊割請婚。

[1]十月戊寅朔：【劉校】原闕“朔”字，中華點校本據本書卷四四《曆象志下·朔考》補。今從。

[2]党項：中國古代族名。又稱党項羌，唐以後主要活動於靈、慶、銀、夏等州，即今甘肅、寧夏、陝西和内蒙古等省區交界地區。

[3]大食國：唐、宋時期中國對阿拉伯人的專稱與對伊朗語地區穆斯林的泛稱。當時人們還不知阿拉伯人、波斯人、穆斯林三者的區別，統稱爲大食。《遼史》有關於契丹遣嫁公主於大食王子等記載，其中大食顯然不是指遠在西方的阿拉伯人，而是指中亞地區的某個穆斯林政權。

十一月丁巳，以漆水郡王韓制心爲南京留守、析津尹、兵馬都總管。[1]己未，以夷离畢蕭孝順爲南面諸行宫都部署，加左僕射。[2]

[1]析津尹：析津府的行政長官。遼南京稱析津府，即今北京市。

[2]左僕射：唐官名。遼延用，即南面宰相。唐不設尚書令，最初以左、右僕射與中書令、侍中爲宰相。中宗以後，不加同中書門下平章事者即不爲宰相。

十二月丁亥，禁僧燃身煉指。[1]戊子，詔中京建太祖廟，制度、祭器皆從古制。乙巳，詔來年冬行大冊禮。

放進士張仲舉等四十五人。

[1]燃身煉指：佛教僧尼及信衆的自殘修行方法。石晉天福二
年（937）亦曾嚴加禁絕。《五代會要》卷一二《雜錄》載其禁令
稱："有僧尼俗士自前多有捨身燒臂煉指、釘截手足、帶鈴燃燈諸
般毀壞肢體，戲弄符篆，左道妖惑之類，今後一切止絕。如此色
人，仰所在嚴斷，遣配邊遠，仍勒歸俗。其所犯罪重者准格律處
分。"《宋高僧傳》卷二三《晉江州廬山香積庵景超傳》："釋景超
不知何許人也，素持戒範，若護浮囊；性惟矢直，言不面從。及乎
遊方，役足選勝，棲身至於廬峯，便有息行之意。惟誦《法華》，
鞠爲恒務。九江之人，且多景仰，嘗禮《華嚴經》一字拜之，計已
二徧，乃燒一指爲燈，供養慶禮經周矣。次禮《法華經》同前，身
膚内隱隱出舍利，磊落圓瑩，或有求者，坐席行地，拾之無算。"
這種陋俗，屢禁不絕。清初湯斌撰《湯子遺書》卷九《嚴禁婦女
入寺燃身以正風化告諭》稱："乃聞開元等寺何物妖僧，創爲報母
之說，煽惑民間婦女百十成羣，裸體燃燭肩臂，謂之'點肉身燈'，
夜以繼日，男女混雜，傷風敗俗，聞者掩耳，而乃習久不察，視爲
故常，良可哀憫。"【靳校】燃身煉指，原本作"然身煉指"，中華
點校本據南監本、北監本和殿本改。今從改。

太平元年春正月丁丑朔，宋使魯宗道、成吉來
賀。[1]如渾河。

[1]宋使魯宗道、成吉來賀：【劉校】據中華點校本校勘記，
成吉，《長編》作"侯成吉"。

二月乙卯，幸鈸河。壬戌，獵高柳林。三月戊戌，

皇子勃己只生。[1]庚子，駙馬都尉蕭紹業建私城，賜名
睦州，[2]軍曰長慶。是月，大食國王復遣使請婚，封王
子班郎君胡思里女可老爲公主，嫁之。

[1]勃己只：【劉校】本書卷六四《皇子表》及卷一一二《耶
律重元傳》作“孛吉只”，即耶律重元。

[2]睦州：【劉注】《蕭琳墓誌銘》稱：“葬於徽、睦之間，青
山之左。”《蕭琳墓誌銘》出土於內蒙古自治區奈曼旗青龍山鎮。
遼代睦州應當在此附近。

夏四月戊申，東京留守奏，女直三十部酋長請各以
其子詣闕祗候。[1]詔與其父俱來受約。乙卯，録囚。丁
卯，置來州。[2]是月，清暑緬山。

[1]女直：本作女真，因避遼興宗耶律宗真名諱，改稱女直。
遼時居東北東部。在南者入遼籍，稱熟女真，或合蘇館女真；在北
者不入遼籍，稱生女真。

[2]來州：治所在今遼寧省綏中縣西南前衛鎮。轄境相當於今
綏中縣西南一帶。【劉校】據中華點校本校勘記，“來”原作
“萊”。據本書卷三九《地理志三》和卷三一《營衛志上》及卷一
一〇《耶律乙辛傳》改。

秋七月甲戌朔，賜從獵女直人秋衣。乙亥，遣骨里
取石晉所上玉璽於中京。阻卜來貢。辛巳，如沙嶺。是
月，獵潢河。[1]

[1]潢河：今內蒙古自治區境內的西拉木倫河，即西遼河上游。

九月，幸中京。

冬十月丁未，敵烈酋長頗白來貢馬、駞。戊申，錄
囚。壬子，宋使李懿、王仲寶來賀千齡節，[1]及蘇惟甫、
周鼎賀來歲元正，即遣蕭善、程翥報聘。党項長曷魯來
貢。己未，以薩敏解里爲都點檢，高六副點檢，耶律羅
漢奴左皮室詳穩，嗓姑右皮室詳穩，聊了西北路金吾，
耶律僧隱御史大夫，求哥駙馬都尉，蕭春、骨里並大將
軍。庚申，幸通天觀，觀魚龍曼衍之戲。翌日，再幸。
還，升玉輅，自內三門入萬壽殿，奠酒七廟御容，因宴
宗室。

[1]宋使李懿、王仲寶來賀千齡節：據傅樂煥《宋遼聘使表》，
李諮，《宋史》卷二九一有傳，《遼史》作“李懿”誤；王仲寶，
《宋史》卷三二五有傳，《遼史》作“王仲寶”誤（見《遼史叢
考》第190頁）。

十一月癸未，上御昭慶殿，[1]文武百僚奉冊上尊號
曰睿文英武遵道至德崇仁廣孝功成治定昭聖神贊天輔皇
帝，大赦，改元太平，中外官進級有差。宋遣使來
聘，[2]夏、高麗遣使來貢。甲申，冊皇子梁王宗真爲皇
太子。

[1]昭慶殿：宮殿名。在遼中京城內。
[2]宋遣使來聘：據傅樂煥《宋遼聘使表》，本年除正旦生辰
使外，宋未再遣使，此條當是衍文（見《遼史叢考》第190頁）。

二年春正月，如納水鉤魚。[1]

[1]鉤魚：鑿冰捕魚。

二月辛丑朔，駐蹕魚兒濼。[1]

[1]魚兒濼：又稱長濼、長泊，在長春州（治所在今吉林省前郭爾羅斯蒙古族自治縣塔虎城）境內。

三月甲戌，如長春州。[1]丁丑，宋使薛貽廓來告宋主恒殂，[2]子禎嗣位。遣都點檢耶律僧隱等充宋祭奠使、副，林牙蕭日新、觀察馮延休充宋後弔慰使、副。戊寅，遣金吾耶律諧領、引進姚居信充宋主弔慰使、副。戊子，爲宋主飯三京僧。是月，地震，雲、應二州屋摧地陷，嵬白山裂數百步，泉湧成流。

[1]長春州：治所在今吉林省前郭爾羅斯蒙古族自治縣西北部松花江畔的塔虎城。
[2]宋主恒殂：據《長編》卷九八宋真宗乾興元年（1022）二月“戊午，上崩於延慶殿，仁宗即皇帝位。……遣內殿承制、閤門祗候薛貽廓告哀契丹”。

夏四月，如緬山清暑。
五月乙亥，[1]參知政事石用中薨。庚辰，鐵驪遣使獻兀惹十六戶。

[1]五月乙亥：【劉校】原作"五月乙亥朔"。按本書卷四四
《曆象志下·朔考》，五月己巳朔，乙亥是初七日。"朔"字衍，
今删。

六月己未，[1]宋遣使薛由等來饋其先帝遺物。[2]

[1]六月己未：【劉校】據中華點校本校勘記，己未，原誤
"乙未"。按本書卷四四《曆象志下·朔考》，六月己亥朔，有己
未，無乙未。據改。

[2]宋遣薛由等來饋其先帝遺物：據傅樂煥《宋遼聘使表》，
薛田，《宋史》三〇一有傳，《遼史》作"薛由"誤（見《遼史叢
考》第 190 頁）。

秋七月己卯，以耶律信寧爲奉陵軍節度使，高麗國
參知政事王同顯靜海軍節度使，[1]耶律遂忠長寧軍節度
使，[2]耿延毅昭德軍節度使，[3]高守貞河西軍節度使。

[1]高麗國參知政事王同顯靜海軍節度使：【劉校】據中華點
校本校勘記："《羅校》，王同顯，疑即統和十五年之高麗使者王同
穎（'穎'，殿本作'潁'）。"

[2]耶律遂忠（980—1037）：【劉注】據《耶律遂忠墓誌銘》，
耶律遂忠實姓韓，是遼代開國功臣韓知古的曾孫，韓匡嗣第九子韓
德昌之子。

[3]耿延毅：遼初漢臣耿崇美之孫。耿延毅兩娶，皆爲大族韓
氏（賜姓耶律）。耿氏"入居環衛，出領藩維；改職版圖，扈隨輦
下"，與皇室關係密切。【靳注】據中華修訂本校勘記，此處文字
有誤。按《耿延毅墓誌》，耿氏卒於開泰八年（1019），而此處所
記事繫於太平二年（1022）。

九月癸巳，遣尚書僧隱、韓格賀宋主即位。

冬十月壬寅，[1]遣堂後官張克恭充賀夏國王李德昭生日使，[2]耶律掃古、韓王充賀宋太后生日使、副，[3]耶律仙寧、史克忠充賀宋正旦使、副。是月，駐蹕胡魯古思淀。癸卯，[4]賜宰臣呂德懋、參知政事吳叔達、樞密副使楊又玄、右丞相馬保忠錢物有差。辛亥，至上京，曲赦畿內囚。

[1]冬十月壬寅：【劉校】據中華點校本校勘記，"冬十月"三字原脫。按本書卷四四《曆象志下·朔考》，九月戊辰朔，無壬寅；十月丁酉朔，壬寅初六日。據補。

[2]李德昭（981—1031）：即李德明。遼避景宗諱，改德明爲德昭。西夏李繼遷之子。年二十四嗣位。公元 1005 年，遼冊封他爲西平王。次年，宋授爲定難軍節度使，封西平王。死後其子元昊追謚光聖皇帝，廟號太宗。

[3]韓王：【劉校】據中華點校本校勘記，"王"字疑誤，《長編》作"韓玉"。

[4]癸卯：【劉校】據中華點校本校勘記，原誤作"冬十月癸卯朔"。按本書卷四四《曆象志下·朔考》，十月丁酉朔，癸卯初七日。"冬十月"已見於壬寅，則此"冬十月"三字與"朔"字均衍文。並刪。

十一月丙戌，宋遣使來謝。

十二月辛丑，高麗王詢薨，其子欽遣使來報，即命使冊欽爲高麗國王。[1]甲寅，宋遣劉燁、郭志言來賀千齡節。是年，放進士張漸等四十七人。

[1]高麗王詢薨，其子欽遣使來報，即命使册欽爲高麗國王：按《高麗史》卷四《顯宗世家一》，本年是册高麗太子王欽爲"高麗國公"。此時王詢尚未卒。另據《高麗史》卷五，王詢卒於遼太平十一年（1031）。

三年春正月丙寅朔，如納水鉤魚。以僧隱爲平章事。乙亥，以蕭台德爲南王府都監，林牙耶律信甯西北路招討都監。辛巳，賜越國公主私城之名曰懿州，[1]軍曰慶懿。

[1]越國公主：【劉注】本書卷六五《公主表》稱聖宗第三女延壽女，封越國公主。 懿州：【劉注】州城故址在今遼寧省阜新蒙古族自治縣塔營子鎮塔營子村古城址。

二月丙申，以丁振爲武信軍節度使，[1]改封蘭陵郡王。[2]戊申，以東平郡王蕭排押爲西南面都招討，進封豳王。

[1]武信軍：治遂寧（今屬江西省），不在遼境。
[2]蘭陵郡王：契丹外戚蕭氏封爵。蘭陵郡是蕭氏郡望。戰國楚置蘭陵縣，在今山東省蒼山縣西南蘭陵鎮。西晉置蘭陵郡，治丞縣（今山東省棗莊市嶧城區南，在古蘭陵縣西）。此蕭氏與契丹蕭氏並無血緣關係。

夏四月，以耶律守寧爲都點檢。
五月，清暑緬山。
六月戊申，以南院宣徽使劉涇參知政事，蕭孝惠爲

副點檢，[1]蕭孝恭東京統軍兼沿邊巡檢使。戊午，以蕭
璉爲左夷离畢，[2]蕭琳爲詳穩。[3]

　　[1]蕭孝惠：【劉注】據《晉國夫人蕭氏墓誌銘》，蕭孝惠爲蕭
諧里（漢名蕭和）第五子，“次諱孝惠，北宰相、殿前都點檢、
楚王”。
　　[2]蕭璉：【劉注】據《蕭琳墓誌銘》，蕭璉是蕭琳之弟。曾任
武定軍節度使、檢校太師、駙馬都尉、知同洲軍州事。
　　[3]蕭琳（990—1032）：【劉注】據《蕭琳墓誌銘》，蕭琳，字
桂芳。“曾祖諱允，字守信，金紫崇祿大夫、檢校太師兼侍中。祖
父諱壽，字永從，金紫崇祿大夫、檢校太傅兼侍中。皇考諱仲，字
敬和，即尚父令公，謚蘭陵郡王。皇妣耶律氏，國太夫人。兄弟四
人，行二。公爰從弱年，孝敬父兄，和順弟姪，信義朋友，禮樂鄉
間。賑族漸盈，桂玉恒給者，蓋公之戮力也。自太平五年授左夷离
畢，功顯牢盆，榮應憲府。至九年，可南面諸行宮都部署，超授崇
祿大夫、尚書左僕射。爰秉德清，掌樞機之重任；別彰藻鑒，協總
紀之洪猷。十年，可臨海軍節度使，錦、嚴、來等州觀察處置等
使，檢校太師、右千牛衛上將軍、使持節錦州諸軍事、行晉州刺
史，加御史大夫。出爲將也，揮戈必靜於邊甿；入作相焉，握管克
符於寶祚。”

　　秋七月戊寅，以南府宰相耶律合葛爲上京留守，封
漆水郡王。丙戌，以皇后生辰爲順天節。丁亥，賜緬山
名曰永安。[1]是月，獵赤山。[2]

　　[1]緬山：【劉注】在今內蒙古自治區巴林右旗索博日嘎鎮。
　　[2]赤山：【劉注】據《巴林左旗志》（內蒙古人民出版社
1996年版）第168頁稱：“烏蘭達壩，遼代稱‘赤山’。”

閏九月壬辰朔，[1]以蕭伯達、韓紹雍充賀宋正旦使、副，唐骨德、程昭文賀宋生辰使、副。

[1]閏九月壬辰朔：【劉校】"九""朔"二字原脱，中華點校本據本書卷四四《曆象志下‧朔考》補。今從。

冬十月庚辰，宋遣薛奎、郭盛來賀順天節，[1]王臻、慕容惟素賀千齡節。東征軍奏："統帥諧領、常衮課奴率師自毛母國嶺入，林牙高九、裨將大匡逸等率師鼓山嶺入。閏月未至撻離河，[2]不遇敵而還。以是月會於弘怕只嶺，馳、馬死者甚衆。"駐蹕遼河。

[1]順天節：據傅樂煥先生推測，遼以齊天皇后生辰爲順天節，其生辰當在十月下旬。參《遼宋聘使表》附考丙《遼帝后生辰改期受賀考》（《遼史叢考》第248頁）。
[2]閏月未至撻離河：【劉校】據中華點校本校勘記，按"閏月未"費解。未字或係"末"字之訛，即指閏九月末而言。若是"未"字，則未字上應脱一天干字。

十一月辛卯朔，以皇姪宗範爲歸德軍節度使，北府宰相蕭孝穆南京留守，[1]封燕王，南京留守韓制心南院大王、兵馬都總管，仇正燕京轉運使。[2]

[1]蕭孝穆（？—1043）：小字胡獨堇。淳欽皇后弟阿古只五世孫。統和二十八年（1010）累遷西北路招討都監。開泰元年（1012）冬，進軍可敦城，敗阻卜結五群牧長謀叛，拜北府宰相。太平九年（1029）平定大延琳謀反，改東京留守。興宗即位，復爲

南京留守。本書卷八七有傳。

[2]南京留守韓制心南院大王、兵馬都總管，仇正燕京轉運使：
【劉注】據中華點校本校勘記：“《遼文匯》六《韓橁墓誌》稱制心
爲‘四十萬兵馬都總管兼侍中、南大王’，則此‘兵馬都總管’當
屬制心所任官。仇正，疑是上文開泰六年七月及九月之仇正己。”

十二月壬戌，以宗範爲平章事，封三韓郡王，仇道
衡中京副留守，馮延休順州刺史，郎玄化西山轉運
使，[1]趙其樞密直學士。丁卯，以蕭永爲太子太師。己
卯，封皇子重元秦國王。

[1]西山：中華點校本校勘記云：“疑是‘山西’之倒誤。”然
龍門縣（今河北省赤城縣）、懷州（今內蒙古自治區巴林右旗）等
地皆有西山，故不能確定“西山”爲倒誤。

四年春正月庚寅朔，宋遣張傳、張士禹、程琳、丁
保衡來賀。如鴨子河。

二月己未朔，[1]獵撻魯河。詔改鴨子河曰混同江，[2]
撻魯河曰長春河。[3]

[1]二月己未朔：【劉校】原闕“朔”字，中華點校本據本書
卷四四《曆象志下·朔考》補。今從。
[2]混同江：即松花江。
[3]撻魯河：【劉注】今吉林省的洮兒河。

三月戊子朔，[1]千齡節，詔賜諸宮分耆老食。

[1]三月戊子朔：【劉校】原本闕“朔”字，中華點校本據本書卷四四《曆象志下·朔考》補。今從。

夏四月癸酉，以右丞相馬保忠之子世弘使嶺表，至平地松林爲盜所殺，[1]特贈昭信軍節度使。[2]

[1]平地松林：西遼河上游中古時期生態良好，有茂密的松林，稱“平地松林”。《新五代史》卷七三《四夷附錄第二》引胡嶠《陷虜記》說：“自上京東去四十里至真珠寨，始食菜。明日東行，地勢漸高，西望平地松林，鬱然數十里，遂入平川，多草木。”

[2]昭信軍：贛州（今江西省贛州市）軍號。不在遼境。

五月，清暑永安山。

六月己未，[1]南院大王韓制心薨。戊辰，以鄭弘節爲兵部郎中，劉慎行順義軍節度使。辛未，以燕王蕭孝穆子順爲千牛衛將軍。甲戌，以中山郡王查哥爲保靜軍節度使，[2]樂安郡王遂哥廣德軍節度使，[3]蕭解里彰德軍節度使。[4]庚辰，以遼興軍節度使周王胡都古爲臨海軍節度使，[5]漆水郡王敵烈南院大王。

[1]六月己未：【劉校】據中華點校本校勘記，“六月”二字原脫。按本書卷四四《曆象志下·朔考》，六月丁巳朔，己未是初三日。下文戊辰、辛未、甲戌、庚辰，均屬六月。據補。

[2]保靜軍：建州軍號。建州，地當今遼寧省朝陽市西八十里處。【劉注】遼代後期建州治爲今遼寧省朝陽縣大平房鄉黃花灘村古城址。

[3]廣德軍：遼代軍號。治乾州。【劉注】遼代乾州州治在今

遼寧省北鎮市廣寧鎮小常屯古城址。

[4]彰德軍：治所在相州，在今河南省安陽市。蕭解里爲彰德軍節度使是遙授。

[5]臨海軍：滄州軍號。治所在今河北省滄州市，不在遼境内。

周王胡都古：【劉注】據本書卷六四《皇子表》和《契丹國志》卷一八，周王胡都古是遼聖宗三弟耶律隆裕（《遼史》誤作“隆祐”）之子，漢名宗業。

秋七月，如秋山。

八月丙辰朔，[1]以韓紹芳爲樞密直學士，[2]駙馬蕭匹敵都點檢。

[1]八月丙辰朔：【劉校】原本闕“朔”字，中華點校本據本書卷四四《曆象志下·朔考》補。今從。

[2]韓紹芳：【劉注】遼代開國功臣韓延徽之曾孫，韓德樞之孫。重熙間任參知政事，加兼侍中。時廷議征李元昊，力諫不聽，出爲廣德軍節度使。聞敗，嘔血卒。本書卷七四有傳。

九月，以駙馬蕭紹宗爲武定軍節度使，[1]耶律宗福安國軍節度使。[2]

[1]蕭紹宗（996—1038）：【劉注】即蕭匹里。匹里是契丹語名，紹宗是漢名。據《蕭紹宗墓誌銘》，蕭紹宗字克構，“曾祖諱胡毛里，贈韓王。祖諱守興，故推誠啟運翊世同德致理功臣、樞密使、守尚書令、行政事令、駙馬都尉、贈楚國王。烈考諱繼遠（《遼史》作‘繼先’），故嘉謀弘略匡弼定霸功臣、上京留守兼政事令、駙馬都尉、蘭陵郡王、贈宋王。母趙魏國大長公主（本人墓

誌作'秦晉國大長公主')。未弱冠，尚秦國長公主。授鄭州防禦使、駙馬都尉，加左威衛大將軍，遷授林牙。改殿前副點檢，昇宣徽北院使，加永清軍節度使、同政事門下平章事，職如故。出授武定軍節度使，入拜太子太傅，同知諸行宮都部署司事。改宣徽南院使，移大國舅都鈐轄兼侍中。興宗即位，授樞密使，封陳王，進封魯王"。　武定軍：奉聖州（即新州）軍號。治所在今河北省涿鹿縣。

[2]耶律宗福（998—1071）：【劉注】即韓滌魯。本書卷八二有傳。遼代開國功臣韓知古之玄孫，韓德威之孫，韓雱金之子。據《耶律宗福（韓滌魯）墓誌銘》，特蒙聖宗皇帝升於子息之曹，今與興宗系於昆弟之列。貴處宸禁，榮連御名。跟興宗是一個字輩的。其最後官銜是北宰相、陳王。　安國軍：治所在邢州，即今河北省邢臺市。

　　冬十月，駐蹕遼河。宋遣蔡齊、李用和來賀千齡節。

　　十一月，追封南院大王韓制心爲陳王。

　　十二月，以蕭從政爲歸義軍節度使，[1]康筠監門衛，充賀宋正旦使、副。

　　是年，放進士李炯等四十七人。

[1]歸義軍：沙州軍號。治敦煌，位於今甘肅省境內，不屬遼。沙州歸義軍爲唐宣宗大中五年（851）至宋仁宗景祐三年（1036）的沙州地方政權。安史之亂時，吐蕃乘虛進攻隴右、河西，德宗貞元三年（787）沙州被吐蕃攻陷，直至唐宣宗大中二年（848），沙州漢族人民在張議潮領導下舉行起義，趕走吐蕃鎮將，河西地區纔復歸唐朝。大中五年朝廷定在沙州置歸義軍，以張議潮爲歸義軍節度使、十一州觀察使。但僖宗（873—888）後，沙州歸義軍所轄唯

瓜、沙二州。唐亡時，張氏自立“金山國”。數年後，曹氏代替張氏掌握沙州地方政權，仍稱歸義軍節度使，向五代、北宋諸政權奉表入貢。至宋景祐三年（一説景祐二）亡於西夏。

（李錫厚注　劉鳳翥校）

遼史　卷一七

本紀第十七

聖宗八

五年春正月乙酉，如混同江。[1]

[1]混同江：即松花江。

二月戊午，禁天下服用明金及金線綺，國親當服者，奏而後用。是月，如魚兒濼。[1]

　[1]魚兒濼：又稱長濼、長泊。在長春州（治所在今吉林省前郭爾羅斯蒙古族自治縣塔虎城）境内。

三月壬辰，以左丞相張儉爲武定軍節度使、同政事門下平章事，[1]鄭弘節臨潢少尹，[2]劉慎行遼興軍節度使，[3]武定軍節度使蕭匹敵契丹行宮都部署，[4]樞密副使楊又玄吏部尚書、參知政事兼樞密使。是月，如長春河

479

魚兒濼。有聲如雷，其水一夕越沙岡四十里，[5]別爲一陂。

[1]張儉（？—1053）：宛平（今北京）人。舉進士第一，受到聖宗賞識，太平六年（1026）爲南院樞密使。聖宗不豫，受遺詔輔立太子，是爲興宗，拜太師、中書令，加尚父，徙王陳。在相位二十餘年。本書卷八〇有傳。　武定軍：奉聖州（即新州）軍號。治所在今河北省涿鹿縣。

[2]臨潢：遼上京稱臨潢府，治所在今内蒙古自治區巴林左旗林東鎮。

[3]劉慎行：河間（今河北省河間市）人。其父劉景，穆宗應曆初遷右拾遺、知制誥，爲翰林學士。景宗即位，以劉景爲南京副留守，與留守韓匡嗣子德讓共理京事。慎行官至北府宰相、監修國史。開泰四年（1015）伐高麗，慎行爲都統，樞密使耶律世良爲副，慎行挈家邊上，致緩師期，追還之。其子嘏、端俱尚主，劉二玄又是遼聖宗之弟秦晉國王隆慶之妃的第三任丈夫。重熙七年（1038）十二月，慎行之子劉六符出任參知政事。曾多次出使宋朝，在與宋朝辦理交涉中，以強硬著稱。本書卷八六有劉六符傳。　遼興軍：平州軍號。治所在今河北省盧龍縣。

[4]契丹行宫都部署：遼北面行宫官。遼在北南面官系統中，分別設契丹行宫都部署和漢人行宫都部署，其上則有諸行宫都部署。行宫都部署完全是倣中原王朝官制設置的，它不同於專管斡魯朶事務的某宫都部署的宫官。宋朝皇帝巡幸亦有行宫，且亦有行宫都部署之設。後避英宗趙曙名諱，改稱行宫都總管。

[5]有聲如雷，其水一夕：【劉校】北監本、殿本作“其水一夕有聲如雷”。中華修訂本據此改。今從改。

夏五月，清暑永安山。[1]以蕭從順爲太子太師，[2]吳

叔達翰林學士，道士馮若谷加太子中允，耶律晨武定軍
節軍使，張儉彰信軍節度使，[3] 呂士宗禮部員外郎，李
可舉順義軍節度使。[4]

[1]永安山：遼帝夏捺鉢地。"原名緬山，聖宗時改稱。《聖宗
紀》'太平三年七月丁亥，賜緬山名曰永安'。後聖宗慶陵即營建
其地。聖宗崩後，興宗即陵置州，是曰慶州，更稱慶陵曰慶雲山。"
參傅樂焕《遼代四時捺鉢考》（《遼史叢考》第 86 頁）。

[2]以蕭從順爲太子太師：【劉校】中華點校本校勘記云："下
文太平十年四月又有蕭從順加太子太師，與此重複。檢本書《百官
志三》，太平十一年見太子少師蕭從順。此或誤少師爲太師，《百官
志》殆誤五年爲十一年。"

[3]張儉彰信軍節度使：【劉注】按《張儉墓誌銘》，張儉是彰
國軍節度使。

[4]順義軍：遼代軍號。治朔州（今山西省朔州市）。

秋七月，獵平地松林。[1]

[1]平地松林：西遼河上游中古時期生態良好，有茂密的松林，
稱"平地松林"。《新五代史》卷七三《四夷附錄第二》引胡嶠
《陷虜記》説："自上京東去四十里至真珠寨，始食菜。明日東行，
地勢漸高，西望平地松林，鬱然數十里，遂入平川，多草木。"

九月，駐蹕南京。己亥，以蕭迪烈、李紹琪充賀宋
太后生辰使、副，耶律守寧、劉四端充賀宋主生辰
使、副。

冬十月辛未，宋太后遣馮元宗、史方來賀順

天節。[1]

[1]宋太后遣馮元宗、史方來賀順天節：馮元宗，錢大昕《奉使年表》謂應從《長編》作“馬宗元”。據傅樂煥《宋遼聘使表》：馬宗元，《遼史》作“馮元宗”。考《宋史》卷二九四有《馮元傳》，“元，字道宗。仁宗初爲户部員外郎、直學士兼侍講龍圖閣學士等職，似即此人，然則《長編》、《遼史》均誤”（見《遼史叢考》第 192 頁）。

十一月庚子，幸內果園宴，京民聚觀。求進士得七十二人，命賦詩，第其工拙，以張昱等一十四人爲太子校書郎，韓樂等五十八人爲崇文館校書郎。辛丑，以左祗候郎君詳穩蕭羅羅爲右夷离畢。[1]

[1]祥穩：漢語“將軍”的音譯。【劉注】“詳穩”即漢語“將軍”音譯的説法似有值得商榷之處。在契丹小字中，“詳穩”作 〔契丹字〕，“將軍”作 〔契丹字〕，或 〔契丹字〕、〔契丹字〕。“詳穩”不是漢語“將軍”的音譯，而是音譯的契丹語，“將軍”〔契丹字〕，或 〔契丹字〕、〔契丹字〕是漢語借詞。　夷离畢：契丹官名。爲執政官，相當於副宰相參知政事。後來官分南、北，北面官有夷离畢院，主要掌刑政。

十二月丁巳，以漢人行宮都部署蕭孝先爲上京留守，[1]皇姪長沙郡王謝家奴匡義軍節度使，[2]耶律仁舉興國軍節度使。[3]甲子，蕭守寧爲點檢侍衛親軍馬步軍。[4]乙丑，北院樞密使蕭合卓薨。[5]戊辰，[6]以北府宰相蕭普古爲北院樞密使。[7]己巳，遣蕭諧、李琪充賀宋正旦使、副。庚午，以叅知政事劉京爲順義軍節度使。乙亥，宋使李維、張綸來賀千齡節。[8]

[1]蕭孝先：聖宗欽愛皇后蕭耨斤和蕭孝穆之弟。字延寧，小字海里。尚南陽公主，拜駙馬都尉。爲東京留守。大延琳反，被圍數月，穴地而出。欽愛弑仁德皇后蕭菩薩哥，孝先多爲其謀。本書卷八七有傳。

[2]匡義軍：饒州軍號。饒州故城位於今内蒙古自治區巴林左旗西南六十公里的西拉木倫河北岸臺地上，北靠群山。

[3]興國軍：遼軍鎮名。治所在龍化州，其地在今内蒙古自治區奈曼旗東北。

[4]點檢侍衛親軍馬步軍：即查覈該軍。遼南京有侍衛親軍馬步軍都指揮使司，是漢軍的指揮機構，其長官爲侍衛親軍馬步軍都指揮使。

[5]北院樞密使：即契丹樞密院之樞密使，爲北面官之最高官職，掌軍事、部族。詳本書卷四五《百官志一》。

[6]戊辰：【劉校】據中華點校本校勘記："原作''"十二月戊辰'。按'十二月'三字已見前，衍文從刪。"

[7]宰相：契丹部族官名。契丹可汗之下有北、南二府，各部族則分屬二府，分設宰相，故北宰相亦稱北府宰相，南宰相亦稱南府宰相。

[8]千齡節：遼以聖宗生日爲千齡節。

是歲，燕民以年谷豐熟，車駕臨幸，爭以土物來獻。上禮高年，惠鰥寡，賜酺飲。[1]至夕，六街燈火如晝，[2]士庶嬉遊，上亦微行觀之。丁丑，禁工匠不得銷毀金銀器。

[1]酺（pú）飲：大飲酒。
[2]六街：蓋指都城闕市。

六年春正月己卯朔，宋遣徐奭、裴繼起、張若谷、崔準來賀。[1]

庚辰，如鴛鴦濼。[2]

[1]宋遣徐奭、裴繼起、張若谷、崔準來賀：《長編》卷一〇四宋仁宗天聖四年（遼太平六年，1026）八月乙未：“以右諫議大夫、權三司使范雍爲契丹生辰使，東染院使、帶御器械侯繼隆副之；起居郎、知制誥徐奭爲正旦使，供奉官、閤門祗候裴繼已副之；淮南江浙荆湖制置發運使、刑部郎中張若谷爲契丹妻正旦使，右侍禁、閤門祗候崔准副之。據傅樂煥《宋遼娉使表》附考丁《遼史所記宋賀使糾謬》，如果此一行人等賀太平六年正旦，出發時間應爲宋天聖三年；按，如《長編》所記出發時間無誤，則應是賀下一年——太平七年正旦。另《長編》所記“裴繼起”爲裴繼已。

[2]鴛鴦濼：湖名。在今北京市延慶區境内。舊時周八十里。其水停積不流，自遼金以來，爲飛放之所。今名野鴨湖。

二月己酉，以迷離己同知樞密院，黃翩爲兵馬都部署，達骨只副之，赫石爲都監，引軍城混同江、疎木河之間。黃龍府請建堡障三、烽臺十，[1]詔以農隙築之。東京留守八哥奏黃翩領兵入女直界徇地，[2]俘獲人、馬、牛、豕，不可勝計，得降戶二百七十，詔獎諭之。戊午，以耶律野爲副點檢，以國舅帳蕭柳氏、徒魯骨領西

北路十二班軍、奚王府舍利軍。[3]己巳，南京水，遣使
振之。庚午，詔党項別部塌西設契丹節度使治之。[4]

[1]黃龍府：治所在今吉林省農安縣。

[2]女直：本作女真，因避遼興宗耶律宗真名諱，改稱女直。
遼時居東北東部。在南者入遼籍，稱熟女真，或合蘇館女真；在北
者不入遼籍，稱生女真。

[3]國舅帳：遼朝有大國舅司，掌乙室己、拔里二帳之事。世
宗以其舅氏爲國舅別部，刺只撒古魯應掌國舅別部。　奚王府：奚
部族官府名。奚原分五部，阿保機降伏五部奚之後設置墮瑰部，而
成六部。其首領仍稱奚王，設奚大王府，作爲治理六部奚的機構。
詳本書卷三三《營衛志·部族下》。

[4]党項：中國古代族名。又稱党項羌，唐以後主要活動於靈、
慶、銀、夏等州，即今甘肅、寧夏、陝西和内蒙古等省區交界
地區。

三月戊寅朔，[1]以大同軍節度使張儉入爲南院樞密
使、左丞相兼政事令，[2]參知政事吳叔達責授將作少監，
出爲東州刺史。[3]是月，阻卜來侵，[4]西北路招討使蕭惠
破之。[5]

[1]三月戊寅朔：【劉校】原本闕“朔”字，中華點校本據本
書卷四四《曆象志下·朔考》補。今從。

[2]南院樞密使：即漢人樞密院之樞密使。爲南面官最高官職。
詳見本書卷四七《百官志三》。　政事令：遼朝南面宰相。遼世宗
天祿四年（950）建政事省之前，漢人宰相無定稱；建政事省之後，
南面宰相稱“政事令”，且多由契丹貴族擔任。

[3]東州：【劉校】據中華點校本校勘記，本書卷八〇《張儉傳》作“康州”。

[4]阻卜：即達旦、韃靼。元人諱言達旦，而稱達旦爲阻卜。詳王國維《觀堂集林》卷一四《達旦考》。

[5]蕭惠（982—1056）：契丹外戚。字伯仁，淳欽皇后弟阿古只五世孫。初爲國舅詳穩。從伯父排押征高麗，以功授契丹行宮都部署。開泰二年（1013）改南京統軍使。後爲西北路招討使，封魏國公。興宗即位，知興中府，歷順義軍節度使、東京留守、西南面招討使。重熙十七年（1048）尚帝姊秦晉國長公主，拜駙馬都尉。本書卷九三有傳。

夏四月丁未朔，以武定軍節度使耶律洪古爲惕隱。[1]戊申，蒲盧毛朵部多兀惹户，[2]詔索之。丙寅，如永安山。

[1]耶律洪古：【劉校】據中華點校本校勘記：“‘洪古’原誤‘漢古’，據下文八月惕隱耶律洪古改。本書卷九五本傳作弘古。”
　惕隱：契丹官名。又稱梯里己，掌皇族政教。
[2]蒲盧毛朵部：女真部族，遼屬部，爲遼國外十部之一。

五月辛卯，以東京統軍使蕭愷古爲契丹行宮都部署。癸卯，遣西北路招討使蕭惠將兵伐甘州回鶻。[1]

[1]甘州回鶻：遊牧於甘州一帶的回鶻。9世紀中，回鶻的一支西遷，分佈在甘州、沙州、涼州、賀蘭山、秦州、合羅川（今額濟納河）等地。其中以遊牧於甘州一帶的“甘州回鶻”最爲強盛。

六月辛丑，詔凡官畜並印其左以識之。[1]

[1]識之：【劉校】"識"原本作"職"，明抄本、南監本、北監本和殿本均作"識"。中華點校本和修訂本徑改。今從改。

秋七月戊申，獵黑嶺。[1]

八月，蕭惠攻甘州不克，師還。自是阻卜諸部皆叛，遼軍與戰，皆爲所敗，監軍涅里姑、國舅帳太保曷不呂死之。詔遣惕隱耶律洪古、林牙化哥等將兵討之。[2]

[1]黑嶺：即慶雲山。據本書卷三七《地理志一》，慶州有慶雲山，"本黑嶺也，聖宗駐蹕，愛羨，曰：'吾萬歲後，當葬此。'興宗遵遺命，建永慶陵。有望仙殿、御容殿。置蕃、漢守陵三千户，並隸大内都總管司"。

[2]林牙：契丹官名。掌文翰，相當於翰林學士。 化哥：即耶律化哥。字弘隱，孟父楚國王之後。乾亨初爲北院林牙。統和四年（986）拜上京留守，遷北院大王。十六年侵宋爲先鋒，以功遷南院大王，尋改北院樞密使。開泰元年（1012），伐阻卜以功封豳王。伐阻卜過程中掠阿薩蘭回鶻，諸蕃由此不附。聖宗使按之，削王爵。本書卷九四有傳。

九月，駐蹕遼河濟。

冬十月丙子，曷蘇館諸部長來朝。[1]庚辰，遣使問夏國五月與宋交戰之故。[2]辛巳，以前南院大王直魯衮爲烏古敵烈都詳穩。[3]庚寅，以蕭孝順、蕭紹宗兼侍中，駙馬蕭紹業平章政事，前南院大王胡覩菫同知上京留守，安哥通化州節度使。[4]

[1]曷蘇館：即熟女真。《松漠紀聞》卷上稱："居混同江之南者謂之熟女真，以其服屬契丹也。江之北爲生女真，亦臣於契丹。"

[2]夏國（1038—1227）：以党項民族爲主體建立的政權。公元1038年元昊叛宋稱帝，建立大夏王朝，傳十代，至公元1227年爲蒙古所滅。元昊稱帝以前，作爲北宋境內的地方割據政權，已經具有獨立性。史稱西夏，先後與遼、北宋及金、南宋並立於中國境內。境土包括今寧夏回族自治區全部、甘肅省大部、陝西省北部以及青海省、內蒙古自治區的部分地區。

[3]南院大王：契丹部族官。遼朝析迭刺部爲五院部和六院部。五院部有知五院事，在朝曰北大王院；六院部有知六院事，在朝曰南大王院。北院大王和南院大王即是五院部和六院部的首領，握有兵權。 烏古敵烈：原爲二部。烏古又稱嫗厥律、于厥律，居契丹西北；敵烈又譯迪烈、敵烈德、迭烈德、達里底。遼時以遊牧、捕獵爲業，分佈於臚朐河（今克魯倫河）流域。有八部，稱爲八部敵烈或八石烈敵烈。與烏古部並稱爲北邊大部。遼聖宗以敵烈部降人置迭魯敵烈部和北敵烈部。開泰四年（1015）築河董城於臚朐河北，安置敵烈、烏古降人。壽昌二年（1096）徙敵烈、烏古於烏納水西。遼置烏古敵烈統軍司以應對阻卜諸部的反抗。金末元初，敵烈人逐漸與女真人、蒙古人等同化。

[4]通化州：其地在泰州西北六百里。據本書卷三七《地理志一》："泰州，德昌軍，節度。本契丹二十部族放牧之地。因黑鼠族累犯通化州，民不能禦，遂移東南六百里，來建城居之，以近本族。"

十一月乙丑，[1]宋遣韓翼、田承説來賀順天節。[2]戊辰，西北路招討司小校掃姑訴招討蕭惠三罪，詔都監奧骨禎按之。

　　[1]十一月乙丑：【劉校】據中華點校本校勘記，"十一月"三字，原在下文"戊辰"上。按本書卷四四《曆象志下·朔考》，十一月癸卯朔，乙丑是二十三日。今據改。
　　[2]宋遣韓翼、田承說來賀順天節：【劉校】據中華點校本校勘記："按翼原名億，因奉使遼廷避太祖耶律億名改意，《遼史》又改翼。"

　　十二月庚辰，曷蘇館部乞建旗鼓，[1]許之。[2]辛巳，詔北、南諸部廉察州縣及石烈、彌里之官，[3]不治者罷之。詔大小職官有貪暴殘民者立罷之，終身不錄；其不廉直雖處重任，即代之；能清勤自持者，在卑位亦當薦拔；其內族受賂事發，[4]與常人所犯同科。戊戌，遣杜防、蕭蘊充賀宋生辰使、副。庚子，駐蹕遼河。

　　[1]建旗鼓：設立象徵部族首領權威的儀仗。
　　[2]許之：【劉校】原本作"訴之"，據南監本、北監本、殿本、馮氏《初校》改。中華點校本及修訂本徑改。
　　[3]石烈：構成部族的小單位，《遼史·百官志》以之對應爲"縣"。　彌里：構成石烈的小單位，《遼史·百官志》以之對應爲"鄉"。
　　[4]內族：皇族，宗室。

　　七年春正月壬寅朔，宋遣張保維、孫繼業、孔道輔、馬崇至來賀。[1]如混同江。辛亥，以女直白縷爲惕隱，蒲馬爲巖母部太師。甲寅，蒲盧毛朵部遣使來貢。

[1]宋遣張保焕等來賀：據傅樂煥《宋遼聘使表》，張保維應爲"張保雍"，孫繼業應爲"孫繼鄴"（見《遼史叢考》第193頁）。《長編》卷一〇五天聖五年（遼太平七年，1027）九月："庚子……户部判官、職方員外郎張保雍爲正旦使，崇儀副使孫繼鄴副之；左正言、直史館孔道輔爲契丹妻正旦使，左侍禁、閤門祗候馬崇副之。"如四人果遣於天聖四年，則《長編》誤；如遣於天聖五年則《遼史》誤。

夏四月乙未，獵黑嶺。

五月，清暑永安山。西南路招討司奏陰山中產金銀，[1]請置冶，從之。復遣使循遼河源求產金銀之屵。[2]

[1]陰山：昆侖山北支。西起河套西北，向東綿亘於今内蒙、河北等省區，與内興安嶺相接，隨地易名。此處所謂"陰山"，可能是指内蒙境内的大青山。

[2]金銀之屵：【劉校】南監本、北監本和殿本均作"金銀之所"。中華點校本作"金銀之礦"。"屵"古"礦"字。

六月，禁諸屯田不得擅貨官粟。[1]癸巳，詔蕭惠再討阻卜。

[1]屯田：國家招募戍卒或農民墾種國有土地或無主荒地，稱爲屯田。此指專司屯田的機構和官員不得擅自將屯田收穫的糧食（官粟）變賣。

秋七月己亥朔，詔更定法令。庚子，詔諭駙馬蕭鉏不、公主粘米衮："爾於后有父母之尊，后或臨幸，祇謁先祖、祇拜空帳，失致敬之禮。今後可設像拜謁。"[1]
乙巳，詔輦路所經旁三十步内不得耕種者，[2]不在訴訟
之限。

[1]公主粘米衮：本書卷六四《公主表》作巖母，聖宗女，欽
哀皇后生，開泰七年（1018）封魏國公主。進封秦國長公主，改封
秦晉國長公主。清寧初加大長公主。　后或臨幸，祇謁先祖、祇拜
空帳，失致敬之禮：是説皇后臨幸，爾等（公主與駙馬）祇謁先
祖，祇拜空帳，對皇后失致敬之禮。

[2]輦路：皇帝、后妃乘車經行的道路。

九月，駐蹕遼河。
冬十月丁卯朔，詔諸帳院庶孽並從其母論貴賤。[1]

[1]庶孽：非正妻所生之子。

十一月，宋遣石中立、石貽孫來賀千齡節，王博
文、王雙賀順天節。[1]辛亥，以楊又玄、邢祥知貢舉。
己未，[2]匡義軍節度使中山郡王查葛、保寧軍節度使長
沙郡王謝家奴、廣德軍節度使樂安郡王遂哥奏，[3]各將
之官，乞選伴讀書史，從之。癸亥，以三韓王欽爲啟聖
軍節度使，[4]楊佶刑部侍郎。甲子，以左千牛衛上將軍
耶律古昱爲北院大王。[5]

[1]宋遣石中立、石貽孫來賀千齡節，王博文、王雙賀順天節：
據《長編》卷一〇五宋仁宗天聖五年（1027）九月"庚子，以吏

部郎中、知制誥石中立爲契丹賀生辰使，崇儀使石貽孫副之”，王博文、王雙不見《長編》記載。【靳校】石貽孫，原本作“石貽縣”，中華點校本據南監本、北監本和殿本改。今從改。

[2]己未：【劉校】據中華點校本校勘記，“己”原誤“乙”。按本書卷四四《曆象志下·朔考》，十一月丁酉朔，無乙未。檢此日在辛亥、癸亥之間，乙卯十九日，己未二十二日，己誤爲乙，據改。

[3]匡義軍節度使中山郡王查葛、保寧軍節度使長沙郡王謝家奴：【劉校】據中華點校本校勘記：“按上文太平四年六月，查哥（即查葛）爲保靜軍節度使，五年十二月，謝家奴爲匡義軍節度使，與此互歧。” 廣德軍：遼代乾州軍號。乾州，遼代州名。遼乾亨四年（982）置，治所在奉陵縣（今遼寧省北鎮市西南十二里觀音洞附近）。《遼史·地理志》乾州：“以奉景宗乾陵”，故名。【劉注】遼代乾州州治在今遼寧省北鎮市廣寧鎮小常屯遼城址。

[4]啟聖軍：儀坤州軍號。儀坤州是德光生母應天皇太后出生地，在今內蒙古自治區翁牛特旗西北。

[5]耶律古昱（982—1052）：契丹將領。字磨魯董。開泰間爲烏古敵烈部都監。從樞密使耶律世良討平該部反叛，以功受詔鎮撫西北部。本書卷九二有傳。

十二月丁卯朔，[1]遣耶律遂英、王永錫充賀宋太后生辰，蕭速撒、馬保永充賀正旦使、副。癸酉，以金吾蕭高六爲奚舍利軍詳穩。

[1]十二月丁卯朔：【劉校】原本闕“朔”字，中華點校本據本書卷四四《曆象志下·朔考》補。今從。

八年春正月己亥，如混同江。庚申，党項侵邊，破之。甲子，詔州縣長吏勸農。

二月戊子，燕京留守蕭孝穆乞于拒馬河接宋境上置戍長巡察，[1]詔從之。

[1]蕭孝穆（？—1043）：小字胡獨堇。太祖淳欽皇后弟蕭阿古只五世孫。統和二十八年（1010）累遷西北路招討都監。開泰元年（1012）冬，進軍可敦城，敗阻卜結五群牧長謀叛，拜北府宰相。太平九年（1029）平定大延琳謀反，改東京留守。興宗即位，復爲南京留守。本書卷八七有傳。　置戍長巡察：【劉校】巡，原本作“城”，中華修訂本據明抄本、南監本、北監本、殿本改。今從改。

三月，駐蹕長春河。

夏五月，清暑永安山。

六月，以韓寧、劉湘充賀宋太后生辰使、副，吳克荷充賀夏國王李德昭生辰使。[1]癸巳，權北院大王耶律鄭留奏，今歲十一月皇太子納妃，[2]諸族備會親之帳。詔以豪盛者三十户給其費。

[1]李德昭（981—1031）：即李德明。遼避景宗諱，改德明爲德昭。西夏李繼遷之子。年二十四嗣位。公元1005年，遼册封他爲西平王。次年，宋授其爲定難軍節度使，封西平王。死後其子元昊追諡光聖皇帝，廟號太宗。

[2]太子：指耶律宗真。

秋七月丁酉，以遙輦帳郎君陳哥爲西北路巡檢，[1]與蕭諧領同管二招討地。以南院大王耶律敵烈爲上京留守。戊戌，獵平地松林。

[1]遙輦帳：遙輦九可汗宮賬，亦稱宮衛。唐開元二十三年（735），可突於殘黨泥禮殺李過折，立阻午可汗，傳九世，至公元907年阿保機建國。遙輦九可汗繼位後各建宮衛，遼朝立國後，有遙輦九帳大常袞司之設，掌遙輦九世宮分之事務。

九月壬辰朔，以渤海宰相羅漢權東京統軍使。壬子，幸中京。北敵烈部節度使耶律延壽請視諸部，賜旗鼓，詔從之。癸丑，阻卜別部長胡懶來降。乙卯，阻卜長春古來降。

冬十月，宋遣唐肅、葛懷滸來賀順天節。樞密使、魏王耶律斜軫孫婦阿聒指斥乘輿，[1]其孫骨欲爲之隱，事覺，乃并坐之，仍籍其家。詔燕城將士，若敵至，總管備城之東南，統軍守其西北，馬步軍備其野戰，統軍副使繕壁壘，課士卒，各練其事。

[1]耶律斜軫（？—999）：于越曷魯之孫。字韓隱。保寧初受命節制西南面諸軍，仍援河東。改南院大王。乾亨元年（979）秋，宋軍攻下河東，乘勝襲燕，高梁河一戰，他與耶律休哥分左右翼夾擊，大敗宋軍。統和初，承天皇太后蕭綽稱制，益見委任，爲北院樞密使。四年（986）宋軍三路來攻，斜軫指揮擊退西路來攻的宋軍，以功加守太保。本書卷八三有傳。　指斥乘輿：見《史記》卷九《呂后本紀》，猶言指摘、斥責皇帝。《史記集解》引蔡邕説：“天子至尊，不敢媟瀆言之，故託於乘輿也。乘猶載也，輿猶車也。天子以天下爲家，不以京師宮室爲常處，則當乘車輿以行天下。故羣臣託乘輿以言之也。”

　　十一月丙申，皇太子納妃蕭氏。以耶律求翰爲北院大王。

　　十二月辛酉朔，[1]以遙輦太尉謝佛留爲天雲軍詳穩。壬申，以前北院大王耶律留寧爲雙州節度使，[2]康筠崇德宫都部署，[3]謝十永興宫都部署，[4]旅墳宜州節度使，[5]□庵遼州節度使，[6]耶律野同知中京留守，耶律曷魯突塊爲大將軍。丁丑，詔庶孽雖已爲良，不得預世選。[7]丁亥，宋遣寇瑊、康德來賀千齡節，[8]朱諫、曹英、張逸、劉永釗賀來歲兩宫正旦。詔兩國舅及南、北王府乃國之貴族，賤庶不得任本部官。

　　是歲，放進士張宥等五十七人。

　　[1]十二月辛酉朔：【劉校】據中華點校本校勘記，原作"冬十二月辛酉朔"，"冬"字已見前文十月，衍文從删。

　　[2]雙州：【劉注】據《東北歷史地理》下册，遼代雙州州治爲今遼寧省瀋陽市新城子區石佛寺鄉石佛寺村古城址。

　　[3]崇德宫：景宗承天太后宫分。

　　[4]永興宫：太宗德光宫分。

　　[5]旅墳（991—1053）：【劉注】亦作"驢糞"，耶律宗教的契丹語名⿱火⿰火火⿱十十的音譯。據漢字和契丹小字《耶律宗教墓誌銘》，旅墳是遼聖宗二弟耶律隆慶之子。其最後官銜是保義軍節度使、同中書門下平章事、判奉先軍節度使事、廣陵郡王。

　　[6]遼州：治所在今山西省左權縣。

　　[7]世選：氏族社會遺留下的選任首領和官員的制度，契丹立國初期汗位繼承在形式上仍實行世選。世選與世襲的區別在於：世襲之制即漢族封建時代盛行的嫡長子繼承制，在這種制度下，嫡長子是當然的繼承人。世襲制度下的繼承問題，是皇帝自己的事情，

不容許他人介入；世選之制則不同，在這種制度下，有權勢、地位的貴族們介入確定汗位繼承人之事，由他們在可汗的兄弟子侄中量才推選繼承人。這種"世選"制度不僅存在於契丹社會中，在這一發展階段上的各個民族，無不如此。

[8]康德：據傅樂煥《宋遼聘使表》應是"康德興"（見《遼史叢考》第 193 頁）。康德興，《宋史》卷二二六有傳。

九年春正月，至自中京。

二月戊辰，遣使賜高麗王欽物。[1]如斡凜河。

[1]高麗：指王建創建的高麗王朝（918—1392）。統治地域在今朝鮮半島，首都在開京（今朝鮮開城市）。　王欽：廟號德宗。公元 1031 年至 1034 年在位。

夏五月，清暑永安山。

六月戊子朔，[1]以長沙郡王謝家奴爲廣德軍節度使，樂安郡王遂哥匡義軍節度使，中山郡王查葛保定軍節度使，[2]進封潞王，豫章王貼不長寧軍節度使。[3]以耶律思忠、耶律荷、耶律嵩、遙輦謝佛留、陳邈、韓紹一、韓知白、張震充賀宋兩宮生辰及來歲正旦使副。[4]

[1]六月戊子朔：【劉校】原本闕"朔"字，中華點校本據本書卷四四《曆象志下·朔考》補。今從。

[2]保定軍節度使：【劉校】據中華點校本校勘記，本書《地理志》無"保定軍"。上文太平四年（1024）六月作"保靜軍"。

[3]長寧軍：川州軍號。據《嘉慶重修一統志·承德府》：白川州故城在朝陽縣東北六十七里。遼置川州，會同中改爲白川州，

治咸康縣。……今縣境東北之四角阪有廢城週二里餘，蒙古名卓索喀喇城。城內有遼開泰二年《佛頂尊勝陀羅尼石幢記》。爲白川州官吏所建，知即故白川州地。　貼不：【劉注】據本書卷六四《皇族表》，貼不爲遼聖宗三弟耶律隆裕（《遼史》誤作"隆祐"）的第三子。

　[4]陳邈：【劉注】《秦國長公主耶律燕哥墓誌銘》的撰者，墓誌銘説："翰林學士、大中大夫、給事中、知制誥、充史館修撰、判館事、柱國、潁川郡開國侯、食邑一千户、賜紫金魚袋臣陳邈奉勅撰。"　充賀宋兩宮生辰及來歲正旦使副：【劉校】據中華點校本校勘記，"使副"二字原脱，依文義補。下文十二月耶律元吉等充來歲賀宋正旦使副，使副二字亦同此例補。

　秋七月戊午朔，如黑嶺。

　八月己丑，東京舍利軍詳穩大延琳囚留守、駙馬都尉蕭孝先及南陽公主，[1]殺户部使韓紹勳、副使王嘉、四捷軍都指揮使蕭頗得，[2]延琳遂僭位，號其國爲興遼，年爲天慶。初，東遼之地自神册來附，[3]未有榷酤鹽麴之法，[4]關市之征亦甚寬弛。[5]馮延休、韓紹勳相繼以燕地、平山之法繩之，[6]民不堪命。燕又仍歲大饑，户部副使王嘉復獻計造船，使其民諳海事者，漕粟以振燕民，水路艱險，多至覆没。雖言不信，鞭楚搒掠，[7]民怨思亂。故延琳乘之，首殺紹勳、嘉，以快其衆。延琳先事與副留守王道平謀，道平夜棄其家，踰城走，與延琳所遣召黃龍府黃翩者，俱至行在告變。[8]上即徵諸道兵，以時進討。時國舅詳穩蕭匹敵治近延琳，先率本管及家兵據其要害，絶其西渡之計。渤海太保夏行美亦舊主兵，[9]戍保州，[10]延琳密馳書使圖統帥耶律蒲古。行美乃以實告，蒲古得書，遂殺渤海兵八百人，而斷其東路。延琳知黃龍、保州皆不附，遂分兵西取瀋州，[11]其節度使蕭王六初至，其副張傑聲言欲降，故不急攻。及知其詐而已有備，攻之不克而還。時南、北女直皆從延琳，高麗亦稽其貢。及諸道兵次第皆至，延琳嬰城固守。

[1]大延琳（？—1030）：渤海人，遼東京軍將。反遼鬥爭領導人。　蕭孝先：字延寧，小字海里，聖宗欽愛皇后蕭耨斤和蕭孝穆之弟。尚南陽公主，拜駙馬都尉。爲東京留守。大延琳反，被圍數月，穴地而出。欽愛弑仁德皇后蕭菩薩哥，孝先多爲其謀。本書卷八七有傳。　南陽公主：本書卷六四《公主表》作“南陽郡主，進封公主”。是聖宗第四女崔八。

[2]韓紹勳（？—1029）：韓延徽曾孫，德樞之孫。仕至東京戶部使。大延琳叛，被殺。本書卷七四有傳。從《遼史》與墓誌記載還可以知道，平州（今河北省盧龍縣）一直是在韓氏勢力控制之下。德樞自遼東被召回，“入爲南院宣徽使，遙授天平軍節度使，平、灤、營三州管内觀察處置等使”。德樞四世孫資讓，也曾“改鎮遼興”。“遼興”爲平州軍號。韓紹勳熟悉平州賦稅徵收辦法，並將其用之於東平，結果引發反抗。

[3]神册：遼太祖耶律阿保機年號（916—922）。

[4]榷酤鹽麴之法：榷鹽和榷麴之法，亦即對釀酒的管制措施和對鹽實行的專賣制度。榷酤亦作“榷沽”。漢以後歷代政府所實行的酒專賣制度；也泛指一切管制酒業取得酒利的措施。遼代“榷鹽法”，是沿襲唐代中葉實行的鹽專賣制度。

[5]關市之征：即關市稅，商業稅。

[6]燕地、平山之法：即燕京地區和平州地區的賦稅徵收之法。

[7]鞭楚搒掠：【劉校】原本作“鞭琳搒掠”，中華修訂本據明

抄本、南監本、北監本和殿本改。今從改。

[8]行在：皇帝出行時所在之地。遼是"行國"，遼帝居無定所，一年四季隨時遷徙。"行在"即指"四時捺鉢"。

[9]夏行美（？—1048）：渤海人。太平九年（1029）大延琳叛，時行美總渤海軍於保州，拒絕參與反遼。以功加同政事門下平章事。本書卷八七有傳。

[10]保州：【劉注】遼代保州州治在今遼寧省丹東市鎮安區九連城鎮璦河上尖村古城址。

[11]瀋州：治所在今遼寧省瀋陽市。

冬十月丙戌朔，以南京留守燕王蕭孝穆爲都統、國舅詳穩蕭匹敵爲副統、奚六部大王蕭蒲奴爲都監以討之。

十一月乙卯朔，如顯陵。丙寅，以瀋州節度副使張傑爲節度使，其皇城進士張人紀、趙睦等二十二人入朝，[1]試以詩賦，皆賜第。超授保州戍將夏行美平章事。壬申，以駙馬劉四端權知宣徽南院事。[2]

[1]其皇城進士張人紀、趙睦等二十二人入朝：【劉校】據中華點校本校勘記，道光殿本改"皇城"爲"防城"，按曰："防城原作皇城，與下文'入朝'文義不屬。蓋張人紀與張傑同守瀋州拒大延琳者，故與張傑、夏行美同加恩擢。今據《永樂大典》改。"

[2]駙馬劉四端：【劉注】劉景之子，尚聖宗第十一女擘失公主。

十二月丁未，宋遣仇永、韓永錫來賀千齡節。[1]命耶律育、吳克荷、蕭可觀、趙利用充賀宋生辰使、副，

耶律元吉、崔閏、蕭昭古、竇振充來歲賀宋正旦
使、副。[2]

[1]宋遣仇永、韓永錫來賀千齡節：《長編》卷一〇八天聖七年
（遼太平九年，1029）八月癸卯，"禮部員外郎、兼侍御史知雜事鞠
詠爲契丹主生辰使，供奉官、閤門祇候王永錫副之；職方員外郎、
判三司理欠司張髆爲正旦使，如京副使石元孫副之；户部判官、度
支員外郎蘇耆爲契丹妻正旦使，内殿承制、閤門祇候王德明副之"。
仇永，應是"鞠詠"。韓永錫，應是"王永錫"。

[2]命耶律育、吳克荷、蕭可觀、趙利用充賀宋生辰使、副，
耶律元吉、崔閏、蕭昭古、竇振充來歲賀宋正旦使、副：《長編》
卷一〇九天聖八年（遼太平十年，1030）十二月"癸卯，契丹遣天
德軍節度使蕭昭古、引進使竇振來賀皇太后正旦。甲辰，遣啟聖軍
節度使耶律元吉、少府監崔潤來賀正旦"。崔閏，《長編》作"崔
潤"。

十年春正月乙卯朔，[1]宋遣王夷簡、竇處約、張易、
張士宜來賀。[2]

[1]乙卯：【劉校】據中華點校本校勘記，原誤作"己卯"。據
本書卷四四《曆象志下·朔考》改。

[2]宋遣王夷簡、竇處約、張易、張士宜來賀：傅樂焕《宋遼
聘使表》附考丁《遼史所記宋賀使糾謬》云："《廿四史》中《遼
史》最疏謬，前人論之詳矣。其於對宋聘使之記載，可爲疏謬之明
證。百餘年通和期中，僅三十餘年有不完之記載，而此僅有之不完
記載中，顛倒錯亂，出人想像……大體自太平四年迄十年，除八年
之朱諫曹英張逸劉永釗而外，《遼史》、《長編》於宋賀契丹正旦使
之記載完全矛盾。是不可不考也。此矛盾現象最早見於太平四年。

四年《遼史》云：正月庚寅朔，宋遣張傳張士禹程琳丁保衡來賀。
太平四年當天聖二年，張傳等於元正到，當遣於去年，即天聖元
年。天聖元年《長編》記云：九月戊子，以程琳爲賀契丹正旦使，
丁保衡副之。（卷一〇一）此僅見程丁二人，而張傳張士禹二人反
見之明年：天聖二年九月癸卯，以張傳爲賀契丹正旦使，張士禹副
之。（卷一〇二）《遼史》所載同時到達者，今《長編》竟分繫兩
年。問題因此更爲複雜。然解決之綫索，亦正在於此……細審八年
一條與其他諸條有一差異之處，即八年條獨繫賀使於十二月，其餘
諸條則均繫正月。乃悟錯誤關鍵，或即在此：大致《遼史》原本
（元人修史依據之本）於太平四年正月記程琳丁保衡來賀，又於同
年十二月記張傳張士禹（一年兩書，一書賀本年，一書賀明年，雖
有違史家書法，尚不誤）。六年十二月記徐奭裴繼起等，七年十二
月記朱諫曹英等，十年十二月記王夷簡竇處約等。元人修《遼史》
時見太平四年正月十二月各記宋賀正旦使二人，而此後每年均爲四
人，未加細考，遽疑《遼史》（原本）誤將程琳丁保衡張傳張士禹
分繫兩處，乃將十二月之張傳張士禹捉而置之程琳丁保衡之前，以
足四人之數，於是原本在程丁後之二張，躋居程丁之前，自後更將
每年賀正使由年底提至元旦，致造成此矛盾現象。八年一條仍舊未
動，致吾人尚可藉之考得究竟，亦不幸中之幸也。如以上推測不
誤，則太平十年十二月，宋遣王夷簡、竇處約、張易、張士宜來賀
明年正旦。"（參《遼史叢考》第 250 至 253 頁）【劉校】據中華點
校本校勘記，張易，《長編》作"張億"，此避遼太祖耶律億名改；
張士宜，《長編》作"張士宣"。

二月，幸龍化州。[1]

[1]龍化州：傳說契丹始祖奇首可汗居此，原稱龍庭。地當今
內蒙古自治區奈曼旗東北。唐天復二年（902），阿保機成爲迭剌部

夷离堇，破代北，遷徙代北居民，於此建州。詳本書卷三七《地理志一·上京道》。

三月甲寅朔，詳穩蕭匹敵至自遼東，[1]言都統蕭孝穆去城四面各五里許，築城堡以圍之。駙馬延寧與其妹穴地遁去，[2]惟公主崔八在後，爲守陴者覺而止。

[1]遼東：指遼東京，在今遼寧省遼陽市。
[2]駙馬延寧：【劉注】“延寧”是蕭孝先的字。

夏四月，如乾陵。以耶律行平爲廣平軍節度使，[1]夏行美爲忠順軍節軍使，[2]李延弘知易州，蕭從順加太子太師。

[1]耶律行平：即耶律資忠。《高麗史》作耶律行平，出使高麗被扣留。《高麗史》卷四《顯宗世家》於十一年三月癸丑載：“歸契丹使耶律行平。” 廣平軍：《文獻通考》作“廣德軍”，宋太平興國四年（979）建。在今安徽省境內。
[2]忠順：【劉校】據中華點校本校勘記，原誤作“中順”。據本書卷八七本傳及卷四一《地理志五》改。

五月戊申，[1]清暑柏坡。

[1]五月戊申：【劉校】據中華點校本校勘記，按本書卷四四《曆象志下·朔考》五月癸丑朔，無戊申日，當有誤字。

秋七月壬午，詔來歲行貢舉法。[1]

　　[1]貢擧法：古時地方向朝廷薦擧人才，後世稱科擧爲貢擧。此則專指科擧考試的辦法。

　　八月丙午，東京賊將楊詳世密送款，夜開南門納遼軍。擒延琳，渤海平。

　　冬十月，駐蹕長寧淀。

　　十一月辛亥，南京留守燕王蕭孝穆以東征將士凱還，戎服見上，上大加宴勞。翌日，以孝穆爲東平王、東京留守，國舅詳穩、駙馬都尉蕭匹敵封蘭陵郡王，奚王蒲奴加侍中。[1]以權燕京留守兼侍中蕭惠爲燕京統軍使，前統軍委宭大將軍、節度使，宰相兼樞密使馬保忠權知燕京留守，奚王府都監蕭阿古軫東京統軍使。詔渤海舊族有勳勞材力者敘用，餘分居來、隰、遷、潤等州。[2]

　　[1]奚王：對奚部族首領的稱呼。據《五代會要》卷二八《奚》："奚，本匈奴別種，即東胡之地，人物風俗與突厥同。族有五姓：一曰阿會部，管縣六；二曰啜米部，管縣四；三曰奧質部，管縣六；四曰奴皆部，管縣四；五曰黑訖支部，管縣三；每部有刺史，每縣有令，酋長號奚王。"此奚王是被契丹降伏以後的奚部族酋長。《新五代史》卷七四《四夷附錄第三》所記奚各部名稱與《五代會要》略有不同：奚"分爲五部：一曰阿薈部，二曰啜米部，三曰粵質部，四曰奴皆部，五曰黑訖支部。後徙居琵琶川，在幽州東北數百里。地多黑羊，馬趫前蹄堅善走，其登山逐獸，下上如飛"。奚本來祇有五部，阿保機降伏五部奚之後設置墮瑰部，而成六部。詳本書卷三三《營衛志·部族下》。

　　[2]餘分居來、隰、遷、潤等州：【劉校】"潤"原誤作"閏"。

中華點校本據本書卷三九《地理志三》改。今從改。

十二月乙巳，宋遣梅詢、王令傑來賀千齡節。漆水郡王耶律敵烈加尚父。烏古部節度使蕭普達爲乙室部大王，[1]尚書左僕射蕭琳爲臨海軍節度使。[2]

[1]烏古：部族名。又稱嫗厥律、于厥律，居契丹西北。據《新五代史》卷七三《四夷附録第二》："嫗厥律，其人長大，髡頭，酋長全其髮，盛以紫囊。地苦寒，水出大魚，契丹仰食。又多黑、白、黄貂鼠皮，北方諸國皆仰足。其人最勇，鄰國不敢侵。" 乙室：契丹部族名。遙輦氏阻午可汗時始置爲部。隸南府，駐守西南境。

[2]左僕射：唐官名。唐不設尚書令，最初以左、右僕射與中書令、侍中同爲宰相。中宗以後，不加同中書門下平章事者即不爲宰相。 蕭琳（990—1032）：【劉注】據《蕭琳墓誌銘》，蕭琳，字桂芳，曾祖諱允，字守信，金紫崇禄大夫、檢校太師兼侍中。祖父諱壽，字永從，金紫崇禄大夫、檢校太傅兼侍中。皇考諱仲，字敬和，即尚父令公，謚蘭陵郡王。皇妣耶律氏，國太夫人。兄弟四人，行二。公爰從弱年，孝敬父兄，和順弟姪，信義朋友，禮樂鄉間。賑族漸盈，桂玉恒給者，蓋公之戮力也。自太平五年授左夷离畢，功顯牢盆，榮應憲府。至九年，可南面諸行宮都部署，超授崇禄大夫、尚書左僕射。爰秉德清，掌樞機之重任；別彰藻鑒，協總紀之洪猷。十年，可臨海軍節度使，錦、嚴、來等州觀察處置等使、檢校太師、右千牛衛上將軍、使持節錦州諸軍事、行晉州刺史，加御史大夫。出爲將也，揮戈必靜於邊甿；入作相焉，握管克符於寶祚。

十一年春正月己酉朔，如混同江。

二月，如長春河。

三月，上不豫。

夏五月，大雨水，諸河橫流，皆失故道。

六月丁丑朔，駐蹕大福河之北。己卯，帝崩於行宮，[1]年六十一，在位四十九年。景福元年閏十月壬申，[2]上尊謚曰文武大孝宣皇帝，廟號聖宗。

[1]行宮：亦稱行帳，即指由遼代皇帝轉徙隨時的車賬組成的朝廷。契丹語稱“捺鉢”，遼中葉逐漸形成“四時捺鉢”制度。此處指大福河的行宮。

[2]景福：【劉注】遼興宗年號（1031—1032）。

贊曰：聖宗幼沖嗣位，政出慈闈。[1]及宋人二道來攻，[2]親御甲冑，一舉而復燕雲，破信、彬，[3]再舉而躪河朔，不亦偉歟！[4]既而佻心一啓，佳兵不祥，東有茶、陀之敗，[5]西有甘州之喪，[6]此狃於常勝之過也。然其踐阼四十九年，理冤滯、舉才行、察貪殘、抑奢僭。錄死事之子孫，振諸部之貧乏；責迎合不忠之罪，卻高麗女樂之歸。遼之諸帝，在位長久、令名無窮，其唯聖宗乎！

[1]慈闈：亦作“慈幃”“慈帷”。舊時母親的代稱。

[2]宋人二道來攻：指統和四年（986）的遼宋戰爭。

[3]信：宋將米信。　彬：宋將曹彬。

[4]不亦偉歟：【劉校】原本作“不亦他歟”，中華修訂本據明抄本、南監本、北監本、殿本改。今從改。

〔5〕茶、陀之敗：指開泰七年（1018）進攻高麗之役失利。當年遼軍攻下開京後，北返途中至茶、陀二河之間遇高麗伏擊，遭受嚴重損失。【劉校】茶、陀之敗，原本作"有、陀之敗"，"茶"誤作"有"，明抄本、南監本、北監本和殿本均作"茶"。中華點校本及修訂本徑改。今從改。

〔6〕甘州之喪：指太平六年（1026）蕭惠攻甘州不克。

（李錫厚注　劉鳳翥校）